原 道

第 22 辑

陈明　朱汉民 主编

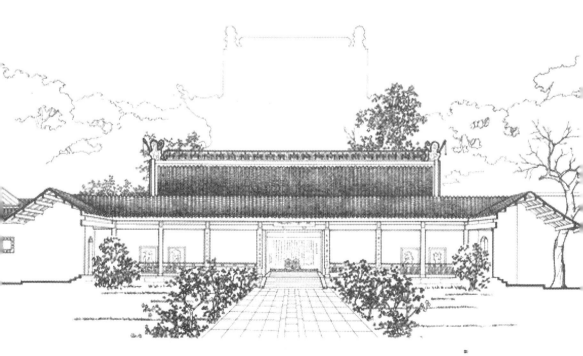

人民东方出版传媒

东方出版社

本辑作者

谢文郁　山东大学哲学与社会发展学院教授

陈弘毅　香港大学法学院教授

李晨阳　新加坡南洋理工大学教授

任剑涛　中国人民大学国际政治学院教授

范瑞平　香港城市大学教授

陈杰思　香港孔教学院院长助理

邓　林　湖南大学岳麓书院

时　亮　中国海洋大学法政学院讲师

王晓波　台湾世新大学教授

孙建平　湖南大学岳麓书院副研究馆员

秦际明　中国人民大学哲学系博士研究生

鲁鹏一　北京大学历史系博士后

李清良　湖南大学岳麓书院教授

夏亚平　湖南大学岳麓书院博士研究生

孙　帅　复旦大学哲学学院博士后

梁玉春　喀什师范学院南疆教育发展研究中心副教授

赵广明　中国社会科学院世界宗教研究所研究员

赵法生　中国社会科学院世界宗教研究所副研究员

傅永军　山东大学哲学与社会发展学院教授

刘涵之　湖南大学岳麓书院历史学博士后

殷　慧　湖南大学岳麓书院副教授

张宏斌　中央民族大学博士后

目 录

儒家政治哲学研究

思想与学术

读书与评论

儒家政治哲学研究

儒家仁政和责任政治

谢文郁

摘要：本文从四个角度（即社会情感、精英培养、成熟公民和政治领袖）分析了儒家仁政的基本思路和具体做法，认为这四个方面其实就是儒家仁政的四大支柱。社会情感是连接人际关系的基本纽带，包括诚、孝、信、尊。因此，儒家仁政是以亲情为基础的。精英培养涉及社会的主导群体之形成过程（以修身养性为途径）；成熟公民则涉及全体社会成员的形成机制（以五常为礼教）。当然，对于一个社会而言，政治领袖的产生机制十分重要。儒家仁政在最高政治领袖之产生问题上未能提供全备的解决方案，但在次级官员的任命问题上提供了行之有效的科举制。本文认为，儒家仁政是一种责任政治。

关键词：儒家仁政；责任政治；孟子；礼教

本文是对责任政治进行历史性考察。[1]就一般观察而言，儒家的传统政治思路，即仁政，属于责任政治。本文希望通过深入考察相关儒家文献，追踪并呈现儒家仁政的基本思路和运作，进而分析其中的一些盲点，推进我们对责任政治这一政治模式的深入理解。

1　我在《自由与责任：一种政治哲学的分析》（载于《浙江大学学报》人文社会科学版，2010 年第一期）一文中，从纯粹概念的角度分析了两种政治模式，即权利政治（以权利意识为基础）和责任政治（以责任意识为基础）。这两种政治当然可以取长补短，但是，它们之间绝不能够相互取替。在另一篇文章《权利：社会契约论的正义原则》（载于《学术月刊》，2011 年第五期），我追踪了权利政治的起源，对相应的原始文献（从霍布斯到卢梭）进行了深入分析。权利政治也是目前西方社会实行的政治体系。本篇是这一讨论的第三篇。

儒家的仁政，就其出发点而言是要寻找一种合适的社会关系，并在此基础上为社会制定规范，建立一个有秩序的社会。儒家认为，连接人和人的纽带是情感。最原始的情感是"诚"（真实地面对自己）；由"诚"而产生"孝"（血亲关系）；由"孝"而引申出"信"（朋友关系）；由"信"而培养出"尊"（上下关系）。诚、孝、信、尊是连接人和人之间关系的四种基本情感，以此为纽带而构成一种网状性社会结构。

这个网状结构的所有"结"就是一个一个的人，也是一个一个的"位"（即广义上的社会地位）。每个位就是一个人。一个社会有很多"位"，包括政治、经济、道德等方面。上至"天子"，下至百姓，每个人都有自己的社会地位。因此，每一位社会成员都必须主动寻找适合自己本性的社会地位。但是，在这个网状结构中哪个"位"适合哪个人？或哪个人适合哪个"位"？——对于这个问题，儒家认为，人的本性来自"天命"，生而有之；遵循自己的本性就能够找到自己的"位"。对于每一个人来说，认识并遵循自己的本性，就可以找到属于自己的社会地位，并融入这个社会。

从政治制度的角度看，这个网状结构的纲要是"君君臣臣子子"，称为"三纲"，涉及从上而下的连接。具体来说，上级需要选择自己的下级并通过下级贯彻自己的旨意。在这个问题上，儒家认可"天子"的存在，并视之为最高权威和最高领导。"天子"以下的位置任命则采取了科举选拔制。

这张社会之网中的每一个"位"，即每一个人，包括天子、政府官员和平民百姓，都处在网状关系中，既受他人制约，也制约他人。因此，人和人的关系还需要某种规范加以维系。这种规范称为"礼"。人生活在"礼"中，因而需要"礼教"。儒家认为，维护并完善这张社会之网，每个人都必须在礼教中接受教育和监督，同时教育并监督他人。这个过程称为"教化"。礼教即教化。为此，儒家提出了"仁义礼智信"（五常）作为培养社会成熟成员（或称"公民"，包括政府官员和平民百姓）的主要途径。换句话说，成熟的社会成员必须拥有相应的责任意识。

本文希望从政治哲学的角度深入分析和追踪儒家的仁政思路，并通过这种历史分析来展示责任政治的历史现实性，深化我们对责任政治这一政治模式（有别于权利政治）的认识。

一、仁政的基础：亲情还是利益？

仁政是孟子提出来的政治主张。我们先来追踪一下孟子生活于其中的春秋战国时期。春秋初期，周王朝式微，失去了号令天下的权威。为了处理诸侯国之间的纠纷，维持诸侯国之间的稳定关系，各诸侯王出于本国利益而不得不通过各种手段和他国发生关系。从齐桓公九合诸侯开始，到秦始皇统一中原，建立中央集权制为止，中原诸侯在处理国内国际关系时，基本上都是采取利益导向原则。

分析这一原则，不难指出，它是一把双面刃。就国际关系而言，强调本国利益可以得到本国人民的支持和拥护。国家利益是共同利益；国家强大可以使本国人民享受到各个方面的好处。但是，对于国内各利益集团来说，在国家利益这一观念的影响下，他们会理所当然地采取这同一原则去追逐并占有国内财富。集团利益也是一种共同利益，因而可以得到本集团成员的支持和拥护。就如各国之间在这一原则中不可避免战争一样，国内不同集团利益之间的争斗最后也会走向你死我活的结局。进一步，集团内部还有小集团利益和个人利益。因此，利益之争最后会落实到个人之间。从这个角度看，利益导向原则会给社会带来纷争。

究竟应该采用什么原则治理国家，并进行国际交往呢？这个问题是春秋战国时期思想界的主要关注。孟子对利益导向原则进行了深入分析，并在基础上提出"仁政"，从"仁义"的角度提出治国原则。我们来读一段他和梁惠王的对话（《孟子·梁惠王上》第一章）：

> 孟子见梁惠王。王曰："叟不远千里而来，亦将有以利吾国乎？"
> 孟子对曰："王何必曰利？亦有仁义而已矣。王曰'何以利吾国？'大

夫曰‘何以利吾家’？士庶人曰‘何以利吾身？’上下交征利而国危矣。"

利益这一因素是社会关系的纽带，也是社会发展的重要杠杆。它在社会生活中的作用是显而易见的。梁惠王关心的是，魏国需要与各诸侯国较劲。[1]面对他国的挑战，他需要增强自身的国力，保护自己，同时也就保护了本国臣民。这便是魏国的利益。因此，梁惠王出口谈论国家利益是很自然的。这是利益因素使然。然而，孟子接下来的论证，就其思路而言是把国际关系引向国内关系，把利益推动力这一因素推至利益导向原则。在孟子看来，梁惠王的治国理念其实是唯利是图，即利益导向原则；采用这一原则一定会导致国家内部的争斗，无法使国家得到真正的利益。他的推理是这样的：国君是国内百姓的榜样。如果国君整天想着在国际关系中唯利是图，那么，本国的利益集团（大家族等）就可以跟着学而名正言顺地争取自己的利益；同样，每一个人也可以跟着学而把自己的利益放在第一位。一旦国人内部陷入争斗（"上下交征利"），这个国家的生存就岌岌可危了。

除了利益因素，孟子认为，人和人之间还有一种联系纽带，即亲情。在亲情基础上形成的人际关系便是"仁义"。他说："苟为后义而先利，不夺不餍。未有仁而遗其亲者也，未有义而后其君者也。王亦曰仁义而已矣，何必曰利？"（《孟子·梁惠王上》）利益导向原则引导人们自私自利、贪得无厌、内斗不已。要避免这种内耗，在孟子看来，就应该采取"仁义"原则治国。只要从人的亲情出发，人就能够在社会生活中培养出恰当的责任意识（即"义"），从而在为人处事中和他人和谐相处。在仁义中的社会关系完全不同于在利益中的社会关系。如果要实行仁政，归根到底就是要在人民心中培养亲情。在《孟子·梁惠王上》第五章，我们可以读到孟子关于"仁政"的一些说明：

---

1 在《孟子·梁惠王上》的第五章，梁惠王说得更直接："晋国，天下莫强焉，叟之所知也。及寡人之身，东败于齐，长子死焉；西丧地于秦七百里；南辱于楚。寡人耻之，愿比死者一洒之，如之何则可？"春秋之初，晋国本来是最强大的。公元前403年，韩、赵、魏三家分晋，晋国分为三个诸侯国。魏国最强。因此，梁惠王（即魏惠王，公元前369-316年在位）自称晋国传承。不过，他当政时，魏国开始由盛而衰。

王如施仁政于民，省刑罚，薄税敛，深耕易耨。壮者以暇日修其孝悌忠信，入以事其父兄，出以事其长上，可使制梃以挞秦楚之坚甲利兵矣。彼夺其民时，使不得耕耨以养其父母，父母冻饿，兄弟妻子离散。彼陷溺其民，王往而征之，夫谁与王敌？故曰：仁者无敌。王请勿疑！

在孟子看来，在利益导向原则中，国王把目光集中在国家强权上，召集壮丁，组成军队。军队强大，在国际关系中可以征服他国，攻城略地，在战争中获取利益。然而，从长远的观点看，壮丁离开父母而无法赡养父母，让父母挨饿受冻，与亲人疏远，导致亲情淡薄。这种做法等于"溺民"。在这种情况下，壮丁缺乏亲情，失去规范自己行为的原始动力，进而开始崇尚并追求自己的利益。在上下级关系中，若有利可图，他们会遵从上司调遣；但无利可图时，他们随时都可能背叛上司。这就会导致"亲不亲，君不君"的混乱局面。[1]仁政正好与之相反，从亲情出发，在家有孝悌，在外有尊卑。这样，整个国家上下团结一致，立于不败之地。

"仁政"是以"亲亲"这种情感为基础的。我们来分析一下"仁"的词义。我们知道，"仁"在古代有两种写法，一种写法从良从心，指的是像人的样子，或人的完美或完全状态；另一种写法从人从二，指的是两人以上的人际关系。[2]在孔子的用法中，"仁"用来指称一种"应该"的人际关系，并认为"仁"作为一种人际关系，其支撑点是"孝悌"（即亲情）。[3]孟子则进一步明确指出，人际关系可以有两个出发点：利益和亲情。以个人利

1　参阅《论语·学而》"其为人也孝弟，而好犯上者，鲜矣；不好犯上，而好作乱者，未之有也。"由"亲亲"而"君君"一直是儒家的基本思路。人们也许会从逻辑关系出发分析这里的过渡，从而得出"亲亲"不过是"君君"的必要条件而非充分条件。不过，这里不是在谈论逻辑关系，而是感情关系。也就是说，"亲亲"作为一种情感，可以发展出"君君"情感。

2　参阅梁涛：《郭店竹简'息'字与孔子仁学》，载《中国思想史研究通讯》第五辑，2005年。梁涛在讨论第一种写法（息）时，认为它涉及"人的本质"。这是在西方哲学术语下的说法。实际上，它不是要表达一个哲学概念，而对人应该如此这般的模糊表达，相当于说：这才是真正的人！人就应该这样！

3　参阅《论语·学而》："孝弟也者，其为仁之本与！"《孟子·离娄上》（第12章）："仁之实，事亲是也！"以及《中庸》（20：5）："仁者，人也，亲亲为大。"

益为基础的人际关系是一种恶的关系；以此为社会交往和行为的起点，必将会给社会带来危害。以亲情为基础的人际关系则是一种善的合适的关系。在社会管理上培养和建立这种关系能够给社会带来真正的福利。

孟子把这种以亲情为基础的人际关系称为"仁义"。[1]这是一种在"义"中界定的"仁"。关于"义"，《中庸》（20：5）是这样界定的："义者，宜也，尊贤为大。"就其原始含义而言，"义"是适合、恰当的意思。人生活在社会中，不免和他人发生交往关系。只讲利益最后反过来危害自己的利益，因而人际交往不能以此为基础。有没有一种适宜的人际关系呢？孟子注意到，人在社会交往中一定会追求某种"适宜感"。这便是"义"的起源。他在分析这种"适宜感"的产生时注意到兄弟之间的关系。兄弟之间的交往是原始的社会关系。在兄弟之间会产生某种"适宜感"。他谈到："义之实，从兄是也。"[2]孟子的这个观察点值得十分重视。我们需要进一步分析。

我们可以观察到，当人感到适宜的时候，往往伴随着赞同的倾向性。所谓做错事，便是认为这件事做得不适宜，与之相随的是一种回避的否定性。孟子注意到，父母子女之间的交往可以培养父母的爱和子女的孝，但在儿女那里不会产生羞恶之心。比如，父母为了教育儿女而常常通过表扬和惩罚来纠正儿女的行为，使之养成某种习惯性行为。一般地，这种教训在儿女心中会产生两种感情：害怕（如果受到惩罚）和好玩（如果受到表扬）。害怕引导儿女在行为上有所不为；好玩则引导儿女多做。在父母面前，儿女不会产生羞耻感。也就是说，他不会从内心觉得这件事是不合适的，不会为此感到内疚。但是，兄弟姐妹之间的交往，特别地，兄长或姐姐对弟妹的嘲笑或批评，则直接引起弟妹感觉到自己说话做事的不合适。孟子称

1　朱熹在《孟子序说》专门提到程子的说法："孟子有功于圣门，不可胜言。仲尼只说一个仁字，孟子开口便说仁义。仲尼只说一个志，孟子便说许多养气出来。只此二字，其功甚多。"在"仁"后加上"义"字，孟子用"仁义"来指称一种完善的人际关系，即：以亲情为基础的人际关系。

2　《孟子·离娄上》第27章。孟子关于"从兄"的观察实际上可以进一步应用到同辈人关系中，如在成为朋友的同辈人之间也会出现适宜感。

此为原始的羞耻感。

正是在这种羞耻感中，人开始培养"义"的意识（关于合适行为的意识）。当然，做哥哥或姐姐的看法并不一定是正确的。父母要求他们必须为弟弟妹妹立一个好榜样。他们如果做到了这一点，就会受到父母的表扬；否则必受批评。父母和他们的关系属于"孝"的范畴。实际上，他们做榜样都是做给父母看的（批评和表扬）。而且，弟弟妹妹可以及时向父母禀报他们的行为。父母可以通过弟弟妹妹们的禀报而监督他们。他们的榜样可以使弟弟妹妹培养他们自己的羞耻感或适宜感，进而培养他们在社会生活中的羞耻感或适宜感。可见，这种羞耻感或适宜感先是推动对兄姐榜样的效仿（亲情中的"悌"），进而培养出对"贤者"的尊重和向往（在社会生活中的敬重那些德高望重之人的情感）。这便是《中庸》在论"义"时最后归结为"尊贤为大"的思路。从这个观察角度出发，孟子认为："羞恶之心，义之端也。"[1]

在孟子关于仁政的想法中，社会治理必须从社会关系（仁）出发，即：寻找一种适宜（义）的社会关系。考虑到家庭是社会的原始单位，孟子对亲情关系中的孝悌进行分析，发现孝悌是原始社会关系，可以作为其他社会关系的出发点和基础。这种以亲情为基础的社会关系便是"仁义"；以"仁义"为导向的政治则称为"仁政"。孟子并不认为"仁义"是某种理想化的社会关系。相反，"仁义"是一种现实的社会关系。从"仁义"出发治理社会不是要把一种外在于社会的东西塞给社会。"仁义"是一种善的现实社会关系，以此为社会治理的出发点是内在的、恰当的、有益的。因此，孟子强调：仁政作为一种政治不是外加给社会的，而是从内在于社会的"仁义"出发，使之成为主导社会治理的原则。这是"由仁义行，非行仁义也"[2]。仁政是建立在亲情基础上的政治。

---

1 《孟子·公孙丑上》第6章。

2 《孟子·离娄下》第19章。

二、修身养性和精英培养

我们进一步分析这种以亲情为基础的政治。《中庸》有一段这样的话：

> 在下位不获乎上，民不可得而治矣。获乎上有道：不信乎朋友，不获乎上矣。信乎朋友有道：不顺乎亲，不信乎朋友矣。顺乎亲有道：反诸身不诚，不顺乎亲矣。诚身有道：不明乎善，不诚乎身矣。（20：17）[1]

这段话所关心的问题是：作为社会治理中的人以何为立身之本？这里没有涉及如何确立最高级权柄的问题，而是谈论一位占据某种政治地位的官员的立身之本问题。我们读到，对于任何一位官员来说，他都必须得到从上级而来的授权。上级还有上级。无论如何，没有授权就缺乏合法性。[2]一个人如何才能得到上级的信任并授权呢？他必须得到周围朋友们的信任。如果朋友都信不过他，他的上级是不可能信任他的。要取得朋友们的信任，他必须拥有亲情。缺乏孝悌——不孝敬父母、不尊重兄长的人不可能得到朋友们的信任。进一步，任何有孝悌之心的人都是真实地对待自己的人，即"诚乎身"。一个人直接面对自己时，就会对自己在血缘上源于父母，充满了父母的养育之恩。对这一点有直接的认识，他就会自然而然地有孝悌之心。最后，人在真实地面对自己时，就能顺从自己的本性倾向。归根到底，人必须从诚（真实地面对自己）出发。

这段话有两点值得深入分析和讨论。首先，我们需要注意这里的情感因素。上级的信任和授权对于一个下级官员来说是关键所在。上级信任下

---

1 孟子也有类似的说法，见《孟子·离娄上》第 12 章。

2 在儒家政治学说中，社会关系有尊卑上下之分。最高级当然就是皇帝；而皇帝乃是天子，必须听命于上天的旨意。这上天的旨意便是民意。

级的前提是这个下级官员在朋友间有好口碑。但是，并不是每一位得到朋友信任的人都可以得到上级的信任和授权。上级授权还要考虑很多其他条件。朋友信任是上级授权的必要条件，但不是充分条件。同样，孝悌只不过是朋友信任的必要条件，而非充分条件。朋友信任还包含一系列其他条件，如关心他人并能够保护他人利益等等。并不是说，只要有孝悌之心，就可以得到朋友信任，从而可以得到上级的授权。换句话说，这里所涉及的关系，如上级授权与朋友信任，朋友信任与孝悌之心，孝悌之心与诚乎自身等，不是一种逻辑关系，而是一种情感关系。

我们进一步分析这里的情感关系。有了孝悌这种情感，才可能进一步培养朋友之间的信任情感。设想一个人轻待甚至抛弃自己的父母；在朋友眼中，一旦需要，他同样会出卖朋友。这种人是不能信任的。因此，人是在孝悌之心中培养朋友间的信任情感的。同样，在朋友之间有了信任情感，人才能进一步培养对上级的信任和尊敬情感，深入体会上级的心意，完成上级交代的指令。这些品格都是在信任情感基础上培养出来的。这种从情感培养的角度出发来谈论政治关系，便是儒家的仁政。

其次，我们还需要注意这里关于善的理解。我们知道，在先秦思想界的文本中，如荀子的《性恶论》，"利"被界定为"善"的反面。荀子在论证人性本恶时，便是从人的自私自利、贪欲等方面出发的。他从"生之谓性"出发，论证到："今人之性，生而有好利焉，顺是，故争夺生而辞让亡焉；生而有疾恶焉，顺是，故残贼生而忠信亡焉；生而有耳目之欲，有好声色焉，顺是，故淫乱生而礼义文理亡焉。"这里的"好利"、"好色"等都属于"利"的范畴。

孟子在和梁惠王讨论仁政时，深入批判了这种利益导向原则，认为从利益（无论是集体利益还是个人利益）出发进行社会治理必然带来无休止的内乱。但是，没有利益驱动，人就没有动力继续生存下去。因此，简单地排除人的"私利"在社会生活中的作用，显然是行不通的。孟子在世时虽然在辩论上常常胜人一筹，但他的政治主张却不被接受。荀子的性恶论反而引导了法家学派的建立，培养了一批法家精英，帮助秦朝统一了中原。就历史的实际进程而言，秦朝采取利益导向原则统一了中国。然而，同样是这一原则，最终导致这个王朝的崩毁。这个历史发展从反面证实了孟子对利益导向政治的批评。尽管如此，秦朝的短暂成功也表明"私利"在社会生活中的重要性。

换个角度看，"私利"在某种意义上是一种"善"。比如，人肚子饿了就想吃，因而追求占有食物；冷了就会想取暖，因而要储藏衣服；累了想找个舒服地方休息，因而要占有房屋；等等。能够满足这些欲望，就是有利有益的。这些利益如果不是善的，那么，人所追求的善和人的生存有什么关系呢？私利的起源是人的自然欲望。显然，这些欲望对于人来说是与生俱来的，和人的生存不能须臾分开。它们属于人的本性。告子在和孟子的对话中也提到这一点："食色，性也。"[1] 满足这些欲望需要"私利"。因此，"私利"是人的生存所不可或缺的，因而也是儒家仁政必须正视并认真处理的。

在上引文字中，我们读到："诚身有道：不明乎善，不诚乎身矣。"这里要表达的意思是，人的孝悌之心不是外加给人的，而在内在于人的心里。只要人诚实面对自己，就能够培养出孝悌之心。这里提出了"诚"作为人的情感培养的基础和起点。在《中庸》看来，人的本性是天所命定的，与生俱来。从本性而来的东西当然都是善的。遵循自己的本性去生活乃是遵循天道的生存，因而是善的生存。[2] 但是，如何才能遵循自己的本性呢？——我们必须首先拥有关于自己的本性的知识，或能够直接感受到本性的驱动；然后才能按照这知识或顺从这驱动去生存。对于任何人来说，认识或感受自己的本性只能在"诚"中进行。只要在诚中，人就能看到自己的本性，

1　引自《孟子·告子上》第 4 章。并参考荀子的说法："今人之性，饥而欲饱，寒而欲暖，劳而欲休，此人之情性也。"（《荀子·性恶论》）；以及董仲舒："命者天之令也，性者生之质也，情者人之欲也。"（《汉书·董仲舒传》）

2　参阅《中庸》的开头语："天命之谓性，率性之谓道，修道之谓教。"

看到真正的善。

人的生存涉及各方面的"善"，甚至彼此之间还会发生冲突。比如，一个人累了要休息，但他同时还饿了要吃东西。是吃了再休息，还是休息完再吃，在许多情况下是不容易作出决定的。当人进入社会生活时，涉及的因素更多，多种"善"共存并彼此冲突的情况更加经常发生。特别地，当人的社会生活出现各种伦理道德观念后，不同的"善"之间的关系就变得十分复杂，并不是可以简单地归结为某个方面的。

而且，善涉及价值判断问题。如果一个人独自生活，只有一个孤立的判断者，那就是他自己，那么，他可以根据自己的善观念对周围环境进行善恶判断。有利于他的生存就是善的，不利者就是恶。在这种情况下，他的价值判断不会出现冲突。但是，如果他在社会中生活，他就不可避免遇到他人的判断。他认为是善的，别人可能认为是恶；反之亦然。在社会中，人们有共同的生活，所以有共同的利益，并进而形成共同的善观念。于是，在善恶判断中就出现了不同角度，包括个人利益、共同利益、共同的善观念等等。对于任何一个人来说，他的"善"都是一个系统，其中包含了个人利益和共同的善。从这个角度看，个人利益是善，亲情是善，关心他人也是善等等。因此，寻找到真正的善，或者，寻找善的根本原则，使自己的善恶判断不至于自相矛盾，并且不至于总是和周围的人发生冲突，就是一件不能忽视的重要事情。

儒家希望通过"诚"来解决这里的问题。就字义而言，"诚"是一种情感性的倾向，即真实地面对自己。和"孝"（面对父母的情感）、"悌"（面对兄长的情感）、"信"（面对朋友的情感）等情感不同，它指向自己。只要真实地面对自己，就能看见自己的善，就知道什么是善。在"不明乎善，不诚乎身矣"这种说法中，正是要强调，人在诚中所把握住的善是真的善。需要强调的是，这种在诚中呈现的善不是一种判断，而是一种发自本性的情感倾向。孟子在论证人性本善时，正是从"情"的角度来谈论这种善："乃若其情，则可以为善矣，乃所谓善也。"[1] 由本性而发即为情，是一种不受观念判断影响的本性倾向。因此，在诚中呈现的善乃是本性之善。

人的生存是在判断选择中进行的。有两类性质的判断，即事实判断和价值判断。人是在价值判断中进行选择的。在诚中呈现的善是一种本性倾向情感，或称为"情性"。这种善需要转化为一种价值判断，才能成为人的选择根据，并通过选择进入人的生存。《中庸》注意到这一环节。我们来读一段文字（《中庸》第20章）：

> 诚之者，择善而固执之者也。博学之，审问之，慎思之，明辨之，笃行之。有弗学，学之弗能弗措也。有弗问，问之弗知弗措也。人一能之，己百之，人十能之，己千之。果能此道矣，虽愚必明，虽柔必强。

不难看出，在《中庸》看来，人的生存必须从诚出发（诚之者）。只有这样，他才能看到自己的本性之善，并在判断中紧紧抓住这个"善"，形成一个价值判断。在价值判断中的"善"乃是一种观念之善，可以作为人进行价值判断的根据。不过，考虑到人在生存中所遇到的"善"有多种多样，甚至彼此相互冲突，人必须对这些"善"进行分析、明辨、和整理，形成一个可以供人进行正确的价值判断之根据，即善观念。在此基础上，人根据自己的善观念进行判断选择，养成自己的行为习惯。

儒家对社会精英有特别的要求，那就是，做一位不断修身养性的君子。这个修身养性过程时时刻刻都是在诚中进行的。只有在诚中，人才能看到本性之善，并形成价值判断，构造自己的善观念。尽管人在生存中不可避免会遇到各种各样的"善"，但是，这些"善"在修身养性的过程可以整合为一个彼此并不矛盾的整体，作为人进行价值判断的基础。而且，这个善观念在修身养性过程中并不是一个僵化的体系，而是会不断完善的。社

---

1 《孟子·告子上》第6章。

会精英必须不断地完善自己的善观念。

在儒家观念中，政治家属于社会精英。政治家是要在一个政治体系中占据一个位置的。也就是说，他必须得到上级的信任和任命。在被任命之前，他必须具备一定的素质和能力去担当这个位置赋予他的责任。如何理解这个位置的职责乃是关键所在。实际上，他在哪个程度上理解这个职位的性质及责任，他就在那个程度上行使他的职责。因此，政治家必须是一位君子，从诚出发进行修身养性，使自己能够对社会上各种"善"有深入的整全认识，形成一种较高形式较为系统的善观念，让他在处事时能够作出正确的价值判断和决策，完成这个位置赋予他的责任。这个修身养性是一个与时俱进的不间断过程。从这个角度看，儒家的仁政强调人治，即精英治国。

三、礼教和公民

儒家仁政需要礼教加以辅助。人在诚中修身养性是个人事件，但不是一个孤立事件。人生活在社会中，受到社会关系的制约。一个社会发展到一定程度，其社会关系就会形式化为一系列的礼节、规范、法律，并要求人们在社会生活中加以遵守。换个角度看，人在社会生活中接受这些礼节、规范、法律的约束，并因此形成某种行为习惯。这个过程称为礼教或教化。礼教或教化的目的是要培养或造就社会所需要的成员。这种成熟的社会成员，古代称为"子民"或"臣民"，现在通常称为"公民"。为了讨论方便，我这里使用"公民"二字。不过，需要指出的是，"公民"概念就其起源而言来自权利社会语境，即：每一位公民都拥有不可剥夺的天赋权利，并得到宪法的绝对而完全的保护；至于他的责任意识问题，则属于个人领域，政府无权过问。我们这里涉及的是责任社会，强调责任在先，权利在后。责任社会需要礼教这个环节，即：对社会成员进行教化，培养他们的责任意识，并在各自的位置上承受相应的责任。本文出现的"公民"乃是指在责任社会中具有相应的责任意识的社会成员。他们并不拥有所谓的"天赋权利"；相反，他们的权利都是建立在一定的责任意识基础上的。如果他们缺乏相应的责任意识，那么，他们就无法在这个社会中立足。因此，他们必须接受教化，并培养自己的责任意识。上至天子，下至百姓，无一能免。

我们还注意到，我们可以从两个角度来谈论礼教。一种谈论方式称为外在论，认为人接受某种礼节—规范—法律的外在约束，因而教化是外在的。另一种则是内在论，认为人在社会生活中具有内在要求去接受礼节约束，并养成遵守礼节的习惯，从而具有内在动力去遵守礼节。

外在论和内在论的争论很早就开始了。《孟子·告子上》第4章记载了一场关于"义"（礼）属内还是属外的争论。孟子从"敬"乃发自内心这一观察出发，论证礼教是内在的。实际上，孟子在一系列争论中呈现了一种完整的关于礼教的内在论。外在论的完整形式是荀子提供的。荀子认为，人性本恶，无法依靠自己向善，因而需要圣人制定礼节—规范—法律来制约人们的行为。[1]这种外在论最后走向，如荀子的弟子们在秦国的作为，强调法律的决定性作用。不过，汉朝以降，就社会治理而言，孟子提出的内在论对中国的责任社会之形成起着决定性作用。因此，我们这里主要追踪作为内在论的礼教。

儒家礼教主要通过"五常"（仁义礼智信，也称为五种基本德性）来表达。其中，前四种德性（仁义礼智）在孟子的思想中就有详细讨论。孟子认为，人是在这四种德性的教化中成圣的。但是，礼教并不是仅仅谈论个人素质的培养，更重要的教化全体社会成员（包括政府官员和平民百姓），使之成熟起来。汉朝的董仲舒在谈论教化时发现，要完成对社会成员的教化，必须强调人际关系中信任情感。这一点认识被后来的儒家思想家完全接受。于是，儒家礼教就有了"五常"。

我们先来读一段孟子的话：

---

[1] 参阅《荀子·性恶篇》。

　　无恻隐之心，非人也；无羞恶之心，非人也；无辞让之心，非人也；无是非之心，非人也。恻隐之心，仁之端也；羞恶之心，义之端也；辞让之心，礼之端也；是非之心，智之端也。[1]

　　孟子认为，仁义礼智乃是人这种存在的四个常项（即内在于人的生存的四种德性）。只要是人，就不能不谈论仁义礼智。否定它们，等于否定自己作为人的存在。具体来说，"仁"指的是对一种完善人格和人际关系的关心和向往，起源于人的恻隐之心（对他人的怜悯情感）。"义"指的是恰当性，即追求恰当的为人处世方式，起源于人的羞恶之心（希望自己的行为得到他人的认可）。"礼"作为社会生活的各种规范，起源于人的辞让之心（敬重他人的情感）。"智"起源于人在生活中对好坏的辨认，并在这辨认中进行判断选择。这四种德性都存在于人的生存中。我们看到，孟子十分强调这四种德性的内在性，认为它们都是在人的原始情感中培养起来的。所以，他说："仁义礼智，非由外铄我也，我固有之也，弗思耳矣。"[2]

　　这四种德性在人的生存中并不是孤立存在。进一步分析表明，它们内在而有序地连接为一体，结合为一个开放性的圆圈，以"礼"为中心，形成一个完整的教化系统。我们试作如下分析。

　　首先，人在社会中生活会遇到不同的人。有些人可以交往，有些人难以为伍。对于那些可以交往的人，我们会认为他们像模像样，即：像人的样子；对于那些不像样的人，轻者不与为伍，重者则视之为畜生。因此，人和人之间存在两种关系。一种是相互争斗的关系。特别地，在利益关系中，有些人完全不顾他人利益，只做损人利己的事。这种人不顾他人利益者，如同畜生。和他们在一起，人际关系就是恶性的。但是，人际关系也可以是

---

1 《孟子·公孙丑上》第6章。

2 《孟子·告子上》第6章。

良性的、相互照顾和帮助的关系。只有像模像样（具有良善人格）的人之间才能形成良性人际关系。良善人格和良性人际关系乃是人所向往的。对此，孟子提出这个观察：当人看到一位与他无冤无仇的小孩掉入井里时，心中总会有一丝怜悯感情出现。这种感情表明，无论人的现实状况如何，就其原始情感而言，人具有怜悯他人的感情。在这个情感的基础上，人们可以培养自己的良善人格，进而和他人共建良性人际关系。不过，人们可以通过不断培养并增强这种怜悯他人的情感，使之成为社会成员团结起来的强大纽带；同时，人们也可以不断减弱它而走向人情淡薄，使人们疏离而涣散，破坏社会的团结。但是，无论如何，孟子强调，强化这种关心他人的情感，造就良善人格，建立良性人际关系，应该成为社会治理的根本原则。可见，"仁"这个德性指向完善人格和人际关系。

其次，何为完善人格和人际关系？人生活在不同的环境中，对完善人格和人际关系的想法和期望就不可能相同。在不同的仁德（对完善人格和人际关系的理解不同）基础上，其人格培养方向必不相同，所引导的人际关系也因此相异。于是，摆在我们面前的一个困境是：对完善人格和人际关系有不同理解，就必然提出适宜性问题，即：何者为正确？什么是真正的完善人格和人际关系？——适宜性问题便是义德问题。仁德本身要求义德。孟子把"仁"和"义"放在一起来谈论，其意图是要强调，我们所追求的乃是真正的完善人格和人际关系。

第三，人在任何时候都会拥有一定的仁义德性，认定一定的完善人格和人际关系，并努力追求。不过，实践"仁义"是一种共同行为。在仁义德性的驱动下，人不但自己亲自践行，也会要求他人一起来如此这般去做。这就要求人把关于完善人格和人际关系的理解形式化为一种共同规范或礼节。"礼"作为一种共同规范，对于每一位社会成员来说乃是外在的形式化的约束。关于"礼"的具体形成过程，一般来说，其形成过程多种多样，比如，榜样式（模仿别人的好行为），契约式（多人共同约定），指令式（上级为下级立约），传统式（祖宗传承）等等。不过，孔子本人曾经对"礼"

进行了深入研究，认为传统上的"周礼"丰富完善，因而主张恢复"周礼"。孔子的这个说法引导儒家在"礼"的形成过程问题上采取了传统式，即：恪守祖宗传承下来的礼节。祖宗究竟是如何制定这些礼节的这个问题，儒家一般不予回答，仅仅强调这些传承下来礼节都是古代圣人所为。换种说法：晚辈所接受的礼节聚结了古代圣人的仁义德性（祖宗的关于完善人格和人际关系的结晶智慧），因而必须成为他们的行为规范。

从礼教的角度看，每一位社会成员的成长过程都是教化过程。长辈（父母、绅士、长者）用他们所接受的礼节来教导和约束晚辈。随着晚辈的成长，这些礼节融入了新一辈人的生存中，成为他们行事为人的规范。长辈的礼节就成了晚辈的礼节。在这个过程中，长辈可以通过奖励和惩罚等外在手段来规范晚辈。不过，长辈也可能借助于说服是晚辈心服口服地接受这些礼节。不管怎样，晚辈是在一定的礼节中接受教化而成长为成熟的社会成员的。

第四，一位成熟的社会成员在其成长过程中必须对现成的各种礼节形成自己的理解并生成敬重情感，然后才会认真践行。关于礼节的理解便是"知德"或"智德"。祖宗传承的礼节聚结了祖辈的仁义德性，对于他们的生活具有有效性。但是，晚辈和祖辈的生活环境可能会发生各种变化，比如，从平原到山区或海边的迁徙带来的地理环境变化，新技术的发明带来生活方式的变化，外来文化的影响带来观念的变化等等。身处变化了的生活环境中，人们有两种关于传统礼节的处理态度或方法。一种是为了礼节而遵守礼节，死守祖训。这种做法不是儒家所提倡的。《中庸》称这种人为"小人"[1]。"礼"是仁义德性的形式化。守礼是要在社会生活中追求完善人格和人际关系，建立一个完善社会。如果人们对何为完善人格和人际关系的理解发生了变化（仁义德性的变化），继续恪守旧礼就导致心思意念和行为动作的分裂。这种生活只会给自己的带来危害。

1　参阅《中庸》（18：1）："愚而好自用，贱而好自专。生乎今之世，反古之道。如此者灾及其身者也。"

另一种处理方式是与时俱进。朱熹在《孟子序说》中引用程子的说法："学者全要识时。若不识时，不足以言学。"这就是说，当生活环境发生了变化，当人关于现有礼节的理解注入了新内容，就可以对它们进行修改。这里，人通过敬重并理解现有礼节而感受祖辈的仁义德性。这是人走向成熟的不可或缺的一步。现在，人拥有新的仁义德性（对完善人格和人际关系有新理解）。那么，在此基础上进行礼节修改就是一种与时俱进。

在实际生活中，我们还需要运用我们关于礼节的理解来适应不同情境。孟子主张礼教，在当时礼崩乐坏的环境下遇到了不少挑战。诸如"溺嫂事件"，"舜不告而娶问题"等等争论都是反映了这种挑战。对此，孟子在持守礼教的同时，强调"智"在礼教中的重要作用。就字义而言，"智"是辨别是非，或所谓的价值判断。人们在生活中不可能没有价值判断。价值判断乃是这样一个过程：根据自己的知识体系对当下境况进行分析，分辨善恶，从而作出决策，并推动行动。在孟子看来，人通过礼教而学会遵守礼节，并进而培养礼节中所聚集的仁义德性。仁义德性内所包含的关于完善人格和人际关系的理解，乃是价值判断的基础。人在生活中往往会遇到这种情况：遵守某种礼节（如"男女授受不亲"）便会损害"仁义"（让嫂子溺亡）。如果这样，人必须依据自己的仁义德性进行判断。人在礼教中遵守礼节，培养自己的仁义德性，进而运用自己的仁义德性去遵守礼节，这人便是有智德的了。

我们看到，仁、义、礼、智这四种德性并不是孤立自存的，而是有秩序地构成一个开放式的圆圈。这便是孟子所理解礼教系统。人在社会中生活追求完善人格，寻找理想的社会关系；这便是人在"仁"中的诉求。在仁德中，人不可能不遇到"适宜"问题。在许多关于完善人格和人际关系的理解中，哪一个才是真正的？我们要找的乃是在"义"中界定的"仁"。找到"适宜性"，人格之建造和理想社会关系之建立才能走向正道。因此，谈论仁德就必须谈论义德。这便是仁义。进一步，仁义必须形式化才能成为整个社会的诉求。"礼"是形式化的仁义，聚集了人的仁义德性。有什么样的仁义德性，便会有什么样的礼节。作为社会成员的规范，礼节调节社会成员的为人处世，培养并造就成熟的社会成员。不接受礼节规范的人，在社会就难以立足。中规中矩的人则称为有礼貌的人，即拥有礼德。礼节是辈辈相传的。晚辈必须认识并明白长辈传承的礼节，因为它们背后内含祖辈的仁义德性。人是在自己的理解中遵守礼节的。这便是人的智德。不过，人不是为了礼节而守礼节。守礼是为了深入把握礼节中的仁义。于是，我们从"仁"开始，在"义"中界定"仁"，并落实在"礼"中；通过"智"，我们又回到了"仁"。

对于晚辈来说，他们是在接受礼节的规范中进入祖辈的仁义德性的。在新的生存环境中，他们在接受礼节规范的同时会获得新的关于人格、人际关系以及适宜性的理解。晚辈和前辈的仁义德性虽然有传承关系，但却也有新的因素。于是，在晚辈的仁义德性基础上，新的礼节出现了。这新礼节在礼教中传承给下一代。从这个角度看，礼教不是一个封闭系统，而是与时俱进，不断更新改变的过程。

因此，儒家礼教具有开放势态。在这个与时俱进而更新改变的过程中，人对人格、人际关系和适宜性的理解（仁义德性），一系列礼节（礼德）以及人对它们的理解（智德）等，都处于一个不断完善的过程中。在孟子看来，正是在这个开放式的圆圈中，礼教把人培养成圣人。他说："始条理者，智之事也；终条理者，圣之事也。"[1]礼教中的智德使人成为成熟的社会成员，并进而引导人成为圣人。圣人站在仁义德性的高位，可以制定传承后人的新礼节。

孟子在谈论礼教时，更多强调的是适宜的成熟社会成员之培养和成长。虽然孟子也注意到了"信"在社会生活中的重要性，但似乎没有把"信"当作的不可或缺的德性。[2]然而，在社会生活中，一旦失去信任，人和人之

1　《孟子·万章下》第1章。

2　参阅《孟子·离娄上》（第12章）："获于上有道；不信于友，弗获于上矣；信于友有道：事亲弗悦，弗信于友矣；"这里涉及的朋友之间的信任。此外，《孟子·万章上》（第2章）谈到了舜的"信"，也注意到了"信"在为人处事时的重要性。《孟子》中尚有多处涉及"信"在生活中的重要性的论述。但是，这些谈论都没有把"信"上升到不可或缺的高度。

间是无法进行最起码的交往的。对于任何一个人，如果我们对他毫无信任情感，那么，即使他一言一行都符合礼节，我们也会认为他遵守礼节的背后必有恶意。没有信任，就不可能在社会生活中践行礼节。

汉儒董仲舒在回答汉武帝的问政时，反复批评秦朝的统治只采取外在刑法，废弃礼教（或德教）的做法，认为这样做不可能带来长治久安。刑法是对所有违反律法的行为进行惩罚，并不在乎犯法者为什么犯法。教化乃生养之道，是培养成熟社会成员的唯一途径。他引用孔子的话"不教而诛谓之虐"，把任用刑罚的政治称为"虐政"，主张回归礼教。他向汉武帝建议："夫仁谊礼知信五常之道，王者所当修饬也。"[1]这是"五常之道"的最早提法。董仲舒这里增加了"信"。也就是说，董仲舒认为，"信"是礼教中不可或缺的常项或德性。在《春秋繁露》中，董仲舒对"信"的十分强调。他说："春秋尊礼而重信，信重于地，礼尊于身……曰礼而信，礼无不答，施无不报，天之数也。"[2]这里，他把"尊礼"和"重信"放在一起，甚至认为"信重于地"。我们在分析孟子的四常时，注意到孟子强调"礼"和"智"之间的直接关系。"礼"是在"智"中落实的。没有关于礼节的理解，就无法深刻把握礼节中所隐含的祖辈之仁义德性，从而也就无法践行礼节。董仲舒则进一步看到，如果没有"信"，即使人们关于礼节的理解很到位，那也无法落实礼节。礼节是在信任中落实的。董仲舒把"信"加入礼教这一做法深具见地，并很快就被儒家所接受。

于是，儒家礼教的完整表述便是五常之道；它的目的是培养成熟的社会成员。我们在分析五常时，指出，这五种德性之间并不是孤立自存的。没有"仁"和"义"，则"礼"就是空洞的外在约束；"礼"内含祖辈的仁义德性。在"礼"之后有"智"和"信"，使礼节得以继承、落实、变化和传递。

1　参阅《汉书·董仲舒传》

2　《春秋繁露·楚庄王第一》。

四、王位继承和官员任命

在前面讨论中，我们追踪了儒家仁政的三个支架：以诚、孝、信、尊四种基本情感为社会纽带，以"修身养性"为培养各级官员的方式，以礼教为教化社会成员的机制。对于这样一个社会构想，我们还需要分析讨论社会治理的领袖产生和官员任命的问题。我们先来读一段孟子的说法：

> 万章曰："尧以天下与舜，有诸？"孟子曰："否。天子不能以天下与人。""然则舜有天下也，孰与之？"曰："天与之。""天与之者，谆谆然命之乎？"曰："否。天不言，以行与事示之而已矣。"曰："以行与事示之者，如之何？"曰："天子能荐人于天，不能使天与之天下，诸侯能荐人于天子，不能使天子与之诸侯；大夫能荐人于诸侯，不能使诸侯与之大夫。昔者尧荐舜于天而天受之，暴之于民而民受之。故曰：'天不言，以行与事示之而已矣。'"曰："敢问：'荐之于天而天受之，暴之于民而民受之，'如何？"曰："使之主祭而百神享之，是天受之，使之主事而事治，百姓安之，是民受之也。天与之，人与之。故曰：'天子不能以天下与人。'舜相尧二十有八载，非人之所能为也，天也。尧崩，三年之丧毕，舜避尧之子於南河之南。天子诸侯朝觐者，不之尧之子而之舜，讼狱者，不之尧之子而之舜；讴歌者，不讴歌尧之子而讴歌舜。故曰：'天也。'夫然后，之中国践天子位焉。而居尧之宫，逼尧之子：是篡也，非天与也。泰誓曰：'天视自我民视，天听自我民听。'此之谓也。"[1]

古代出现了尧把天子位禅让于舜的故事。孟子借此讨论了儒家仁政

中有关最高政治领袖产生机制的基本原则问题。在孟子看来，最高政治领袖肩负管理天下苍生的重任。他的权威来自于"天"，因而必须对"天"负责，所以称为"天子"。当然，"天"并不是像人那样可以说话、表达意见并发号司令。然而，"天"可以通过民意来表达自己。政治领袖对"天"负责，也就是对百姓负责。就"天子"的责任意识而言，他必须把百姓的安居乐业记在心里，并落实到他的决策和管理中。缺乏这种责任意识，就无法承担"天子"角色。这便是"天子"的德性要求。而且，"天子"还需要管理天下的能力。如果"天子"缺乏能力，天下治理就会出现断案不公、秩序混乱。德性和能力是在做事过程中造就和展现的。舜辅助尧 28 年。在这个时期，一方面，他得到了尧的充分信任。他的责任意识（德性）在尧那里留下了深刻印象，因而尧推荐舜接任天子位。另一方面，他做事得体有方，展示出了他的政治能力，得到了下级诸侯和下级官员的充分认可。因此，舜兼具德性与能力。这就满足了"天子"这个职分的基本要求。

孟子反对"天子"的世袭制，认为在任领袖退位时原则上必须把位置禅让给贤能之人。从候选人的角度看，他必须在修身养性和礼教中培养自己的德性，并得到在任领袖的赏识和任命，获得某种职位在实践中培养自己的治理能力。就程序而言，整个禅让过程分三步走：首先，在任领袖推荐候选人（"天子能荐人於天"）。在任领袖在政治上的地位高于一切人，但在他之上还有"天"（所以说是"推荐"）。但是，天意是通过天下之人来表达的。从这个角度看，他只能向天下之人推荐候选人。我们说，这是一种政治上的民本理念。

其次，得到推荐的候选人必须在实际工作中接受考验（"使之主事而事治，百姓安之"）。这个过程是验证候选人的治理能力的过程（也包括候选人的能力的进一步发展）。与此同时，候选人因此有机会和地方官员及百姓进行密切交往，让人对他的德性和能力有直接的认识。

最后，候选人的德性和能力还需要得到地方官员的正式认可（"天下诸侯朝觐者，不之尧之子而之舜；讼狱者，不之尧之子而之舜；讴歌者，不讴歌尧之子而讴歌舜。"）。这种认可不是一种口头或文字上的认可（如投票），而是通过行动来表达的，即愿意把那些和自己切身相关的事务交由他来处理。

可以看到，这三个步骤乃是推荐并认可的过程。孟子这里并没有涉及监督机制问题。实际上，尧去世后，守丧三年结束，尧之子和舜同时设立自己的办公室。摆在诸侯和大夫们面前的有两个选项，供他们决断。历史上，孟子设想的推荐程序在后世的政治进程中并没有实现。[1]原因并不复杂，孟子这里谈到的王位继承之推荐程序只是一个理想性的想法，缺乏可行性和建制性的思考和分析。比如，如果尧之子和舜在德性和能力上相差不大，那么，他们之间的竞争就可能十分激烈。在建制上如何处理这里的竞争才是问题的关键。尧之子因为血缘的关系，可以吸引诸侯和大夫们对尧的感情。如果从小就进行恰当的教育，就可以在继承王位上占据无可与争的有利地位。缺乏建制上的保障，孟子的上述想法是无法实现的。不过，孟子关于推荐王位程序的想法是一种深刻的符合仁政思路的设想。如果我们能够以孟子的想法为基础，深入考察这里的可行性，并探索并设立一种切实可行的领袖推荐制，也许可以提供一种在当代语境中的儒家仁政之领袖产生机制，走出当代中国政治体制改革的困局。

可以说，在最高政治领袖产生机制问题上，儒家思想家和政治家未能推进孟子的上述想法而给出一个符合儒家仁政思路且具有可行性的解决方案。几千年来中国历史采取了两种解决途径：世袭制和霸道原则。如果太子的教育是成功的，太子就可以在父辈的阴影中承袭王位。如果太子的教育失败了，导致了社会治理失序而出现无王状态（昏君现象），那么，霸道原则就发生作用：胜者为王。由于没有在儒家仁政思路中解决政治领袖

1　根据《三国演义》，刘备在去世前表达了禅让王位给诸葛亮的想法。这当然是作者对孟子这个思想的某种遐想式的回应。

的产生问题，儒家在昏君问题上往往陷入心有余而力不足的困境。昏君现象在中国历史上的影响十分消极，也是近代五四运动以来的主要批评对象。但是，谁该对此负责？——考虑到儒家仁政的原始设想是要为社会治理提供一个完整的政治体系，同时却未能有效地设计最高政治领袖的产生机制，我认为，这里的责任必须由儒家来承担。这一点对于我们讨论儒家仁政是需要特别重视的。

关于地方官员的推荐机制，就基本原则而言，和王位继承者的推荐程序相似：王位继承是由在位者向"天"推荐继位者；官员推荐程序则是，由下级官员和百姓可以向上级推荐人才，而上级领导根据自己的观察接受或拒绝下级的推荐，然后进入考察—政绩—好评这个程序，最后进行任命。这是一个在上下交流互动中完成的程序。但是，不难看到，相对于确立王位而言，各级官员的推荐和任命比较容易操作。在王位推荐程序中，上天无言，天意必须通过民意来表达；民意是杂多的；因此，如何把握并表达民意往往会引起争议。[1] 王位确立之后，王位的占有者是一个人，可以具体地表达自己的心思意念。因此，王位以下，一级一级地，可以通过上下交流互动而挑选和任命。

根据孟子的推荐思路，董仲舒建议汉武帝招揽天下人才，按照他们的德性和才能加以任命。汉武帝接受了董仲舒的建议，并采用察举制与征辟制这两种机制作为选用地方官员的方式。察举制由下至上，上级要求下级地方官员察访并推荐人才，而上级按德性和才能进行任命。征辟制则是从下至上，上级机构向社会各界人士征辟所需人才；人人都可以自荐，由上级进行德才考察，再行任命。不过，由于官员占据社会高位，可以产生利益，因而吸引人争相竞位，导致利益集团的形成，阻碍有德有才之人占位。隋朝开始，为了使真正有才能的人安排在适当的位置上，隋朝在儒家仁政的思路中采取了科举制，通过一系列的考核程序考察人的德性和能力，以此

1　王位继承中的天意问题引导了汉朝的谶纬之学，在王位候选人问题上求助于某些奇异天象或现象。

为基础加以任命。自此以后，一直到清末废除科举制为止，科举制不断完善，并作为中国社会官员任命的主要途径，对中国社会的稳定和发展起到了关键的作用。[1]

总的来说，本文从社会情感、精英培养、成熟公民和政治领袖这四个方面深入分析儒家仁政的内在结构。儒家仁政的情感基础是亲情，具体体现为诚、孝、信、尊四种基本情感。其中，诚要求人真诚地面对自己的本性；孝连接人和人之间的血缘关系；信则是连接非血缘人际关系的情感；尊则维持着上下、长幼、贤愚之间的关系。缺乏这四种情感，社会就不可能继续存在。社会需要精英来维持和带领社会发展。精英包括社会各阶层的领袖人物。儒家仁政是一种由精英主导的人治。培养精英的唯一途径是修身养性。修身养性是在诚这种情感基础上进行的；其具体过程是在天命本性的基础上不断完善自己的善观念。当然，精英只是社会主体的一小部分。在如何造就成熟的社会成员（公民）这个问题上，儒家仁政强调礼教（通过礼节来纠正人的社会行为）。礼教是在五常中进行的。礼教不是一种随意的外在教化；就其本意而言，礼教追求一种适宜的人际关系。因此，遵守礼节不是简单的束缚，而是在遵守礼节过程中培养自己的礼仪德性，造就一种彼此相互信任的人际关系。最后，社会是一种政治结构，因而政治领袖的选拔就是重要一环。儒家在王位继承上束手无策。这是儒家无法面对西方政治制度挑战的主要原因。不过，儒家的官员选择制度（科举制）在长期的历史过程中展示了有效的力量，值得我们十分重视。

就社会治理的角度看，儒家仁政是一种责任政治。社会精英（其中包括了政治家）是在修身养性中成长起来的。他们具有一定的社会责任（仁义德性），必须对这个社会的治理和走向负责。对于平民百姓来说，他们必须接受礼教的教育和规范，在为人处事上合符礼节。无论是社会精英还

1　这里不拟深入讨论科举制的得失。相关资料和讨论可参考王炳照和徐勇主编的《中国科举制度研究》，石家庄：河北人民出版社，2002 年。此外，罗志田的《清季科举制改革的社会影响》（载于《中国社会科学》1998 年第 4 期）对于科举制的社会功能进行相当深入的分析和讨论。

是平民百姓，他们在整个礼教（以及其中的法律）中没有任何不可剥夺的权利。相反，他们在礼教中形成的责任意识指导他们的生活。每一个人在社会中生活都享用某些权利，比如，官员、丈夫、妻子、父亲、母亲等，各自都有某种权利。但是，在这个社会中，责任大于权利。

上述四个方面乃是儒家仁政的四大支柱，缺一不可。在近代史上，在面对西方文化的挑战时，儒家仁政在王位继承机制上的缺陷是致命的。正是这个缺陷，五四运动以来，中国人有意识地要放弃儒家仁政。如何分析和评价这段历史问题不是本文的主题。但是，我想指出的是，儒家仁政作为一种责任政治之模式是一个历史事实。而且，它仍然深刻地影响着中国人的生活方式和政治倾向，远未退出历史舞台。我认为，当今中国的政治治理走向（如政治改革）仍然内在地受制于儒家仁政。充分认识儒家仁政在中国社会生活中的作用是未来中国政治平稳发展的关键所在。

宗教、宗教冲突与宗教的和平共存与发展

——唐君毅哲学的启示

陈弘毅

摘要：唐君毅先生是极有远见和睿见的、伟大的思想家。早在半个世纪以前，他便意识到宗教问题是当代和未来中国现代化和中国文化发展中的重大课题，五四运动以来只重视科学和民主而忽视宗教的取向是有所偏差的。他主张世界各大宗教的相互了解和合作，联合起来共同面对人类在现代所遇到的危机。他更对中国传统儒家思想作出新的诠释，认为儒家具有其他伟大宗教所具有的超越性、终极关怀，而且可在协调和融汇各大宗教、化解宗教之间的矛盾和纷争等方面作出独特的贡献。

关键词：唐君毅；儒学；宗教；宗教对话

一、前言

启蒙时代以来，不少西方思想家认为宗教是人类在愚昧、尚未启蒙的时代的迷信，他们相信，当人类的理性充分发展后，人类便不再需要宗教。因此，他们预期，宗教的信仰和崇拜将随现代化和科技的进步而走向衰落。在二十一世纪的今天，我们可以看到，无论是在最现代化和科技最发达的西方国家——美国，还是在亚、非、拉等发展中国家，宗教在社会和群众中的力量如日方中，宗教式微的预言并没有实现。在一方面，宗教在当代世界发挥着不少积极的作用，为信徒提供人生的价值和意义，净化他们的

心灵，推动人权、博爱、正义与和平的事业。另一方面，不同宗教信仰之间的矛盾，与相关的种族、族裔、语言和文化等冲突，在后冷战和后"九一一"的时代成为了世界范围内的暴力事件、恐怖活动、动乱以至不同国家中的分裂运动的根源。亨廷顿有名的文明冲突论[1]，其基础便是不同宗教信仰和文化传统之间的矛盾或不能协调。因此，正如当代著名神学家孔汉思所说："没有宗教之间的和平，则没有世界和平。没有宗教之间的对话，则没有宗教和平。"[2]

中国现代知识分子自从五四运动以来，拥抱了从西方而来的科学与民主，"孔家店"被打倒，西方启蒙时代的反宗教情绪蔓延到中国，在七十年代末至今的"改革开放"的新时代，中国的经济发展的成绩有目共睹，政治和社会的建设也取得一定成就，但在伦理道德、价值信念的领域，不少国人都处于精神失落、心灵空虚、价值混乱的状况。在这种情况下，佛教、基督教等宗教的复兴，以至儒家、儒教和儒学的重新得到重视，确有其历史的必然性。

在这个世界各大宗教寻求对话、宗教和儒家思想在我国正在复苏的新时代，唐君毅先生在半个世纪以前所建立的哲学正可以回应这个时代的需要。历史证明，唐君毅先生是极有远见和睿见的、伟大的思想家。早在半个世纪以前，他便意识到宗教问题是当代和未来中国现代化和中国文化发展中的重大课题，五四运动以来只重视科学和民主而忽视宗教的取向是有所偏差的。他又意识到即使在科技空前发达的西方，向其自身的宗教传统的回归也是有必要的。他主张世界各大宗教的相互了解和合作，共同面对人类在现代所遇到的危机。他更对中国传统儒家思想作出新的诠释，认为儒家具有其他伟大宗教所具有的超越性、终极关怀，而且可在协调和融汇各大宗教、化解宗教之间的矛盾和纷争等方面作出独特的贡献。本文的目

1　Samuel P. Huntington, *The Clash of Civilizations and the Remaking of World Order*（New York: Simon and Schuster, 1996）.

2　汉斯·昆:《世界伦理构想》，第 v 页，香港：三联书店，1996。

的便是重温唐先生的宗教哲学的一些要点，并通过对此哲学和当代著名基督教神学家希克（John Hick）的宗教多元主义的比较，探讨唐君毅的宗教哲学的当代意义。

二、唐君毅先生的宗教哲学

唐君毅先生曾被称为"当代新儒家最重视宗教的学者"[1]。他没有一本关于宗教哲学的专著，他关于宗教问题的观点散见于他的多部著作，包括收进了他的论文集的专门论述宗教问题的多篇文章。以下综合论述他的宗教哲学中的一些要点。

首先，唐先生认为，宗教立根于人的"超越所知之现实世界之精神要求"[2]。由于科学所探讨的是人类能够认知的现实世界和物质宇宙，所以宗教是独立于科学而存在的人文领域，科学与宗教"同为人心灵主体之精神表现之成果之一"[3]，宗教"不是只依于人对自然世界之无知……或迷信而生起"[4]。"宗教要求，乃一求价值的实现与生发之圆满与悠久之要求。"[5]至于此"超越的圆满与悠久"是否可能，不能通过科学、而只能在"宗教经验中，去求证实"[6]。唐先生相信，"科学知识世界中，有客观的真理，艺术世界中有客观的审美，道德世界中有客观的善，宗教的世界中亦有客观的神圣。因只要表现普遍性而合理性之一切人生活动与其成果，即皆有一客观性。"[7]

1　郑志明："唐君毅先生的宗教观初探"，载《唐君毅思想国际会议论文集》（Ⅱ），第 13 页，香港：法住出版社，1990。

2　《中国人文精神之发展》，第 339 页，台北：学生书局，1988。

3　同上，第 343 页。

4　同上，第 338 页。

5　同上，第 340 页。

6　同上，第 343 页。

7　同上，第 339 页。

第二，唐先生指出，不同的宗教信仰同是植根于"人之善良的心"[1]、"人类之向上的心情"[2]。宗教包含"对人之道德教训"，"劝人为善"，"以爱人敬人为教"[3]。宗教能"导人之心灵……向上升进"[4]，努力于道德实践。

第三，唐先生指出，宗教信仰能使人"感到自己之生命有了寄托归宿"，从而产生"在人生道上一往直前的意志"[5]；但是他认为这只是"第二义以下之宗教精神"[6]。他认为真正的宗教精神的最根本处，在于对人间的苦痛和罪恶有"深切之自觉"（如基督教的原罪之说和佛教对于无明烦恼的认识）[7]，人"自内部翻出一自罪恶绝对解脱之意志"[8]，虽然人"自觉自己去除苦罪之能力有限"[9]、苦罪"为一般理性及自然生命力量所不能加以拔除拯救"[10]，但人的解脱苦罪的意志可以是一种"超越的意志，一方忏悔悲悯吾人之罪恶；一方即本身是——或能接上——一宇宙之超越罪恶之意志"[11]，"如此……转出或接上一超越的精神力量，可以使你逐渐上升，望见真正的伟大、无限、幸福与至善"[12]。"宗教家之以永恒无限的神与佛，对照有罪之我之渺小，原是为的教人以谦卑、滋养爱与慈悲之

1　《中华人文与当今世界》（下），第339页，台北：学生书局，1988。

2　同上，页59。

3　同上，页59。

4　《生命存在与心灵境界》（下册），第346页，台北：学生书局，1986。

5　《人文精神之重建》，1988，第31页，台北：学生书局，1988。

6　同上，第29，31页。

7　同上，第32页。

8　同上，第32页。

9　同上，第31页。

10　同上，第35页。

11　同上，第32页。

12　同上，第32-33页。

生长"[1]，从而"从事道德文化实践"[2]。

第四，唐先生认为在人类的历史文化中出现过的宗教意识可区分为十种形态，其中有高低之别。例如"最低之宗教意识乃信仰一自然神，而向之祈求助我满足欲望"[3]。较高层次的宗教意识包括"求灵魂之不朽以完成其人格，及以苦行求自己灵魂之解脱"；"信神以克欲"；"不信神亦不执我"；"担负人类或众生苦罪，保存一切价值，实现一切价值，于超越世界或永恒世界"；"通过对先知先觉之崇拜以担负人类众生之苦罪"；"对圣贤豪杰个人祖先民族祖先（即民族神）之崇拜皈依"[4]。

第五，唐先生在其晚年巨著《生命存在与心灵境界》[5]中建立了心通九境论（或称三向九境论），把人类各种心灵活动（"心对境之感通活动"[6]）（包括科学、哲学、道德、宗教、艺术、文化等）和中西印各思想传统的学术成就涵摄于"九境"，此九境由不同的观法（横、顺、纵）和不同的所观对象（体、相、用）所构成[7]，包括"觉他之客观境"（共三境）、"自觉之主观境"（共三境）和"超自觉之通主客境"（即"超主观客观境"）（共三境）[8]。唐先生把基督教等一神教、佛教和儒家或儒教分别安放于"超主观客观境"的"归向一神境"、"我法二空境"和"天德流行境"（即"尽性立命境"）[9]。由于人有对超越主客观的绝对真理或绝对精神实体的

1　《人文精神之重建》，1988，第31页，台北：学生书局。

2　同上，第41页。

3　《文化意识与道德理性》，第494页，台北：学生书局，1986。

4　同上，第498-506页。

5　台北：学生书局，1986。

6　《生命存在与心灵境界》（上册），第12页，台北：学生书局，1986。

7　参见李杜：《唐君毅先生的思想的发展与心通九境论的要义》，载于《唐君毅思想国际会议论文集》（I），第89页，香港：法住出版社，1992。

8　《生命存在与心灵境界》（上册），第52页，台北：学生书局，1986。

9　参见《生命存在与心灵境界》（下册）。

理想追求[1]，所以有此三境的开拓或呈现。"此三境亦可称为超主客之绝对主体境。在此三境中，知识皆须化为智慧，或属于智慧，以运于人之生活，而成就人之有真实价值之生命存在……其中之哲学，亦皆不只是学，而是生活生命之教。"[2]

以上是唐先生关于宗教的性质和价值的一些基本观点。唐先生的宗教哲学所处理的另一个关键问题是不同宗教所信仰的内容的互相冲突问题，这也是当代宗教哲学需要面对的一个核心课题。在人类历史长河中，各大宗教曾经在互不知悉对方的存在或互不了解对方的情况下发展，但是到了现代，各大文明、文化和宗教的相遇、接触、互动以至冲击，达到史无前例的深度；每个宗教都需要思考它应该如何看待其他宗教、如何为自己定位等问题。一个宗教是否可自视为唯一的绝对真理，并视其他的宗教信仰为异端或邪教？人类历史中，因宗教矛盾而起的纷争、迫害以至战争屡见不鲜，到了二十一世纪的今天，一些宗教中的原教旨主义仍然势力旺盛，宗教间的对话和不同宗教的和平共存仍然有待人类的努力。对于如何思考这些问题，唐君毅哲学提供了以下的可能进路。

首先，唐先生认为，从历史上看，中国文化比西方文化表现出更多的对不同宗教的宽容[3]，而儒家思想具有化解宗教矛盾的能力[4]。这是因为儒家言信仰"乃重在能信者之主体之自觉一方面，而不只重在所信之客体之被自觉的一方面。儒家由重此中之能信之主体自觉，而重此主体之实践其所信，由行道而成德，以建立其为贤为圣之人格于天地之间。"[5]换句话说，宗教信仰的最重大意义不在于信仰的对象或内容，而在于信仰对信徒的心

---

1 参见周辅成：《理想主义的新生——读〈生命存在与心灵境界〉》，载于《唐君毅思想国际会议论文集》（I），第15，32页，香港：法住出版社，1992。

2 《生命存在与心灵境界》（上册），第51页，台北：学生书局，1986。

3 《中华人文与当今世界》（下），第63-64页，台北：学生书局，1988。

4 同上，第67页。

5 同上，第67页。

灵、价值观念、生活和行为的影响。因此，当不同宗教的信徒把其视线从彼此信仰的内容的差异转移到彼此的"人格自身之主体"[1]，他们便会看到对方的"道德人格之可敬爱处"，并形成与对方的"精神上之交通与共契"[2]。如上所述，唐先生相信不同宗教均植根于人之善良的心："人之善良的心，能互相照面，则一切不同之宗教信仰，即有相互了解、相互并存之可能"[3]。

　　第二，唐先生指出，一般宗教信仰的内容可区分为两部分，一部分直接与道德实践有关，另一部分是一些"非必然直接关联于道德的实践之信仰"（如"独断的教条、生活的禁戒与宗教的组织仪式"、"对客观的宇宙论或自然事物的知识或知见"[4]）；儒家信仰则只包含前者（如关于仁义礼智、善性等信仰）[5]，不包含后者[6]。对于其他信仰中之后者成分，儒家"亦复不重视，但亦不断然的加以肯定与否定。此如基督教信有来生，佛教兼信有前生。"[7]对于一神教和佛教中"种种超越的信仰"，唐先生"亦视之为人所当有，而亦以之为出于人之性情与理性思想之所要求；唯只当使之为存于心之阴一面，而不当使之存于心之阳一面，即只取其消极的自卑俗拔起，与破除断见之意义，以成此当然者无不可成实然之信仰；而不重其积极的意义，以使人只作希高慕外之想，而忽其在当前境中之尽性立命之事。"[8]言下之意，各宗教中"非必然直接关联于道德的实践之信仰"不应视为其最关键部分，因此，各宗教之间的冲突便得以淡化。

　　第三，唐先生认为在理解世界各大宗教的时候，应更重视"人依于其

1　《中华人文与当今世界》（下），第 63-64 页，台北：学生书局。

2　同上，第 80 页。

3　同上，第 98 页。

4　同上，第 68 页。

5　同上，第 73 页。

6　同上，第 68 页。

7　同上，第 68 页。

8　《生命存在与心灵境界》（下册），第 497-498 页，台北：学生书局，1988。

超越性而生之宗教的精神要求"[1]而非其信仰的具体内容。他指出，"此诸具体内容，皆可视为一宗教精神，在其发展之途程中，所涌现之观念与意象"，并包含"宗教中之神话之成分"[2]。"此诸观念、意象、图像，原只是人之宗教精神所寄托之形式，本不涵一般之认知之意义者。…因而宗教徒之互争其孰为合事实，原为不必要之争辩。"[3]唐先生认为这种"宗教信仰内容之复位于宗教之精神"的取向，"可以销融世界之一切宗教之冲突"[4]。

第四，唐先生指出，"自宗教性的道德实践、及精神修养的方法上说，……各宗教之相通相同处实多。…这些终必成为人类文化之共同遗产，而非任何宗教之所得而私。在此处即有人类之一切宗教之自然的融合。"[5]各大宗教"所重之问题"[6]和"凸出之精神"[7]略有不同，它们"各有地位，不能相代"[8]，它们应"平等共存"[9]，"各显所长"，"并行不悖"[10]。人的"禀赋或根性及所感宗教问题之有不同"[11]，因此不同宗教均有其信徒。唐先生明确指出，"人之超凡入圣之路道，可只一条。"[12]

第五，唐先生认为人的良知是判断各宗教信仰的标准[13]。他进一步论述，宗教的良知，"望一切人得救，即不忍谓实有永恒的地狱之存在"；"知上帝之爱无所不及，即不忍谓上帝之启示只及于自己之教主"；"必须相

---

1 《中国人文精神之发展》，第360页，台北：学生书局，1988。

2 同上，第361页。

3 同上，第361页。

4 同上，第362页。

5 同上，第345页。

6 同上，第345页。

7 同上，第358页。

8 同上，第358-359页。

9 同上，第360页。

10 同上，第345页。

11 同上，第359页。

12 《人文精神之重建》，第592页，台北：学生书局，1988。

13 同上，第589页。

信上帝之爱既无所不及，必广开天国之门，而愿启示其自己于各民族各时代之有宗教意识之人中。"[1]他主张各宗教徒"自己依宗教的良知，去其偏执之观念"[2]，"相互承认其他宗教之信仰教条之价值，而一方自己修正其信仰教条中与人类良知相违之处，或将此等处存而不论，而专发挥其与人之良知相合之处。"[3]

三、唐君毅的宗教哲学与希克的宗教多元论

在西方文明史上，基督教（包括天主教、东正教和宗教改革后的新教）长期以来坚持自己是绝对真理，其他宗教或本教内的"异端"教派均属邪教或迷信，直至现代，才有自由派的神学思潮开始承认世界其他宗教的价值，但仍倾向于坚持其他宗教所反映的真理只是局部的、有限的，只有基督教才是关于属灵世界的真理的最全面、最终极的启示。当代基督教神学家中值得重视的一位是希克，他提出新的宗教多元主义[4]，旨在神学界掀起一场哥白尼式的革命[5]。

希克把康德认识论哲学中关于"物自体"和"现象"（人所认识的世界）的区分的概念框架，借用或延伸到宗教或属灵的领域。希克认为，绝对的、终极的、神圣的真实（Reality，或译作"实在"）是客观存在的，各大宗教不只是人类自己的想象或人类思想向客观世界的投射，各大宗教都建基于人类与此绝对的、神圣的真实的接触的经验和人对它的回应。不同宗教就此有不同的经验模式，并采用不同的概念、语言和神学思想予以表述，

1　《人文精神之重建》，第593-594页，台北：学生书局。

2　同上，第593页。

3　同上，第594-595页。

4　参见 John H. Hick, Philosophy of Religion, Englewood Cliffs: Prentice Hall, 4th ed. 1990, chap. 9; John Hick, The Rainbow of Faiths, London: SCM Press, 1995.

5　参见 John Hick, God and the Universe of Faiths, Oxford: Oneworld, 1993, chap. 9.

其中包括人格神的概念，也包括关于"非人格的绝对者"的一些概念（如在佛教或其他无神的宗教）。正如物理学中可以同时以"粒子"和"波"的概念（即所谓"粒波二象性"）[1]来理解电子的根本结构一样，这两种对于那绝对的、神圣的真实的理解是可以并行不悖的。就正如瞎子摸象[2]，人未必能以一个唯一的概念来掌握和表述这绝对的真实。

希克认为，在雅斯培（Karl Jaspers）所说的"轴心时代"出现的各伟大的宗教都具有同样的"救赎论"的结构[3]，就是要求人从"自我中心"的生活转向"实在中心"（"实在"乃指上述的绝对的、终极的、神圣的真实）的生活，并以爱或慈悲作为对此神圣的实在的回应、作为人类普遍的伦理标准。至于不同宗教信仰内容中的不同的，甚至是互相冲突的形而上学的信念和教义，希克把它们视为救赎论意义上的真理而非知识论意义上的真理[4]：只要它们把信徒从"自我中心"导向"实在中心"，它们在救赎论意义上便是同样有效的；而由于它们并非知识论意义上的（关于客观事实的）真理，所以它们之间无需争论孰是孰非，即使争论也是不可能得到结果的。

我认为唐君毅的宗教哲学与希克的宗教多元论就一些关键问题不谋而合，可谓异曲同工。唐先生反对唯物论，认为儒家或儒教和西方宗教同样"指向一形而上之超越而客观普遍之宇宙的绝对精神，或宇宙之绝对生命，而为人之精神或生命之最后寄托处"[5]；我认为此绝对精神或绝对生命，也就是希克所论及的绝对的、终极的、神圣的真实。希克认为人格神的概念和一些无神宗教中关于"非人格的绝对者"的一些概念可同视为人对此绝对真实的体验的表述，相信唐先生也会同意，他的三向九境论中的最后三

1　林曦：《希克》，第195页，台北：生智文化事业有限公司，1997。

2　同上，第124页。

3　同上，第192-193页。

4　同上，第199页。

5　《中国文化之精神价值》，第449页，台北：正中书局，1979。

境便是明证。

　　此外，希克对于不同宗教中形而上学的信念和教义的冲突的处理，与唐先生对于同样问题的处理也十分接近。唐先生重视宗教徒的道德实践，认为信徒的"主体之自觉"比其"所信之客体之被自觉"更重要，又认为宗教信仰中那些"非必然直接关联于道德的实践之信仰"并非那么重要，并主张"人之宗教精神所寄托之形式"（即相关的"观念、意象、图像"）"不涵一般之认知之意义"，无需予以争辩；这就正如希克强调宗教的救赎论结构（把人从"自我中心"导向"实在中心"），并认为各宗教中形而上学的信念和教义并非知识论意义上的真理，无需争论。

　　除了在一些关键环节与希克的宗教多元论汇通之外，唐君毅思想更有其独特的贡献。此贡献在于他从儒家的人文主义传统出发，结合了他对佛教、基督教等宗教的反思，再加上他对于西方现代性的危机和中国现代化问题的分析，建立了一套立足于中国文化传统、同时具有普世意义的宗教哲学。和希克的宗教多元论不一样，唐先生的宗教多元论动用了儒家的思想资源。唐先生一方面动用儒家资源以理解宗教，一方面从宗教性的角度来重新诠释儒家，同时大大丰富了我们对于宗教和对于儒家的理解。

四、结论

　　唐君毅先生曾以《说中华民族之花果飘零》[1]为题著书，慨叹中华传统文化在现代所受到的挫折，并期盼着中华文化和中华文明的伟大复兴。中华民族在近现代经历过无尽的苦难后，到了二十一世纪初的今天，现代化的经济和社会建设逐渐走入正轨，民族的复兴开始出现曙光。但是，必须指出，经济发展、物质生活的进步、科技的日新月异，绝不是文明进步的唯一或最重要的标志。人之所以有异于禽兽，就是人有心灵的向往，人追

1　台北：三民书局，1974。

求生命的成长、人格的高尚、道德的生活，追求真善美和爱，追求宇宙中那绝对的、终极的、神圣的真实。如果一个文明只能为其成员提供富裕的物质生活，而他们的心灵空虚，是非观念混乱，看不到生命的价值和意义，无法安身立命，这便是这个文明的失败和衰亡的讯号。

在这个当代语境下，半个世纪以前创立的唐君毅哲学显示出其无比的生命力。对于现代西方文化，唐先生指出，"人类的文化之发展，常只有返本，才能开新……人之思想与精神，再不能向虚空堕落……须有上升而求神化之宗教精神，以直接挽住下堕而物化之人类命运……西方文化之返本，赖宗教精神之再生，理想主义之发扬。"[1] 对于现代的中国，唐先生有远见和洞见地说："由西方文化之入中国而生之现代中国文化之问题之一，乃宗教问题。"[2] 他认为国人对宗教的态度，"必须较五四时代进一步，即自觉的肯定宗教之价值。但同时必须建立一种确立现有的不同宗教之不同的价值的思想，以真实的成就——各种宗教间之相互宽容，与互认对方之长，而互相取资，以求宗教精神的融通，而免人与人间由宗教信仰的分歧，而造成不必要的对峙与冲突；而同时亦要肯定中国儒家思想中之宗教意义，使纯粹中国人与不信仰其他宗教的世界人士，在儒家思想的信仰中，同可发现一宗教性的安身立命之所"[3]。

因此，唐君毅宗教哲学的最重大的当代意义，在于他对唯物主义的批判，指出五四传统只重科学和民主而忽视宗教之不足，并重新肯定宗教（包括佛教、基督教、儒家或儒教等）在中国现代化、中华文明的重新崛起、中华文化的复兴的伟大事业中的正当性和重要性，把宗教之门重新向国人敞开。唐先生说："我们的新人文主义，不特不能反对宗教，而且要为宗教精神辩护。虽然我们仍是以人文之概念涵摄宗教，而不赞成以宗教统制

1　《人文精神之重建》，第27-28页，台北：学生书局，1988。

2　《中国人文精神之发展》，第329页，台北：学生书局，1988。

3　同上，第335页。

人文。在兼通天地人的意义下，孔子是可以涵摄耶稣释迦与科学之精神的。然而至少在补今日之偏，救今日之弊的意义上，我们对于耶稣与释迦，决不当减其敬重。"[1]

在唐君毅的宗教哲学中，信奉佛教、道教、基督教、天主教、回教以及其他宗教的国人可以为他们虔诚的信仰找到理性的依据，以及互相了解、互相尊重、互相合作的理性基础。对于不愿意全盘接受任何宗教里各种关于超自然现象和形而上的信仰内容的国人来说，唐先生对儒家、儒学和儒教的宗教式诠释，为他们提供了一条有异于唯物主义的内在超越的精神信仰的道路，让他们得以安身立命，在日常生活和伦理关系的道德实践中，在唐先生提倡的"三祭"（祭天地、祭祖宗、祭圣贤师尊）精神中[2]，在自己内心的、能直通天心的仁心和善性的培养和发挥中，尽性立命，寄托其生命的终极关怀。

---

1 《人文精神之重建》，第29页，台北：学生书局，1988。

2 参见《中华人文与当今世界》（下），第65，78-79，83页；唐端正：《唐君毅论宗教之价值与三祭之意义》，于《唐君毅思想国际会议论文集》（II），香港：法住出版社，1990，第1页。

儒家思想传统中的平等与不平等观念

李晨阳

摘要：平等是现代社会的主要理想价值之一。我们必须认识到，平等有不同的形式，而且任何形式的平等都有随之而来的其他形式的不平等。本文考察儒家思想传统在经济、伦理和政治维度的平等与不平等观念。认为儒家平等观念的主要特征是比例性平等以及随之而来的相关方面的不平等，儒家的平等思想是其理想社会的重要部分，并试图探究这一观念的当代意涵。

关键词：平等；性别平等；政治原则；儒家

一

平等是现代文明社会的基石之一。很少有人质疑它的价值和有效性。同时，也存在着各种相关的问题。首先，平等有其内在固有价值，还是仅仅有工具性价值？不少人主张平等有其内在价值。哈瑞·弗兰克福特（Harry Frankfurt）则认为，平等本身没有内在价值（Frankfurt，1997）。如果他是对的，那么我们就不应该为了平等而追求平等。如果我们追求平等是因为它的工具性的价值，这就需要探讨什么样的平等值得和应该追求。同时，平等的观念多种多样。作为本文讨论的前提，我在这里首先想要表达的观点是，不管人们持有什么样的平等观，追求什么样的平等，何种形式的平等，都不可能避免带来不平等。也就是说，没有不平等，平等就无法实现。例如，资源平等会导致社会福利的不平等；人们从平等的资源出发，由于各种原因，往往到达不同水平福利。从这个角度上说，平等与不平等是绑在一辆车上的两个兄弟。没有不平等，将不可能实现任何平等。不平等是人类社会在追求平等中所付出的必然代价。

在讨论儒家平等观念时，我按照亚里士多德的思路，区分比例性平等（proportional equality）与一对一平等（numeric equality）（*Nicomachean Ethics*，1130b-1132b；Aristotle，116-123）。一对一平等是不加选择地平等待人，不考虑个人具体情况的平等。例如，在全国人口普查中，每个人被看作一个个体，不多也不少。比例性平等是对相关方面不同的人，按照同样的尺度做出相应的而又有区别的对待。在亚里士多德那里，这即是"各得其所"（"to each according to his desert"）的原则（Aristotle，118）。例如，在一个实行计件工资的工厂里，每个工人的报酬取决于他或她所生产的产品的数量（与质量）。如果某甲的产量是某乙的两倍，那么某甲的工资就会是某乙的两倍。然而，本文所理解的比例性平等超越了简单的"贡献与回报"的模式。一个人的所得是他应得的或者说是与他相称的，不只是取决于他的贡献或所得。例如，我们可以说，在一个良好的社会，一个肢体残疾的人，即使他什么事都没做，也应该得到特别设施的供给。一般说来，我们可以认为这样做是为了实现残疾的人与其他人的平等。然而，就个人而言，这是比例性的平等。比例性平等要求社会给予残疾人提供特别设施，非残疾人士则不会得到同样的特殊待遇。这种待遇表面上看来是不平等的，但是在比例性平等的意义上看则是平等的。单从一对一平等的角度来看，比例性平等是一种不平等的形式，因为它认可了多样不一的待遇，甚至多样不一的资源分配。但是，从概念上来讲，我们不能将比例性平等与不平等混淆。比例性平等的目的在于达到一种平等，而不是不平等，尽管它会带来不平等这一副产品。但是一些不平等（例如，任意的种族歧视）只是不平等而已，不是比例性平等的副产品。

儒家思想既包含了一对一的平等，也包含了比例性的平等。这两种平等表现在社会的不同层面上。儒家的一对一平等主要表现在两个方面。首先，所有人都生而具有相同的道德修养潜能。孟子主张，所有人类都拥有仁、义、礼、智的品德四端。由于每个人都拥有这些自然禀赋，所以"人人皆可为尧舜"。应该指出的是，首先，孟子所谈论的是人们道德上成善的能力，而不是技巧或体育等方面的才能，或者工作的技能。在尧舜之道的教育上，孟子探讨的是伦理德性，如"孝"和"悌"。他认为人们在道德上成善成圣有相同的潜力。此外，平等的道德禀赋并不意味着事实上每个人都能平等达到至善。道德潜能并不等同于实现了的道德品质。以孟子的话来说，"求则得之，舍则失之"。这四种潜质是天生的。但是，如果我们对之不进行养育和扶持，就有可能失去它们，正如缺少了适当培育的植物会枯萎一样。最后，即使有相同的禀赋，不同情境下的人们或许需要不同的功夫来进行道德修炼。潜在的平等并不一定会转化为事实的平等。现实生活中，人们在道德修养上是不平等的。在人性论方面，荀子经常被看作是孟子的对立面，但是荀子在这方面也赞同一对一的平等。在《荀子·性恶》篇中，荀子不仅坚称所有的人，包括圣人在内，生性一样，而且每个人都有成为取圣人潜能。孔子对人性讨论不多。但是他确实说过，性相近也，习相远也（《论语》）。"性相近"有接近平等的意思。

这方面的平等概念并不是儒家思想所要追求的价值。而是一假设，或者说是一种"道德形而上学的预设"，是儒家道德哲学的地基。孟旦（Donald Munro）将这种平等称为"自然"平等——"所有人天生具有的共同特性或特征"——而且这在本质上是描述性的（Munro，2），而不是指导性的。在当今的社会，道德潜能上的平等可以成为人类尊严基本线的基石。很明显，如果每个人都有成为道德存在的潜力，并且如果有道德的存在是一个积极的人类价值，那么，每个人都应该得到一定程度的尊重。

除了道德潜能方面的平等外，儒学中一对一平等的第二个方面体现在人们的社会角色里。人们在社会里有各种角色。但是，不同的人可以有同样的角色。儒家认为，拥有相同的角色的人，如做父亲或丈夫的，拥有同种的责任和"权利"。或许我们可以称这种平等为"基于角色的一对一的平等"。例如，孔子通过强调"君君，臣臣，父父，子子"来推动其"正名"理想。在儒家传统中，人们的各种角色所拥有的义务是很明确的。比如，孟子认为，父子有亲，君臣有义，夫妇有别，长幼有序，朋友有信。"基于角色的一对一平等"与"基于道德潜能的一对一平等"不同。第一，它普遍适用于相同角色的人们。所有的父亲有义务去抚养、照顾、和教育他们的孩子；所有的孩子有责任去尊敬和孝顺他们的父母。这些要求不会因为具体的人而改变。在相同的社会角色里，在权利和责任上每个人都是平等的。第二，"基于角色的一对一平等"是一个社会伦理规定。它有价值成分并具有规范功能。也就是说，它意味着相同角色下的所有人应该履行同种责任。

与比例性平等相比，一对一平等只在儒学中起次要作用。比例性平等，或"在应得基础上的平等"，是儒学的基本原则。这是儒家哲学在经济的、伦理的、和社会的平等的基石。现在，我们转向讨论儒家比例性平等。儒家比例性平等基于这样一个信念：一个有序的社会必须实行有效的社会分工，分工会带来社会分层。但是劳动分工不是任意性的，也不是基于家庭出身，而是基于人们的能力。尽管孔子提倡"有教无类"的原则，但是他也意识到这样一个事实，即人有不同的自然禀赋，并且在修养中有着不同程度的成就。因而，人们的修养、能力、和奉献方面也存在着三、六、九等。在人类社会中，社会分层是一个常态现实。在人身修养方面，儒家强调个人功夫。《中庸》里记载孔子说："人一能之己百之，人十能之己千之。果能此道矣，虽愚必明。"一个人天生有自然天赋，但是如果不下苦功夫也不会成功；一个人没有特别的自然禀赋，但有刻苦的努力或许仍能取得进步。但是，这并不排除最终人们会有不同的成就水平的事实。我们必须承认这样一个现实，当人们朝着一个目的地赛跑时，总有些人会超前，有些人会落后。原因有很多；不同的自然禀赋只是其中的一个。成功者应该给予奖励，不只是作为一种鼓励形式，也是一个应得的认可形式。

在所有的古代儒家哲人中，荀子对良好的社会和社会分层之间的关系给予了最细致的论证。他将人类看作社会的存在。他也认为，为了社会有效地运转，劳动分工是社会的必然。他认为，适当的社会分层最初是由圣王设立的。荀子写道："故先王案为之制礼义以分之，使有贵贱之等，长幼之差，知愚能不能之分，皆使人载其事，而各得其宜。""贵"与"贱"表明人们所达到的社会地位。长幼之差取决于生命的自然过程。知且能，与愚且不能的区别取决于人们的能力与努力。荀子将这些区别看作是一个良好、有序且有效的社会的基本特征。在将社会的不平等追溯到文明的起源时，荀子的解释和对社会不平等的评价在很多重要方面不同于卢梭。在《论人类不平等的起源》中，卢梭将人类不平等的起源归结到想超越他人的欲望上。他区分了两种人类情感，"自爱"（amour de soi）和"虚荣"（amour-propre）。"自爱"是自我保存。它使人们能够照管好自己的物质财富。"虚荣"则促使人们寻求他人对其自我优越感的认同（Rousseau，226）。对卢梭而言，不平等起源在于人们希望超过别人的欲望。这一欲望会引起竞争，竞争会产生社会不平等。荀子认为欲望会导致资源竞争。离开适当的社会组织，竞争便会导致混乱和贫困。适当的社会组织能够预防混乱和贫困，也使社会阶层的存在成为必然，因而便有了社会组织的不平等。在荀子那里，不平等作为社会组织的一部分，是社会有效运作的一种有效机制，是必要的。只有建立了适当社会分层的社会，才能成为一个良好有序的社会。只有这样的社会才会是和谐的。他总结到，这"是夫群居和一之道也"。荀子所描述的理想社会是这样的：

　　故仁人在上，则农以力尽田，贾以察尽财，百工以巧尽械器，士大夫以上至于公侯，莫不以仁厚知能尽官职。夫是之谓至平。

　　当社会基于人们实际的能力而有了合适的劳动分工，并且人们尽职尽责地履行各自的任务时，那么他们就应该获得相应的报酬。这就是比例性平等。荀子将这种社会称为"至平"。"至"意为"完全的"或"最大的"。

"平"意为"平等"或"公平"。从荀子用此术语的上下文来看，"至平"意为最大化的平等。为了支持他自己的观点，荀子引用了《尚书》中的"维齐非齐"概念。王志民（John Knoblock）将之译为"只有在不平等时才有平等"（Knoblock1990，96）。这一句的另一个可能的解释是"完全平等并不是平等"[1]。完全平等或绝对平等，如同一对一平等那样在劳动分工和分配上不去考虑人们的不同能力和贡献，从荀子公平和公正意义上说并不是真正的平等。正如在本文开头所讨论的，任何形式的平等总是会带有某些形式的不平等。相反，在某些方面存在不平等时才可能在另外一些方面存在平等。荀子清醒地认识到了这种必然性。

二

儒家的比例性平等主要表现在经济、伦理道德和政治社会三个方面。首先，在儒家看来，在经济报酬上的比例性平等依据人们的应得。如荀子所说，在这样一个系统里，人们是"斩而齐，枉而顺，不同而一"[2]。平等通过不平等的形式表现出来。合理而有效的社会体系将不同的人纳入正常的运作。"不同而一"的"一"字这里含有平等之意。意思是说"不平均但平等"。对荀子来说，这样的制度是最合理的社会制度。他说："故或禄天下，而不自以为多，或监门御旅，抱关击柝，而不自以为寡。"如果人们基于能力在社会中各司其责，因而做出不同的贡献，那么他们也就应该得到相应的报酬。这种经济分配上的不同认可与比例性平等的原则是一致的[3]。在分配政策方面，荀子提倡基于贡献之上的比例性平等原则。

1　我很感谢 P.J.Ivanhoe 让我对这一解释引起关注。尽管这些解释的基本意思是一致的，但是在《尚书》中的句子本身并不明确。我倾向于 Ivanhoe 的解释，因为这和同文中的前两句意思是平行的。荀子说过，"执齐则不一，众齐则不使"，意思是当所有的社会职位都平等化了的时候，社会就没有统一性；当所有的人都是平等了的时候，没有人可以指使他人。这里"不"是否定术语，和"维齐非齐"中的"非"一样。

2　不同而一（王先谦，71）。

3　应该指出的是，荀子比例性平等的社会体制由社会福利政策对之提供补充，即"收孤寡，补贫穷"（王先谦，152）。

关于经济方面的平等，孔子对经济分配的观点是否是（以家庭为单元或者以个人为单元的）一对一平等？抑或是比例性平等的观点？《论语》说，"子罕言利"（《论语》）。"利"包括经济"利益"。但是他的确谈到了分配，并表现出了平等主义倾向。孔子说道，"不患寡而患不均，不患贫而患不安。盖均无贫，和无寡，安无倾"[1]。在字面意义上，"均"可以理解为"平均"或"分配平均"。这段文字似乎表明孔子认为经济分配上应该采取平均主义观点。如果是这样的话，他就和荀子的立场不同。但是，"平均"是一个相对性概念。多大程度上的"均"可以被看做是足够平均，这有很大伸缩性。肖公权先生将孔子的这个观点解释成"相对平均"[2]。按照他的观点，尽管孔子比荀子在经济报酬上更倾向于平均立场，但是孔子并不是一个平均主义者，将孔子解说成在社会中宣扬绝对平均分配财富是不合适的。孔子提倡"富民"政策。他相信当人们富裕了，即可对他们进行教育。《论语》中记载，"子适卫，冉有仆。子曰：'庶矣哉！'冉有曰：'既庶矣。又何加焉？'曰：'富之。'曰：'既富矣，又何加焉？'曰：'教之。'"在孔子的时代，各国有人口稀少之忧。人口众多便已经是政绩了。很显然，孔子关心人们的生活和道德操守。他并没有认为人们生活困苦是可接受的[3]。当孔子提倡富民哲学时，他也明白事情并不是平等的。《礼记》中记载，孔子提倡一种政策来确保"民富不足以骄，贫不至于约"。郑玄在他的注中评论道，"谓农有田里之差，士有爵命之级"。正如不同的政府岗位上有不同级别的官员，因田之产量等级的不同，农产也有好差之分。孔子意识到，在社会里，有（相对的）富人和穷人。原因很多，例如农民拥有肥田或贫瘠之地。《礼记》中也记载孔子说，"家富不过百乘"。"百乘"当然是一个很大的数，绝大多数人远远不能达到拥有那么多的财富。

1　不患寡而患不均，不患贫而患不安。盖均无贫，和无寡，安无倾。（《论语》16.1）。"寡"和"均"在首两句中看起来似乎有错位。它们转换下会与后文一致的。

2　萧公权，61。

3　《孔子家语》也记载孔子倡导富民理想。"省力役，薄赋税，使民富且寿。"

这或许不是意味着孔子认为一些人应该拥有那样的财富。但是，这确实表明孔子接受财富不均的事实，他并不是平均主义者。综合起来考虑，我们可以将孔子有关"平均分配"的那段话语解释为反对在社会中的贫富巨大差异，而不是提倡平均主义。后来的儒家学者将孔子"平均"思想解读为与比例性平等相一致的思想。例如，汉代儒者董仲舒将孔子所说解释为："使富者足以示贵而不至于骄，贫者足以养生而不至于忧。以此为度而调均之，是以财不匮而上下相安，故易治也。"宋代儒者朱熹本着比例性平等的精神，进一步将"均"直接解释为"均，谓各得其分"。据此可以总结，孔子并不反对经济方面的比例性平等的观点，但是他不主张贫富之间的巨大差异。

儒家比例性平等的第二个方面是伦理道德方面的平等。道德平等事关两个方面。第一，是否每个人都值得尊敬；第二，我们是否应该给予每个人同等程度的道德关心。尊敬是儒家一个重要的道德价值。这一价值反映在"敬"概念中。"敬"可以指敬畏（对祖先和父母），或通常意义上的对人的尊敬。《论语》记载，当孔子弟子子路不能展现高超音乐技巧时，其他弟子没有"敬"子路[1]。这里的"敬"是尊敬或尊重的意思。也在这个意义上，《礼记》记载，孔子鼓励人们"敬"妻子和子女。他认为爱和敬是仁政的基础。他也说过，习"礼"的最重要方面是要"敬"。孔子坚称有道德修养的人"敬"每个人，包括职位较高和职位较低的人。在所有这些的例子中，"敬"表达的意思是尊敬[2]。

在整个现代西方文化的主流中，对全人类的平等尊敬原则已经成为最基本的行为标准。然而，毫无疑问的是，在现实中，我们并不平等地尊敬所有的人。斯蒂芬·达尔崴（Stephen Darwell）区分了两种尊敬：认可性尊敬和评估性尊敬。认可性尊敬基于适当考虑对象本身的某些特点。从这个角度看，每个人都应该得到同等的认可性尊敬。而评估性尊敬则是基于对

1　"门人不敬子路。"

2　"爱与敬，其政之本与！所以治礼，敬为大；君子无不敬也。"

一个人或他的能力的正面评价和其实现程度的评估。在某种程度上，达尔崴的观点接近儒家的尊敬观。就道德尊敬而言，儒家赞同对每个人的基本的尊敬。所有人都有成就道德修养的潜力。所以，所有人都至少应得到最基本的尊敬。在这方面人与动物之间存在着质的不同。但是，儒家也认为道德修养程度高的人应得到格外的尊敬；不同道德成就的人应该得到相应不同的尊敬。在某种意义上，我们可以说这是两种尊敬：基于天生道德潜力的尊敬和基于道德成就的尊敬。我们可以称前者为天赋的，是不劳而获的尊敬，后者则是通过努力来换取的尊敬。

但是，从儒家的角度看来，达尔崴的分类还是有问题的，因为"认可"其实已经包含了"评估"，基于认可的尊敬也成立于评估的基础之上。孟子说，"天下有达尊三：爵一，齿一，德一"（《孟子》）。出自社会等级和年龄的尊敬是建立在（宽泛意义上的）社会关系和伦理关系基础上的（下面将要讨论）。这些是出自对他们社会地位的尊敬和社会关系上的尊敬，与个人的品质无直接关系。这种尊敬是根据比例性平等的尊敬。一个国家的总统出国访问时受到的应得的尊敬程度不同于外交部的一般官员。这种不同与评估有直接的关系。在儒家文化中，年龄（如林语堂所述）和道德品质（作为道德成就的一种形式）也是如此的。孟子说的第三种尊敬（"德"）是对道德品质的尊敬，是一种一般意义上的道德尊敬。

在儒家的观点看来，尊敬是一种特殊的评价形式。尊敬某人（或某事），是认为她值得尊敬，是认可她的价值。在这个意义上，尊敬不可避免地是一种价值判断。尊敬某个人即是认可她的价值。如前所述，人的价值存在于潜在的或实现了的道德品质之中。一个人的价值的增高，是因为他道德精进、品质上变得有修养。当他丢失了道德潜力，因而成为"禽兽"（按照孟子的说法）时，他的人类价值也会变小甚至丧失[1]。如果不考虑个人在

1　当某人成为禽兽时，通过恢复他的"放心"（依据孟子），他仍然还可以再重新获得他的人性，所以仍然确保了一个基本的尊重线。即使一个人失去了善性，我们仍然可以给予他一定的尊敬，就像对死囚一样，我将之称为"残余影响"。按照这种观点，我们对一个人的尸首表示尊重，就是因为考虑到它曾经是一个人（的一部分）。虽然人已经死了，他的尸首仍然保存着其"残余影响"。

道德修养中的表现，那么就无法评估一个人是否丧失了他的道德潜力。所以，对人的尊敬，不管哪种，都存在认可的程度。在社会中，儒家尚贤。贤人博学且有高超的道德成就。这样的一个人在社会中受到高度尊敬是应当的。在儒家看来，坚持平等的尊敬，不考虑一个人在修养中达到的道德价值，就会忽视道德领域中的比例性平等，因而便会导致待人不平等。一个社会若对贤和不贤都不加差别地尊重，那么这个社会就是一个无序的社会。这样的社会既不够公平也无助于养贤。所以，合理的做法是让人们享有在基本尊敬线之上或之外的应得的尊敬。

有人可能要问，我们该如何判定一个人是否取得了较多的道德成就，因而应该得到比别人更多的尊敬？如果这个问题不能得到解决，那么儒家的有差等的尊敬便没有实际意义了。但是这个问题并不像它乍看起来那么难回答。看看日常生活中在我们周围的人们。我们不知道谁更值得信任，谁做了更多贡献，谁更有道德修养吗？这些品质不能表明道德水平么？反观这一事实，难道我们不知道谁更值得尊敬么？我想答案是很清楚确定的。当然，在具体判断中我们可能会犯错误，就像在其他任何事中一样。但是那并不证明这个哲学概念无效。

道德平等中的另外一个问题是，一个有能力的道德行为者是否对每个人的需要都应该给予同样的考量。在儒家文献中，这关系到我们是应该同等地关爱所有人还是有差别的关爱。儒家倡导"爱有差等"。一个人应该首先爱他自己的家庭和与自己有亲密关系的其他人，并胜过爱其他人。在道德考量中，这意味着在不同关系中的人对我们有着不平等的拉力。这并不意味着远离我们的人不是好人，或者我们对他们没有道德责任，也不意味着离我们近的人必定是更有道德修养的。儒家认为人类在本质上是社会性存在，其存在和身份定位都根植在社会关系中。这些关系占我们身份定位中的大部分，并且是我们存在的本原基地。所以，我们对与我们关系近的人负有更多的道德责任。在这个意义上，所有的人在道德上对我们而言并不是平等的。

以上的问题之所以属于道德平等问题，因为儒家的"伦理道德"概念比在康德伦理学中的道德概念要广。基于这种理解，儒家"伦理"包括维持人与人之间适当的关系。从儒学的角度看，康德意义上的"道德"不能独立于"伦理"。在儒家看来，基于关系上的尊敬不一定是严格意义上的个人性的。在宽泛的意义上，例如在君臣间，也有一种关系，这种关系确立了有差别的尊敬。在孟子"老吾老以及人之老"的哲学里，我对自己父亲的尊敬可以被延伸至普遍地尊敬长者。然而这种尊敬是基于关系上的。在这种方法下，我们认为孟子提出尊敬的来源之一是人的年龄这种论断也是说得通的。

平等的第三个领域是政治平等。借悉尼·沃巴（Sidney Verba）的话来说，政治平等指的是"公民对于政府决策拥有的同等的发言权的程度"。政治平等意味着每个公民可以平等地进入制定政治决策的进程，介入政府管理，这包括选拔政府官员，制定法律和政策，为政府服务方面。这是一对一的平等。儒家则主张在政治领域中的比例性平等。正如在社会其他领域中一样，政治领域中的比例性平等会带来不可避免的不平等。

政治运作和行政管理需要知识、道德、经验和技巧。很显然，并不是每个人都平等地具备这些条件。人天生便有不同的天赋并且在自我修养中付出着不一样的努力。即使是主张"有教无类"的孔子，也曾经抱怨说有些人是"朽木不可雕也"。由于这些原因，孟子认为进行适当的社会分工是"天下之通义也"。这一原则包括政治劳动的分工。孟子有言："或劳心，或劳力。劳心者治人，劳力者治于人。"有些人从事的工作主要依赖脑力，例如政治事务的运行与管理，而其他人则从事的是体力劳动。虽然当今劳动分工复杂化，然而一般原理始终未变。不管一个社会是如何组织的，往往人们最终会有不同的社会地位，执行不同的社会任务，从事参与不均衡的政治过程。在这方面儒家持既现实且诚实的态度。

悉尼·沃巴说："真正的政治平等，在其中所有的普通公民有平等的影响力的平等，是不可能达到的，或许还是很坏的。"儒者认为这或许会很坏，因为无知之人甚至不正当之人会误导政治方向。美国学者布莱恩·卡坡兰（Bryan Caplan）揭示，美国人在投票时常常做出错误的、不合理的选择。他的研究表明，源于无知和偏见，投票人在经济政策问题上时常做出愚蠢的决定。如果投票人在经济政策问题上都做了坏的选择，那么，谈及非经济问题如教育和外交政策时，这些都离人们关心的钱包很远，他们的选择就只会更糟糕。卡坡兰的研究也表明，投票者的教育水平与他们做出合理选择的能力之间存在着正面相关性，即受教育程度越高的人更可能做出正确的选择。他提议一个更加精英化的选举方法（Caplan，2006）。这也是儒家所认同的想法。在儒家观念中，真正的问题不是要不要采取政治不平等——不管它以什么方式存在——而是哪种政治不平等。在一个有序的社会里，政治劳动分工不仅不可避免，而且也可以合乎情理。儒家哲学中的政治劳动分工是指让君子贤人领导政府的工作。只有有品德的且有才能的人才可以扮演管理角色，只有这种人才有资格为社会做决定。

儒家使得有品德且有才能的人服务政府的理想可以追溯到古代。《尚书》提倡"野无遗贤"。其信念是当这些人都在政府里工作时，社会就好治理，国家就会安宁。这样的社会被描述为"朝多君子，野无遗贤"。在当今观点看来，这样的一个目标不仅过于理想化，也有很大缺陷。所有有品德且有才能的人都在政府中工作的社会不可能是一个好的社会。相反，充满无知甚至邪恶的人的政府也不是一个好的政府。儒家认为政府政策的制定必须是明智的，且有利于社会的全部的共同的善。为了这样的目标，无知和有道德缺陷的人在政府中是没有位置的。

毋庸讳言，儒家基于才能和道德的政治方面的比例性平等会导致某种政治不平等。儒家并不赞成为了不平等而推行政治不平等。然而一些不平等是合理的，因为它们不仅是在追求比例性平等中不可避免的，而且也是因为它们是建立在人类有限性的现实基础上的，对整个社会而言是合情合理的。在儒家观点中，比例性的政治平等允许有教养、有品德和有才能的人制定政府决策，为社会的共同利益做明智的决定并领导社会。同时，儒家能容纳有限的普遍性的政治参与。在社会的政治舞台上，儒家的平等追求主要表现在给人们创造机会接受教育，成为有品德的人，并且发展才能，使他们有资格在政府中工作，以有意义的方式参与政府决策制定。

从以上研究和分析中可以清楚，在不同的维度上，儒家思想传统既包含一对一平等又包含比例性平等。相信个人在道德完善、潜能和实现才能中的差别的不可避免性，儒家提倡劳动分工的必然性、合理性和有效性。儒家在经济、道德和政治方面所提倡的主要是比例性平等。儒学的经典思想家并没有为了平等而促进平等。他们并没有将平等看作是内在固有价值的东西。他们对平等的辩护，主要从比例性平等上而言，是社会和谐和社会的完善。平等的价值，不管是一对一的还是比例的，和不平等一样，是深植于它的建设良好社会的功用中的。

三

那么，从儒家的平等观念中我们可以为当今社会得出怎样的启示？

在经济上，在两种情况下儒家可以接受不平等。首先，人们通过合法手段获得财富。因为一些人工作的更努力或者比别人更幸运一些，他们变得比别人更加富有。儒家鼓励个人努力；也不否认个人运气在人们生活中扮演一定的角色。其次，贫富间不应该有巨大差距。即使富人是通过合法的手段富裕起来的，社会也不应该让穷人陷于贫困。在接受和容忍经济方面的不平等的同时，儒家的主要着力点是避免或减少巨大的经济不平等。与那些关注个人权利的自由派相比，儒家更关心社会整体的和谐。在儒家哲学里，社会和谐是最重要的目标。贫富的巨大差距不利于社会和谐，所以应该受到限制。

就道德平等而言，儒家接受对人类普遍尊敬的基本线。但是儒家主张一些人比其他人更值得尊敬，也会改善社会体系去将这种有差等尊敬落实到社会实践中。例如，达成并体现着特殊品德的人会被给予特殊的尊敬。

儒家高度重视教育，强调老师应该成为学生的道德楷模，所以应该有更高的道德成就。就个人而言，儒家主张不但要"老吾老及他人之老"，而且要"师吾师及他人之师"。使教育职业变得比其他职业更受人尊敬。儒家会设立"教师节"去尊崇老师，给予他们应得的尊敬。这可以和美国对老师的待遇形成对比。在美国，老师不会受到特殊尊敬，有时甚至可以说得不到基本的尊敬。他们收入很低，当有大幅度的预算紧缩时，经常会遭受各种财政裁减。他们不得不和其他社会组织一样去争取利益，有时不得不举行罢工，使得他们在学生和学生父母的眼中更缺乏尊敬。儒家会将教师放到一个较高的道德标准上，给予他们相应的特殊尊敬，给他们提供应得的经济保障。本着"老吾老及他人之老"的原则，儒家也会给予长者更多的尊敬。为此，儒家会提倡诸如"敬老日"等尊重老人的社会活动。

这并不是说所有的老师和长者必定比社会中的其他人更有道德修养。儒家社会对老师和长者会有额外的期待，这些人的行为应该与之相应。当儒家的这一理想得以实施时，教师和长者是好的楷模，也应该相应地被尊敬。然而，这种额外尊敬主要是建立在人的社会关系基础上的尊敬。在儒家看来，一个人同他老师的关系在人生中有着特别的重要性。这是因为人通过学习而"成人"。"无师"是"成人"的一大障碍。因为这个原因，老师应该得到特别的尊敬。同样这也适用于长者。儒家倡导将对自己父母的尊敬扩展到对其他人父母的尊敬（《孟子》）。年纪大的人往往都是父母或祖父母。源于儒家提倡的从孝敬自己的父母、祖父母扩展到孝敬其他人的父母和老人的思想，我们可以推展此种尊敬老人的理想。

在政治方面，儒者相信政府应该聘用有道德、有知识和有才能的人。儒家的政治纲领包括使有道德、有知识和有才能的人进入政府职位上工作并参与立法等重要社会议程。但是，这并不是说，没有知识、缺乏道德和才能差的人在社会事务中没有发言权。相反，他们在社会里应该有自己的声音。因为这些声音反映了社会存在的现实，所以在政府决策制定和政府运行中应该被考虑进去。

基于儒家政治平等观，我提出两条儒家政治运行原则。第一个是普遍参与原则。这是一个包含性原则。政府领导人和立法者在所有层面上应该通过普选而产生。所有的公民应该有机会参与普选。很显然，古典儒学中没有这样的原则。普遍参与原则可以被看作是对人类的普遍的基本尊敬的延伸。这一原则符合对于人类基本尊敬的概念。同时，政府领导人和立法者不仅制定政治决策，而且也代表公民；被代表者应该在谁代表他们这个问题上有发言权。所以，他们应该参与选择自己的代表。最后，这一原则也有实用的考量。即便我们不考虑这些政府官员的代表性角色，儒家也并没有其他任何一种在产生政治领导人上既更可靠又更可行的方法[1]。正如陈祖为（Joseph Chan）所说的，如今儒家可以视民主为次优选择（Chan 2007）。

第二个原则是资格原则。所有候选人在被选之前必须取得相应的资格。通过设立标准来防止没有足够资格的人担任政府公职。不同于第一个原则，这是一个排除性原则。通过这一原则，候选人必须通过能力审查，包括知识、技能和道德品质。毋庸讳言，"有知识的"，"有道德的"和"有才能的"都有其相对性，取决于社会中与他们相比的其他人的造诣和能力。而且，每个社会在某个特殊时期有自己测量这些能力的标准。但是，没有一成不变的标准并不意味不可能有标准。每一个社会都可以有自己当时的标准。在实际操作中，立法者与政府官员候选人必须展示出足够的知识水平，必须有好的信用记录。也许可以有无党派资格委员会负责审查过程。候选人的判定可以基于他或她的教育水平、工作经验和成功记录或者失败记录，以及道德品质等因素。

当然，证明一个人的道德品质是困难的。或许这是当今儒家"贤能"政治哲学最大的挑战点。儒家在当代的成功与否，关键在于建造完善的社区。孟子认为，天下之本在国，国之本在家，家之本在身（《孟子》）。"家"

1　在另一篇文章《民主的形式与儒家的内容》中我讨论过这个问题。载于《中国哲学与文化》（2012.10）。

在这里指的是卿大夫领地，一个扩大的家庭[1]。这一放大的家庭大致可以当作如今社区的古代对应物。儒家社会自古重视个人和国家之间的中间环节，不管是家族、封地，还是乡社。在当今时代，在20世纪30年代，被称为"最后的儒家"的梁漱溟将他生命的大部分致力于建立儒家乡村生活。按照孟子的逻辑，我们可以说现今一个健康的社会必须建立在有效运行的社区上。在一个重要意义上讲，儒家贤能政治的可行性取决于儒家社区的可行性上。当代学者论证现代儒家社会的一个重要因素是建立有效的社区。借用杜威的社区概念，郝大维和安乐哲（David Hall and Roger Ames）提出，杜威的民主就"是社区生活本身"（Hall and Ames，124）。他们认为，对儒者来说，如今的"问题是如何保证道德劝服成为确保和谐社区生活的主要途径"（如上，214）。陈素芬（Sor-hoon Tan）也将社区看成建构儒家民主的重要环节（Tan 2003，第3章）。儒家贤能政治取决于有效的社区生活。

当然，在这些具体的方面的任何提议都是初步的，并且会遭受质疑和挑战。人们可能会问，这种设想在极端党派化的社会里如何可以运作？老实说，在失去文明礼仪和社区意识的社会里，这种理想是行不通的。当社会生活遭到严重破坏时，民主不可能建立起良好的社会。儒家目标恰恰是通过建立有效社区生活来防止社会滑入这样的可悲的境况。

我的双重原则与贝淡宁的两院制系统不同（Bell 2006，165-179）。在贝淡宁的系统里，立法机关由民主选举的下院和儒家的称为"贤士院"的上院组成。下院代表的是人民的愿望，"贤士院"代表的是儒家"圣贤之治"的理想。对比之下，我的提议在两方面更儒家化。第一，在通过排除性原则决定谁可以在政府机构中服务这方面有更为严格的权衡，这体现了儒家精英管理哲学。第二，它坚持对政府官员和立法者的道德品质方面的要求。我的提议一方面比贝淡宁更加民主，另一方面又更不民主。贝淡宁的"贤士院"是不用选举的。我并没有这些例外。贝淡宁下院的候选人不必经过

1　赵岐注：家谓卿大夫家（《十三经注疏》，2718）。

严格的"儒家式的"道德审查；我的是需要此举的。[1]我希望我的提议能够补充对被贝淡宁的提议激起的有意义的讨论[2]。

参考书目：

Aristotle （1962）. Nicomachean Ethics. New York: The Bobbs-Merrill Company. Inc.Bell， Daniel 贝淡宁（2006）. *Beyond Liberal Democracy: Political Thinking for an East Asian Context*. Princeton NJ.: Princeton University Press.

Caplan， Bryan（2007）. *The Myth of the Rational Voter: Why Democracies Choose Bad Policies*. Princeton， NJ. : Princeton University Press. （2006）. "The Myth of the Rational Voter， " online essay at http: //www. cato-unbound.org/2006/11/06/bryan-caplan/the-myth-of-the-rational-voter/Chan， Joseph （2007）. "Democracy and Meritocracy: Toward a Confucian Perspective." *Journalof Chinese Philosophy*， 34: 2， 179-193.

《孔子家语》（2003）. 北京：中国文史出版社。

Darwall， Stephen （1977）. "Two Kinds of Respect， " Ethics 88: 36‑49.

Davis， Kingsley and Wilbert Moore （1944）. "Some Principles of Stratification， " *AmericanSociological Review*， 10: 2， 242-249.

Frankfurt， Haryy（1997）. "Equality and Respect." *Social Research* 64.1. 5-15.

Hall， David and Roger Ames （1999）. *The Democracy of the Dead*. Chicago and Lasalle， IL.: Open Court.Herr， Ranjoo S. （2010）. "Confucian Democracy and Equality." *Asian Philosophy* 20.3. 261-282.

肖公权（1998）《中国政治思想史》. 沈阳：辽宁教育出版社。

Knoblock， John （1988）. Xunzi: *A Translation and Study of the*

1　对贝淡宁模式的批评，参看 Li（2009）

2　本文的基本思路与作者 2012 发表的 "Equality and Inequality in Confucianism"（Dao: A Journal of Chinese Philosophy）大体一致。在写作本文的过程中，作者受到南洋理工大学哲学博士生李记芬小姐的协助。在此表示感谢。

Complete Works: Vol. I, Books 1-6. Palo Alto, CA.: Stanford University Press.（1990）.

Xunzi: A Translation and Study of the Complete Works: *Vol. II,* Books 7-16. Palo Alto, CA.: Stanford University PressLau, D. C.（1970）.

Mencius（translation with an introduction）. Baltimore, MD.: Penguin Books.

Li, Chenyang 李 晨 阳（2009）. "Where does Confucian Virtuous Leadership Stand? ——A Critiqueof Daniel Bell's *Beyond Liberal Democracy,* " *Philosophy East & West*（59.4）: 531-536.

Lin Yutang（林语堂 1937）. *The Importance of Living.*New York: Quill.

Munro, Donald（1969）. *The Concept of Man in Early* China.Palo Alto, CA: Stanford UniversityPress.

Rousseau, Jean-Jacques（1986）. *The First and Second Discourses and Essay on the Origin of Languages.* Trans. By Victor Gourevitch, New York: Harper & Row, Publishers.

Tan, Sor-hoon（2003）. *Confucian Democracy.* Albany: the State University of New York Press.

Verba, Sidney. "Thoughts about Political Equality: What Is It? Why We Want It?" http://www.hks.harvard.edu/inequality/Summer/Summer01/papers/Verba.pdf.

王先谦（1988）.《荀子集解》.北京：中华书局。

朱熹（1985）.《四书五经》.北京：中国书店。

朱陆之争：宋儒经典解释取向的政治蕴涵

任剑涛

摘要： 宋明理学的展开，始终面对佛老两家的思想压力和社会政治运作的秩序压力。陆王的心学从发现德性本体出发，申述了"立其大者"的统摄观念与政治的主张；朱熹的理学则从经典解读中导出伦理规范与政治规则。前者承接孟子，后者上达孔子；前者延续了心性儒学以心统摄一切的思孟传统，后者光大了兼顾人心与政治两种生活样态的孔子原则。两者都试图达到同时兼治人心—社会秩序的效果。在鹅湖之会上，朱陆展示了各自的基本立场，其后各以师承长期延续。王阳明折中朱陆，但仍取孟学立场，经典解读服从于德性感悟。这两种取径，包含了完全不同的人心秩序治理、社会政治走向或发展趋势：前者以其思想的解放性而具有瓦解政治规则的作用，后者以其观念的规范性而有利于维护人心—社会秩序。比较而言，朱熹的进路较陆王的进路更有利于维护人心—社会秩序。

关键词： 朱熹；陆九渊；王阳明；经典解释；政治效应

宋明理学是人们对宋明两朝儒学的统称。其实，这一笼统的称谓，掩盖了宋明理学的思想丰富性，同时也掩盖了宋明时期儒学观念结构的复杂性，当然更掩盖了宋明时期儒学与社会互动的微妙性。区分时代、按照流派、依照传承、坐实学者、梳理观念、凸显脉络，是深探宋明理学思想世界最佳的方式。起码，坐实宋明理学的理学与心学两个重要流派，仅以朱熹、陆九渊和王阳明为例[1]，就已经可以明了宋明理学的结构复杂性和作用微妙性了。以中国古代观念史的第二个思想高峰定位宋明理学，有助于确认理学的历史地位。这是宏观的观念史所必需从事的梳理工作。而落实为宋明时期某个思想家的观念结构中去探询它的通幽之处，则是观念史的微观研究进路。比较足以代表时代理念的大思想家之间的异同，则是观念史研究的中观方法。本文取后一种方法，审视宋明理学两大流派的观念结构特点、社会政治功能和历史效用差异。在对朱熹、陆九渊与王阳明做粗线条的、对比性分析的基础上，探究朱熹与陆、王经典解释、秉持理念与学术传承三者间的关系结构及其预制了的政治—历史后果。

一、三教合一的张力：宋明儒学分流的动因

三教合一是隋唐时期的特殊思想史现象。三教合一，既有思想史的合一之局，也有政治上的合一之状，在思想史与政治史交错作用的情况下，三教合一对于宋明理学的形成，对于朱、陆、王三大理学家思想策略的选择，对于狭义的理学与心学分歧的出现，对于理学与心学相互的评价，对于后来中国政治权力确立古典式的国家意识形态时候对理学和心学的选择，都发生了深刻的影响。

三教合一思想局面的形成，来自于两种动力的推进：一是思想动力，二是政治动力。从前者看，从东汉以降，三教长久蕴积的观念力量不分大小和上下，既存在相互显现出来的长处，也存在互竞短长呈现的弱点。到了唐代，三教谁也不在竞合上占据绝对优势，因此只好各安一维；加之三教各自的经典宏富，一个思想家谁也无法在短时间内登堂入室、得其真传，

1　朱熹与陆九渊是直接进行过思想交锋的、理学与心学两派的代表人物。但从学术渊源上讲，王阳明则从哲学精神上继承了陆九渊的大思路。从长程的观念史角度看，朱熹与王阳明借助陆九渊这一"桥梁"构成了跨时空的思想对话关系。而且从中国古代后期思想史的角度看，正是朱熹与王阳明分别代表着两种不同的经典诠释路向，并由此指向两种不同的政治生活态度，发挥着两种效果迥异的政治作用。因此，本文比较朱陆，是一个直接的视角；而引进王阳明，则作为延伸性比较的间接视角，以便深入观察朱陆的直接分歧在思想史上和政治史的深远意涵。

于是在各据所学的思想背景中，各自为自己所持的教派立场而声辩，这也促成三教各争短长、互不相让的相安共存僵局。就后者即政治动力论，唐代统治者是中国历朝历代自觉利用观念力量支持国家运作的高超统治集团。武则天时期，三教领袖同入深宫大院、共登皇帝议事之所、各呈精彩理念，襄力维持皇室统治。统治者基于最有利于维持统治的策略考量，乐得让儒道佛三教三分古典意识形态的天下，拒绝让任何一家独占鳌头，以保证最大限度地发挥维护统治效能的精巧观念大厦，以求江山社稷固若金汤。于是，三教合一，从观念状态的一端看是分别而在的"三"，分属于三大思想派别；但从政治功能的一端看，则是共同作用的"一"，即共同维护皇朝的思想控制和政治统治。这就是三教合一的精神结构与政治结构的同构情形。

到宋明理学萌生并发育的北宋，三教合一的情景在政治结构上并没有改变。这既是指古典意识形态的重构还没有进行到可以将之替代的地步，也是指三教的思想领袖还没有达到以各自所在的教派统合其他两家并赢得朝廷信赖的水准。因此只好暂时维持唐代遗留下来的意识形态局面。但三教的竞合关系（cooperation-competition relation），在思想结构上正在发生明显变化。这是儒家中人对佛老两家自觉吸取思想精华，致力建构消化佛老思想优势、实现以儒家为价值归宿而又综合其他两家基本理念的观念竞争目标的结果。这是一个长时期的思想竞合过程的产物：唐代的儒家思想家已经开始大力攻击佛教，著名文学家韩愈不顾自己的生命危险，给皇帝上书《谏迎佛骨表》，痛陈佛教流行造成的严重社会政治后果。尽管皇帝不仅没有纳谏，而且将韩愈远贬潮州。但儒家中人对于佛道两家的攻击，开始改变隋唐时期三教合一的思想生态。到北宋时期的著名文学家、思想家苏轼，正式形成了儒家抽空佛道思想内涵，借助佛老论证进路，夯实儒家思想体系的基本模式。由苏轼为代表的蜀学已经显示了宋明思想的基本状态，那就是"出入于佛老有年，而归本于儒"。[1]重新领会儒家经典的基本精神，紧紧抓住并深入阐释儒家基本理念，成为宋明儒学的重大主题。恰如吕思勉指出的：

> 理学者，佛学之反动，而亦兼采佛学之长，以调和中国之旧哲学与佛学者也。一种学术，必有其独至之处，亦必有其流弊。流弊不可无以矫之；独至之处，亦不容埋没；故新兴之学，必能祛旧学术之流弊，而保其所长。谓为代兴之新学术可；谓为改良之旧学术亦无不可也；凡百学术，新旧递嬗之际皆然。佛学与理学，亦何独不然。[2]

但是对宋明理学家来讲，怎么入于佛老而又能归本于儒，是一个严峻的问题。因为佛老的本体建构与知识论证，水平都在儒学之上。儒学思想家很可能进去便出不来。同时，归本于儒之作为一种价值态度，是很容易经过儒学思想家的自我表白就能够为人认知的。但是归本于儒之作为一种建构水平超过佛道两家的儒学理论体系，便不是一个表态所可以代替得了的复杂事情。韩愈、苏轼等人，均未完成这一任务。因此他们的思想仅仅构成宋明理学的前史。

完成这一任务，需要儒家思想家建立起一个以儒家价值标准，充分吸纳佛道两家思想资源的儒家理论体系。儒家的这一思想处境，便构成了宋明理学判然有别的两种思想进路：理学的进路与心学的进路。但不论是理学还是心学，宋明时期的儒学在总体上体现出它的思想特质，这一特质，正如论者指出的，尽管学之"理"的涵义丰富，但"宋明理学所讲者当是兼摄'道理'与'义理'两者而一之学。'道理'是儒家

1　有论者指出，"总的说来，蜀学在方法论上的基本特征应该是在本体论方面以佛、道为本，并力图以佛、道的本体论来整合儒学，为儒学提供形而上的本体论依据。应该特别注意的是，在这里，发源于佛、道的本体论已不再是佛、道的本体论，而是儒学的本体论，即是儒学充实了佛、道的本体论的内容。在处理社会政治问题时，又以儒学为本，但此时的儒学已非先秦汉唐的儒学，而是建立了本体论依据的新的儒学，同时，佛、道的方法论又起到了指导性的作用。"冷成金：《试论"三苏"蜀学的思想特征》，载《福建论坛》2002年第3期。

2　吕思勉：《理学纲要》，第3页，台北：商务印书馆，1934。

所讲的天道、天命之理。'义理'是自觉地作道德实践时所见的内在的当然之理"。因此，宋明儒学所讲之理学，就是性理之学，是"亦道德亦宗教，即道德即宗教，道德宗教通而一之者也"。"此'性理之学'，亦可直曰'心性之学'。"而"'性理'一词并非性底理，乃是即性即理"，亦曰"内圣之学"。内圣，乃是内在于人心努力作圣贤功夫以发展德性人格，进而达于天下，行王道政治。内圣外王，正是对宋明理学体现"儒家之内在的本质"最恰切的概括。[1]承接吕思勉的说法，宋明理学总体上延续旧学，但开新风。这种新风，体现在两个方面，一是改变先秦庞杂的儒学派别林立的局面，建立起一个统系，奠立儒家生命智慧的基本方向；二是针对汉代儒学的解经传统，建立起直接因应于孔孟之道的成德之教。[2]但相对于佛老而言，宋明理学之新，新就新在：其一，扭转了佛道两家空疏的学风，尤其是两家瓦解政治规则的倾向被儒家肯定政治规则重要性的取向所克制；其二，将佛老两家的本体论与认识论纳入儒家的德性，凸显了德性本体及其社会政治功用，从而回归儒家同时整顿人心秩序和社会秩序的轨道。

但宋明理学之作为"心性之学"，其绵延数百年之久，内部张力甚大，形成了不同的流派。仅就大端而言，心学与理学便分流而行，各自形成了思想学术进路颇为不同的历史传承。牟宗三指出，就宋明理学的发展而言，在北宋周敦颐、张载和程颢那里都还没有发生分流。但到程颐那里，开始发生分野。他认为程颐上没有能够接思孟传统，下未能明此前宋明儒学开启的即存有即活动的性体，因此走上荀学的道路，"别子为宗"。再由朱熹推进，成为宋明理学的正宗，但却忘记了原始儒家的初衷。从陆九渊肇始，上接孟子，以一心的朗现、伸展和遍润，因此对客观地"得道"不感兴趣。这样，宋明理学的分系便由此显现：除开胡五峰和刘蕺

1　引自牟宗三：《心体与性体》，第一册，第2-5页，台北：正中书局，1991。

2　同上，第13页。

山一系上接中庸易传、下承周濂溪、张横渠和程明道，主张以心著性之外，以陆象山和王阳明为一系，承接论孟，统摄易庸，强调一心的周遍作用，凸显逆觉体证的功夫论。而以程伊川和朱元晦为另一系，上接易庸大学，认定性体为存有而不活动，孟子之心为实然的心气之心，在功夫论上重后天涵养、格物致知，心静理明，成就一条顺取之路。[1]牟宗三的分析受其心性儒学偏好的影响，当然高抬陆九渊和王阳明一系，贬低程伊川和朱元晦一系，但他对宋明理学的分系进行了清楚的勾画，并且对它们的理论特质进行了明晰的界定，确实展现了宋明理学的内部张力。循此线索，促使人们在对宋明儒学进行综观的基础上，对于宋明儒学的分流状态有一个清晰的把握。

宋明理学何以在内部存在这样的分系，并且相互之间的间接分歧如此巨大呢？分析起来，便与它们各自承接的"旧学"和确立的"开新"方向不同有密切的关系。而发生这一分系、分野的重要原因之一，就是像牟宗三分析指出的，它们各自承接的经典传统、立定的经典解释立场、申述的经典解释进路是大为不同的。换言之，经典解释的路向选择，构成了宋明理学分流发展的直接动力。从思想史的角度看，宋明理学家之所以会发生程、朱与陆、王的理学与心学的分化，就在于两者面对化解佛老的思想压力、并进入儒家经典世界的时候，分别选择了"尊德性"和"道问学"两种方法进路，从而各自把握住了回归儒家经典精神的两个重要端口：前者抓住了回归儒家经典精神的德性根本，杜绝了拖泥带水且因此可能遗失儒家德性精神的危险；后者抓住了回归儒家经典精神的知性功夫，保证了切入儒家经典之中而不仅仅是禅意十足的会心会意。对于宋明理学化解佛老思想压力，重启儒家德性之学而言，两种进路在思想结构、功能上并无高下之

---

1 参见牟宗三：《心体与性体》，第一册，第一部"综论"、第一章"宋明理学之课题"、第三节"宋明儒之分系"，第 42 页以下。

分，[1]但引申后果则明显具有差别。因此，理解心学与理学两派在对待经典、尤其是经典解释上形成的不同理念，就具有不言而喻的重要意义。

二、鹅湖之会的象征意义

对理学与心学之间的分歧，需要从它们的自我定位与政治效应两个方面加以理解。就前者而言，如果不是从微观的思想构成上进行细致入微的解析，而希望能够把握得住两者的基本主张和主要分歧的话，不妨从两者对自己一方立场进行的经典陈述，并直接展开对话的事件上入手。无疑，这样的陈述与对话，最具有象征意义的思想史事件就是鹅湖之会了。这是一段儒学史上极为重要的公案。南宋时代的思想界中人，认为心学与理学的主张绝无对峙，不过是"家族内的分歧"[2]而已。因此跟双方都有交游的思想家吕祖谦极力撮合，促使理学家朱熹与心学家陆九渊可以走到一起，以便澄清误会，形成共识。于是有了"鹅湖之会"。

鹅湖之会的历史叙事并不复杂。一个简单的历史事件还原是：朱熹和陆九渊兄弟的共同朋友吕祖谦，认为朱陆之间的分歧只是枝节性的，因此完全是可以弥合的。于是好心安排让朱熹和陆九渊兄弟在江西信州鹅湖寺相会，进行观念交流，以期形成共识。但朱陆在鹅湖相会，历经三天的论辩（argue），不仅没有达成共识，反而相互更为明晰地认知了彼此间的分

1　这一分析论断，不同于宗主心性儒学的牟宗三等著名学者的主张。当牟宗三将陆王一系抬举到正宗儒家的高度，将朱程一系贬低为别子为宗的水平时，事实上就将儒家在孔子时立定的兼治人心与政治事务的双重任务，完全收摄进入的德性修养功夫之中了，因此势必开辟一条从心性本体开出政治制度的新路，才能完成孔子为儒家奠立的双重任务。但这种开出说的理论建构会遭遇事实上开不出的尴尬，这种开不出，不仅在古典意义上是如此，古典儒家兼治人心与政治不是从前者开出后者的；在现代意义上要从心性儒学开出政治儒学，也是此路不通。只有在保持心学与理学张力的前提条件下，偏重理学进路，原始儒家兼治人心与政治事务的双重目标才不至于偏废。

2　这是对"家族类似"（Family Resemblance）概念的借用。现代著名哲学家维特根斯坦在《哲学研究》中以"家族类似"的"语言游戏"观，否定和消解传统哲学中的"本质主义"。其核心思想是：以事物之间的"相似性"关系取代并否定传统哲学所认为的事物之间存在的"共同性"联系——即事物的"本质"。董志强：《对维特根斯坦"家族相似"理论的批判》，载《哲学研究》2003年第11期。另可参见维特根斯坦著、李步楼译：《哲学研究》，第65-67节，以及108节，北京：商务印书馆，1996。

歧：心学与理学的不同主张就此明确划界，既为两派各自提供了辨认的指标，也为后来的思想史研究提供了两派论辩的典型案例。

但奇怪的是，鹅湖之会的记载，不管是当事人朱熹、陆九渊陆九龄兄弟，以及撮合朱陆论辩的吕祖谦，似乎都无心详细记载这次论辩。根据目前的史料，陆九渊语录和年谱做出的记载相对完整，以至于朱熹年谱中关于鹅湖之会的记载，还是转录象山语录和象山年谱的内容。[1]象山语录关于鹅湖之会的记录是：

> 吕伯恭为鹅湖之集，先兄复斋谓某曰："伯恭约元晦为此集，正为学术异同。某兄弟先自不同，何以望鹅湖之同？"先兄遂与某议论致辩，又令某自说，至晚罢。先兄云，"子静之说极是。"次早，某请先兄说，先兄云，"某无说，夜来思之，子静之说极是。方得一诗云：孩提知爱长知钦，古圣相传只此心。大抵有基方筑室，未闻无址忽成岑。留情传注翻榛塞，着意精微转陆沉。珍爱友朋勤切磋，须知至乐在于今。"某云："诗甚佳。但第二句微有未安。"先兄云，"说得恁地，又道未安，更要如何？"某云，"不妨一面起行，某沿途却和此诗。"及至鹅湖，伯恭首问先兄别后新功，先兄举诗才四句，元晦顾伯恭曰："子寿早已上子静舡了也。"举诗罢，遂致辩于先兄。某云，途中某和得家兄此诗云："墟墓兴衰宗庙钦，斯人千古不磨心。涓流积至沧溟水，拳石崇成泰华岑。易简功夫终究大，支离事业竟浮沉。"举诗至此，元晦失色。"至欲自下升高处，真伪先须辨只今。"元晦大不怿。只是各休息。翌日，二公商量数十折，议论来，莫不悉数破其说。继日，凡致辩，其说随屈。伯恭甚有虚心相听之意，竟为元晦所尼。[2]

---

1 参见蔡仁厚撰述：《宋明理学·南宋篇——心体与性体义旨述引》，第238页及以下，台北：学生书局，1983。

2 钟哲点校：《陆九渊集》，第427-428页，北京：中华书局，1980。

对于这一事件，象山年谱还有记载，提供了不少重要的信息。

淳熙二年乙未，先生三十七岁。吕伯恭约先生季兄复斋，会朱元晦诸公于信之鹅湖寺。复斋云云。元晦归后三年，乃和前诗云："德业流风夙所钦，别离三载更关心。偶携犁杖出寒谷，又枉篮舆出远岑。旧学商量加邃密，新知培养转深沉。只愁说到无言处，不信人间有古今。"然信州守杨汝砺建四先生祠堂于鹅湖寺，勒陆子诗于石。复斋与张钦夫书云，"某春末会元晦于铅山，语三日，然皆未能无疑。"按吕成公谱，"乙未四月，访朱文公于信之鹅湖寺，陆子静、子寿、刘子澄与江浙诸友皆会，留止旬日。"邹斌俊父录云，"朱吕二公话及九卦之序，先生因恳恳言之。大略谓：复是本心复处，如何列在第三卦，而先之于履与谦？盖履之为卦，上天下泽，人生斯世，须先辨得俯仰乎天地而有此一身，以达于所履。其所履有得有失，又系于谦与不谦之分。谦则精神浑收聚于内，不谦则精神浑散流于外。惟能辨得吾一身所以在天地间举错动作之由，而敛藏其精神，使之在内而不在外，则此心斯可得而复矣。次之以常固，又次之以损益，由次之以困。盖本心既复，谨始克终，曾不少废，以得其常，而至于坚固。私欲日以消磨而为损，天理日以澄莹而为益，虽涉危陷险，所遭多至于困，而此心卓然不动。然后于道有得，左右逢其原，如琢井取泉，处处皆足。盖至于此则顺理而行，无纤毫渗漏，如巽风之散，无往不入，虽密房奥室，有一缝一隙，即能入之矣。二公大服。"朱亨道书云："鹅湖讲道切诚，当今盛事。伯恭盖虑陆与朱议论犹有异同，欲会归于一，而定其所适从，其意甚善。伯恭盖有志于此语，自得则未也。临川赵守景明邀刘子澄、赵景昭。景昭在临安与先生相狎，亦有意于学。"又云："鹅湖之会，论及教人。元晦之意，欲令人泛观博览，而后归之约。二陆之意，欲先发明人之本心，而后使之博览。朱以陆之教人为太简，陆以朱之教人为支离，此颇不合。

先生更欲与元晦辨，以为尧舜之前何书可读？复斋止之。赵刘诸公
拱听而已。先发明之说，未可厚诬，元晦见二诗不平，似不能无我。"
元晦书云："某未闻道学之懿，兹幸获奉余论，所恨匆匆别去，彼
此之怀，皆若有未既者。然警切之诲，佩服不敢忘也。还家无便，
写此少见拳拳。"[1]

　　由象山语录和年谱的记载可以知晓，这次相聚论学的具体论辩内容，
事实上陆九渊根本未予记载，他集中记录的是足以显示双方分歧焦点的
观点，[2]而朱熹对鹅湖之会的反应似乎仅仅只是表态而已。以双方的感受
来看，陆九渊自以为对朱熹取得了压倒性胜利，而朱熹在鹅湖之会上则
很不愉快。但似乎可以说，由于事前的沟通和会上的论辩，鹅湖之会的
朱陆双方对对方的立场与观点都相当了解。因此，在宋明理学内部呈现
出来的理学派（朱熹）与心学派（陆九渊）之间的分歧，在鹅湖之会上
经已鲜明体现出来：一方面，在本文的论旨中，朱熹强调的读书（"道
问学"）和陆九渊主张的本心（"尊德性"），恰好切合是否面对儒家
经典以求重建儒家价值权威的问题。陆九渊兄弟的唱和，凸显了孟子一
系心性儒家的鲜明立场。唱和之间，引经据典，将易、庸、孟子与礼记
等儒家经典的德性本体论述彰显出来，[3]同时将德性之心作为万物根源、
伦理认知前提、德性修为根本这类问题的看法纳入其中，并且讥笑朱熹
没有将心性儒家的真髓把握住，因此陷入枝节而未能直探根柢。这中间
包含了两层意思：一是儒家之为儒家在于德性本体的把握问题，二是朱

1　钟哲点校：《陆九渊集》，第490-491页，北京：中华书局，1980。

2　尽管陆九渊年谱的记载中间杂有对理解朱陆二人思想宗旨并无太大意义的易卦之辩，但不影响人们在字里
　　行间析出朱陆思想的基本分歧点。

3　陆九龄的诗中，首句、次句典出孟子良知良能，三四句亦本于《孟子》"原泉混混，不舍昼夜"句。陆九
　　渊诗中，首两句典出《礼记·檀弓》"墟墓之间，未施哀于民而民哀之"句，下两句本于《中庸》二十六
　　章"今夫山，一拳石之多"句，而五六句来自《易传·系辞上》"乾知太始，坤作成物；乾以易知，坤以简能"
　　句。参见蔡仁厚对于两诗出典的考证，《宋明理学·南宋篇——心体与性体义旨述引》，第245-251页。
　　可见，陆氏兄弟对于儒家经典是烂熟于心的。

陆之为朱陆在于支离与易简。而这两种断定都不为朱熹所接受，自然朱熹就显得懊恼不已。从朱熹三年后才回赠的诗词可见，他关心的问题仍然是陆氏兄弟新学旧知的兼得问题，以及无视古今之事导致的学风空疏，朱熹用心于经典的为学精勤，与陆九渊兄弟申述的把握德性本体，差异是显而易见的。

另一方面，在鹅湖之会的前后，朱熹批评陆九渊的禅意，[1]陆九渊讥笑朱熹的支离、自夸的易简工夫，实质上切中了是不是需要到儒家经典中深入体察经典精神的问题，这也是一个经典阅读的过程论和面对德性本体的了悟论的对峙。这两种进路对于收拾儒家思想山河，抵御佛老两家对于儒家价值的侵蚀，具有互补的功用。但人们需要考虑的问题是，这两者何以在朱陆那里被打为两截？这其中有两个因素需要考虑：一是对儒家精神的把握关键究竟在哪里的问题，二是两人针对什么发出截然不同的看法？就前者而言，陆九渊与朱熹实际上都同样忠实和重视儒家的德性精神，不过在具体进路上发生歧义而已。后者则涉及到"教人"的问题，这就不是一个像朱陆那么聪明睿智、真切把握儒家经典精神的哲学家的事务，而是一个哲学家如何启发大众掌握儒家精神的问题。前者可以说是一个哲学家精神探求的问题，后者则是一个对他人、社会的动员过程。换言之，前者是一个个体的伦理省思的问题，后者是一个社会的政治动员的问题。陆九渊兄弟将两者视为一码事对待，而朱熹则将两者视为相互区隔的事情。"教人"，如陆九渊兄弟所讲，在教人的道德目的性上讲，当然需要首先重视受教者站稳德性立场、明确德性本质、把握得住德性根本。但受教者是不是把握得住德性根本就自得自足了呢？就此而言，古典儒家重视的贤与不肖的差异在这里需不需要加以同样的重视呢？陆

1　关于陆九渊儒学与禅学的关系，有两种代表性的看法，一是象山儒学即禅学，二是象山儒学禅气太重。朱熹攻象山儒学即禅学，在《朱子语类》、《朱子文集》中这样的断言不少，参见曾春海：《陆象山》，第十章"陆象山与禅"，东大图书公司 1988 年版，第 167-172 页。这也许是朱熹、陆九渊那一代儒学家出入于佛老有年而归本于儒之后，少不了的思想警惕性。对此不能仅仅从儒家德性本体把握能力的高低上，去评价朱熹与陆九渊的心性感悟水平。但象山之学在哲学阵营上当然是归属于儒家而不是禅学。

九渊显然觉得不必要区分贤与不肖、君子与小人，甚至君子与圣人的人性表现差异，而将心、性与情统纳起来。但朱熹似乎重视教人的循序渐进，这样似乎对于受教者的差异性真实（difference principle of actuality）较为切近。就此而言，禅意盎然的陆九渊确实在佛教那里受到极大启发，其间潜藏着颠覆儒家伦理修养工夫过程性的可能。这是朱熹一再申述回到儒家经典中去理解儒家德性立场的根本原因。朱熹强调"如金溪只要自得底，若自得底是，固善；若自得底非，却如何？不若且虚心读书"。[1]这里的读书，不是一般的好读书所读的闲书，而是阅读儒家经典之书（四书）。朱熹之潜心注释"四书"，以凸显儒家经典精神正在于人心秩序（伦理）与社会秩序（政治）兼治，而不是从德性一端收拾人心与政治的根本理由。就此而言，在孔子所奠立的儒家轨制那里，朱熹远比陆九渊更严守孔子确立的儒家轨制。[2]

再一方面，朱陆对于鹅湖之会这一事关重大的儒家思想史事件的态度，为何存在如此巨大的差异？未必真像陆九渊记载的那样，朱熹在论辩中完全落了下风，因此不愿在著作中提及？抑或是朱熹本身并不认为陆九渊的辩驳构成对自己立论的挑战，而仅仅因为自己年长于陆九渊，故而采取一种与陆九渊友好交往的低姿态？以朱熹批评陆九渊禅意十足来看，朱熹似乎还是认真对待他与陆九渊的分歧的。而且鹅湖之会三年后，朱熹还对双方的分歧念念不忘。但朱熹这种态度，并不表明他认为自己在鹅湖之会上落了下风。他在致信陆九渊时谦称的体道未尽，不能被理解为朱熹认为体认儒家境界在陆九渊之下的自认，而似乎应该理解为年长的朱熹对年轻的

1　《朱子语类》，卷一百二十，第2913页，北京：中华书局，1985。

2　现代新儒家、尤其是牟宗三特别强调心性儒学的正统性，并以之作为一个声称的儒家学者是不是属于儒家的"判教"根据，其实这只上达了孟子之学，没有契接儒家创始人孔子之学。因此是一种切断源流的论定。实际上孟子以一心收摄所有儒家问题，其进路是对孔子儒家一个方面（治心）的发挥，而不是全部精神（内圣外王）的阐扬。参见任剑涛：《伦理政治研究——从早期儒家视角的立论透视》，绪论，广州：中山大学出版社，1999。

陆九渊怀抱着尊长的示好态度。[1]事实上，从阐释儒家经典立场的角度审视，朱熹认为陆九渊的进路是有害无益。这是他鹅湖之会三年后所赋诗词的宗旨所在。当然陆九渊也认定朱熹的进路失于抓小放大，终究对儒家德性精神不得要领。鹅湖之会呈现出来的心学与理学之间的差异，双方似乎都无意化解。

三、理学与心学：殊途同归？

略微拓展一下审视鹅湖之会的视野。从朱熹与陆九渊解释儒家德性之学的立场下沉到它们各自解释儒家之学的进路上观察，可以进一步知晓心学派与理学派的异同，从而观察宋明理学内在隐含的儒学走向和社会政治后果。

鹅湖之会，是由朱熹与陆九渊的共同友人吕祖谦推动而成的。不同于后起的朱陆门人专注于朱陆二人的差异，吕祖谦撮合朱陆鹅湖之会，就在于促成二人观点的会通为一。[2]但朱陆鹅湖之会，以及此后的无极、太极之辩，在在显示出二人基本主张的重大差异。不过在明清两代的一些思想家那里，朱陆的差异似乎并不那么紧要。明代著名思想家王阳明就在《朱子晚年定论》中指出：

> 及官留都，复取朱子之书而检求之，然后知其晚岁固已大悟旧说之非。痛悔极艾，至以为自诳诳人之罪，不可胜赎。世之所传《集注》、《或问》之类，乃其中年未定之说，自咎以为旧本之误，思改正而未及，而其诸语录之属，又其门人狭胜心以附己见，固与朱子平时之说犹有

1　张立文即指出，这一书简，"似见朱熹当时为学之胸襟"。张著：《心学之路——陆九渊思想研究》，第193页，北京：人民出版社，2008。

2　参见前引象山年谱的"伯恭盖虑陆与朱议论犹有异同，欲会归于一，而定其所适从，其意甚善。"

　　大相谬戾者，而世之学者局于见闻，不过持循讲习于此，其于悟后之论，概乎其未有闻，则亦何怪乎言之不信；而朱子之心，无以自暴于后世也乎？[1]

　　王阳明的这一断定，自然是以朱熹对陆九渊观点的心悦诚服为前提的。就此形成了所谓朱陆早异晚同的关系论。但同样作为明代学者的陈建作，不同意王阳明的断论，指出阳明之论不过是"矫污朱子以弥缝陆学也"。他认为朱熹与陆九渊在观念上恰恰体现为早同晚异的情形，朱熹与陆九渊鹅湖之会的时候，恰巧是朱熹"返之正也"的时候。王阳明的前述说法，不过是被他的三重主观目的所支配的不当之说："一则即朱子以攻朱子，一则借朱子以誉象山，一则狭朱子以令后学也。"[2]

　　可见，朱陆之争的调和是一件困难事情。对此，黄宗羲撰写《宋元学案》之《象山学案》的时候，转变调和朱子与象山分歧的进路，不再在二人思想发展的时序上做文章，着力从他们思想主题上寻找一致性，黄宗羲指出：

　　　　况考二先生之生平自治，先生之尊德性，何尝不加功于学古笃行？紫阳之学，何尝不致力反身修德？持以示学者之入门，各有先后，曰：此其所以异耳！[3]

　　黄宗羲认为陆九渊的"尊德性"与朱熹的"道问学"之间并无实质性差别，不过是为学次序的区别而已。这是一种以实质相同解释次序不同、重在同而轻看异的评价结论。确实，似乎没有理由把心学与理学截然加以分离。

1　吴光等编校：《王阳明全集》，上册，第128页，上海：上海古籍出版社，1992。

2　杨建作：《学蔀通辨》卷一《前编上》。丛书集成本。

3　黄宗羲：《宋元学案·象山学案》，第278页，宁波：浙江古籍出版社，1992。

理学与心学的同趣，可以从以下几个方面得到印证：一是朱熹的理学和陆九渊的心学，在价值认同对象几乎一致，那就是都认同古典儒家确立的基本价值，都围绕着"理"来申述自己的价值立场。二是理学与心学的为学动机绝对是一致的，那就是要重新恢复儒学的古典意识形态地位，并以儒家价值作为治国理政、整顿人心的根据。三是理学与心学的针对对象完全相同，那就是都针对佛老两家对于儒家的挑战，致力于重建儒家的绝对权威。四是理学与心学的政治目的性没有差异，即两者都强调儒家意识形态对于维护人心秩序与政治统治秩序的效能，而不是瓦解这一秩序。五是理学和心学一同构成了晚期中国古代社会的古典意识形态之一物两面：他们不仅通过师承关系传递儒家价值，而且通过整合秩序供给中国古代社会以道德基础和教化方略。

但是，理学和心学的差异性与它们之间的类同性一样令人瞩目。这不仅是朱陆两位鹅湖之会的当事人刻意表明的态度所显示的状态，而且也是朱陆后学所严格表明的立场，更是两者发生的社会政治效能外显出来的结果。就第一点而言，陆九渊自己就有过明确表示：

> 或谓先生之学，是道德、性命、形而上者；晦翁之学，是名物、度数、形而下者。学者当兼二先生之学。先生云："足下如此说晦翁，晦翁未伏。晦翁之学，自谓一贯，但其见道不明，终不足以一贯耳。"[1]

陆九渊如此看低朱熹，与朱熹对陆九渊禅意十足的不以为然相映成趣。两者对对方的评价，准确显示出双方难以化解的分歧。论者指出，朱陆的差异，从心、性与理的关联上发生根本分歧，由此导出三大分别：一是博与约的不同，二是易简与支离的差异，三是尊德性与道问学的区别。这四者构成了朱陆在观念结构上的迥然之别。其根本的分歧，不是后三点，而

---

1 钟哲点校：《陆九渊集》，第 419 页，北京：中华书局，1980。

在于朱熹将心定位为气、与理不通，仅仅承诺性即理，拒绝承诺心即理。陆九渊将心、性、理三者打通，既承诺性即理，也承诺心即理。于是陆九渊的心性为一不仅比朱熹的心性为二高超，相比而言，朱熹已经远离儒家传统的大流，而陆九渊才忠实继承了儒家孟子之学的精髓。[1]取决于这种根本差异性，朱陆的不同投射于：其一，面对经典的态度，朱熹强调由博返约，陆九渊重视发明本心。其二，阅读经典的方式，朱熹强调考据、义理和辞章并重，而陆九渊独重义理。其三，面向经典的解释，朱熹重视"道问学"，而陆九渊看重"尊德性"。其四，面对现实的政治效用，朱熹重在教人认真读书，此"书"即儒家经典，从而约束德性、控制行为。而陆九渊认为教人死读书，一是古圣先贤无书可读之时的德性就会被认为隐而不彰，二是着重书本使阅读者遗忘了经典精神，即德性本体的直观把握。因此陆九渊以为朱熹的进路必然"见道不明"。反过来朱熹也讥讽陆九渊"将流于异学而不自知耳"。[2]

朱陆二人的门人之争，自然不足以用来论道两人的差异。但两人自己的道白，则足以显示二人主张的重大差异。如果说这还只能被视为两人立场的道白的话，那么他们建立自己的思想体系的进路，就可以用来有力地证实两人的差异性。朱熹一生对于儒家经典用功甚勤。他不仅建立了足以彰显儒家思想体系之气象宏大的"四书学"，而且其对四书所下工夫，无出其右者。在朱熹的四书学中，《四书章句集注》将论孟中庸大学的精义尽遣而出；《四书或问》则在情景性条件下随意发抒，将四书的内蕴丰富性呈现出来。就前者言，朱熹对于四书的选择，是具有特殊用心的：《论语》奠定了儒家同时收拾人心与社会政治秩序的轨制，而《孟子》将儒家德性伦理学的深刻涵义加以有力论证，《中庸》构成为儒家道德本体论的中坚，《大学》则展示了儒家三纲八目的成己成人、成己成物之学的系统性。朱

1　参见牟宗三：《从陆象山到刘蕺山》，第81-82页，台北：学生书局，1979。

2　《南轩先生文集》，卷二十二，"答朱元晦秘书第一书"。转引自陈荣捷：《朱熹》，第十五章"朱子与陆象山"，第210页，台北：东大图书股份有限公司，1990。

熹将之从儒家经典中抽离出来，组成一个取代十三经那样的、相对杂乱的儒家系统的崭新儒家理论体系，一方面这样的刻意抽离旨在以儒家自足性的理论体系抗衡佛老两家的挑战，另一方面建构了综合儒家心性学与外王学的综合体系。朱熹用心之深，不借助于长程的历史观察，不足以明白其用意。就后者论，《四书或问》通过发挥性的议论，将四书中蕴含的儒家哲学尽力析出。按照朱熹自己对于四书选择的目的性自白，最能明瞭他择定四书来应对佛老挑战、重整儒家权威的目标，"若理会得此四书，何书不可读！何理不可究！何事不可处！"[1]他对四书的读法以及产生的效果有一个建议：

> 某要人先读大学，以定其规模；次读论语，以立其根本；次读孟子，以观其发越；次读中庸，以求古人之微妙处。大学一篇有等级次第，总作一处，易晓，宜先看。论语却实，但言语散见，初看亦难。孟子有感激兴发人心处。中庸亦难读，看三书後，方宜读之。[2]

这一阅读的先后次序，包含着朱熹对于人们理解儒家精神的递进关系的看法。可见朱熹选择四书并用心注解，并不是一个随意性的举措，而是一个用意明确的自觉行动。而朱熹注解四书，特别注重将其中关乎儒家德性觉悟与学习达致的关系处理得相对平衡，既不至于陷于禅家的直觉之误，也不至于滞于字里行间而无法领悟儒家精神。比如，朱熹注释《论语》"吾十有五而志于学"时，就专门提点人们注意，孔子自言的"三十而立，四十而不惑"，如程子理解"孔子生而知之也，亦言由学而至，所以勉进后人也"，循此朱熹更强调，"愚谓圣人生知安行，固无积累之渐，然其

1　《朱子语类》，卷十四，第249页，北京：中华书局，1985。

2　《朱子语类》，卷十四，第249页，北京：中华书局，1985。

心未尝自谓至此也。"[1]这与陆九渊指责的朱熹失于德性直觉有所不同。至于四书注释的具体操作中，朱熹析出的四部儒家经典中的精深涵义，就更是为人推崇。如论者枚举性地指出，朱熹解释《论语》中的"礼"说，"礼者，天理之节文，人事之仪则也"，就将礼作为宇宙万物之"所以然"与人伦日用之"所当然"视同，这对儒家精神是一个准确的把握。[2]而从总体上讲，论者也认为：

> 朱子注论语有三大长处：一、简明。古今注说论语之书多也，独朱注最为简单明白。其次，朱注能深入浅出。初学者可以浅读，成学可以深读，朱注可以使人终身诵读不厌。三、朱注于义理、考据、辞章皆优。宋人长于义理，固矣，然朱注于考据训诂亦极精善，且又长于文理，能于论语之章法、句法、字法体会深微，故论语以朱注为最胜。[3]

朱熹从经典解释中凸显儒家精神，沿循了孔子奠立的儒家轨制。反观陆九渊，他的学术似无师承。他曾经自言其学"自得，自成，自道，不倚师友载籍。"[4]至于如何实现"自得"，《象山语录》记载，"某尝问，'先生之学亦有所受乎？'曰：因读《孟子》而自得。"[5]可见，陆九渊对于儒家经典的用心，仅仅在于体会《孟子》，其余经典，似乎不为所重。就此有理由推论说，他对于《孟子》以外的其他儒家经典，似乎有些轻慢之心。

---

1 朱熹：《四书章句集注》，第 55 页，北京：中华书局，1983。

2 参见黄俊杰：《东亚儒学：经典与诠释的辩证》，第 6-7 页，台北：台湾大学出版中心，2007。本文并不着重关注朱熹的具体经典诠释情形，重点落在朱熹诠释经典的态度和总体状况上，借以说明朱熹从诠释经典中建构理学的进路，与儒家创始人孔子确立的基本轨制之间的吻合关系。

3 钱穆：《孔子与论语》，第 14 页，台北：联经出版事业有限公司，1974。

4 钟哲点校：《陆九渊集》，第 438 页，北京：中华书局，1980。

5 钟哲点校：《陆九渊集》，第 471 页，北京：中华书局，1980。

不仅如此，陆九渊还特别强调，"自立自重，不可随人脚跟，学人言语"。[1]
在这个意义上讲，陆九渊确实难逃禅学质疑。而且，比较起来，孔子奠立的"下
学上达"进路，为陆九渊腰斩为"发明本心"，并以真伪之辨取代勤学苦读，
实际上留下了道德实践的真空。尤为关键的是，陆九渊由此强化了人的绝
对相同性和忽略了人的道德发展的差异性。陆九渊的德性本体就可能流于
一个抽象的论证，而朱熹的学而进解才足以与历史人文紧密关联。此时，
陆九渊的论证就是一个"薄的论证"，而朱熹的论证则是一个"厚的论证"。[2]
这种"薄的论证"与儒家经典传统便产生了相当距离。此时，朱熹所说就
有道理：

> 未有文字之时，学者固无书可读，而中人以上固有不待读书而自
> 得者。但自圣贤有作，道之载于经者群矣，虽孔子之圣，不能离是以
> 为学也。[3]

朱陆差异在此就不能报以轻忽的态度。因为这中间所涉及到的几个问
题，对于儒家抵御佛老、重建权威非常重要：一是承接儒家传统，究竟应
该从孔子始还是应该从孟子始？这是一个儒家精神传统的起点问题。二是
德性本体是不是只能通过发明本心而达致，下学是不是也可以上达？或格
物致知之途是不是能见道？这是一个儒家精神体认的进路问题。三是把握
儒家道德本体经由体验才是可靠的，抑或经由学习也是可靠的？这是一个
儒家坚持其立场的保障条件问题。四是儒家必须在历史与人文之中体道还
是应该在抽象人性之中体道的问题？这是一个儒家从伦理是不是能够通向

1　钟哲点校：《陆九渊集》，第461页，北京：中华书局，1980。

2　所谓"厚的"（thicker notion）与"薄的"（thin notion）概念的区分，前者是指具体的概念，它结
合了事实与价值，而后者指的则是抽象的概念。参见 Bernard Williams: Ethics and the Limits of
philosophy, Routledge, 2006, P129. 威廉姆斯在该书中阐述了厚的概念的含义，人们在进一步的论
证中总结出了与"厚的概念"相对应的"薄的概念"。

3　朱杰人等主编：《朱子全书》，第22卷，第1951页，上海：上海古籍出版社，2002。

政治的问题。这四个问题的提出，便将朱熹陆九渊之争放置到了一个接受佛老挑战之后，如何可以在化解佛老立论压力的同时，有效维护儒家立场的严峻质疑之下。而这四个问题，不是陆九渊和朱熹之争的局中人所可以澄清的，它必须在历史的绵延中才能得到验证。

放宽视界观察，将宋明时代作为一个绵延而成的思想史过程通观，宋明的主导性思想家不过朱熹与陆、王。朱熹作为理学的代表人物，陆、王阳明作为心学的代表人物。王阳明对于朱陆之争的评论，以及他对于明中后期儒学建构进路的选择，对延续朱陆之争和呈现这一争端的社会历史后果，具有值得重视的内涵。前述王阳明评价朱熹晚年放弃立场而认同陆九渊的话语，已经显示出王阳明在朱陆之争中所取的立场。与陆九渊强调"吾心即是宇宙，宇宙即是吾心"相类，王阳明也确信"心外无物，心外无理"。两人的基本主张几乎一致。而王阳明以承接陆九渊学说为志向，就此他为陆九渊辩诬，指责朱熹不理解陆九渊之说：

> 象山辨义利之分，立大本，求放心，以示后学笃实为己之道，其功亦宁可得而尽诬之，而世之儒者，附合雷同，不究其实，而概目之以禅学，则诚可冤也已。故仆尝欲冒天下之讥，以为象山一暴其说，虽以为得罪无恨。……则吾恐晦庵禅学之讥，亦未免有激于不平也。夫一则不审于文义，一则有激于不平，是皆所养之未至。[1]

王阳明的这一评论，既表明自己对于陆九渊学说宗旨的理解与把握，也体现出他取法心性儒学所主张的发明德性本体之心的进路。尽管论者指出王阳明为陆九渊辩诬，并没有像后者那样"接孟子之传"，相反取朱熹的为学路径，入于朱熹而出于朱熹，从而将陆九渊离儒家经典以立说的粗

---

1 吴光等编校：《王阳明全集》，上册，第809页，上海：上海古籍出版社，1992。

放之处克制住了，"使心学益见丰富与精微"。[1]但从儒家思想史的角度看，王阳明的"良知说"与陆九渊的"发明本心"说的精神宗旨完全一致。因此牟宗三指出，陆九渊"所本者即是孟子"，而王阳明之学"其主要问题是对朱子而发则无疑，因此，不管其悟良知之主观机缘为如何，其学之义理系统客观地说乃属于孟子者亦无疑。"[2]可见王阳明在朱陆之间，精神宗旨在陆，为学进路在朱，他并没有弥合朱陆之争。

四、朱陆（王）命运

从朱熹、陆九渊与王阳明思想与中国社会互动的状况来观察宋明理学不同流派的思想命运及其内蕴的社会命运，将对朱陆之争及其延伸性影响有一个更为深刻的理解。朱熹与陆九渊、王阳明的命运，可以从某个侧面说明理学与心学不同的思想命运与社会命运。不同于朱陆，朱王不是同一时代的思想家。但相比于陆九渊对于中国政治生活的影响来看，与其比较朱陆，不如比较朱王。因为只有在朱王的比较中，朱陆分歧所注定的长期社会政治后果才足以显现出来。因为朱熹与王阳明二人对于中国中古后期的社会政治生活的影响，无出其右者。比较这一影响，可以深探不同的思想结构对于社会政治生活发生影响的迥异进路。比较朱陆（王）三人对中国社会政治生活的深刻影响，可以确定三个不同的路径：一是他们各自在自己身处的时代所发挥的当下影响，二是他们各自的后学所发挥的连续性影响，三是他们在长程历史中所发挥的绵延性影响。

朱熹思想的影响力在当时虽然很大，陆九渊聚众讲学的一时之盛，甚至超过朱熹的风头。"天下并称之曰朱陆。"[3]但朱陆后学承继师门的能力

1　参见曾春海：《陆象山》，第210-211页，台北：东大图书公司，1988。

2　牟宗三：《从陆象山到刘蕺山》，第3-4页，第216页，台北：学生书局，1979。

3　刘壎：《水云村泯稿》卷五，《朱陆合辙序》。

相差很大，"晦庵殁，其徒大兴，其学大明，士大夫皆宗其学。……而象山之学，反郁而不彰。"[1]但在宋宁宗时，朱熹学术被目为"伪学"，遭到禁止。到理宗的时候，因为他喜好朱学，下诏说："朕每观朱熹《论语》、《中庸》、《大学》、《孟子》注解，发挥圣贤之蕴，羽翼斯文，有补治道。朕方励志讲学，缅怀典刑，深用叹慕！可特赠太师，追封信国公。"[2]后来用朱学开科取士，于是"朱学盛矣，而陆学殆绝"。[3]有明一代，王阳明之学兴盛，人们以为王学是异军突起，实际上没有看到王学承接朱学的一方面，王阳明自己就明言"吾之心与晦庵之心，未尝异也"。[4]尽管这样的表白似乎与王阳明的"心外无物，心外无理"立场相左，但朱熹为学的具体进路，王阳明确实是赞同的。到清代，朴学盛行，朱子之学似乎不彰，但也有学者宗法朱熹，且编纂《朱子全书》、《性理精义》，注释《近思录》的竟有十一种之多，"朱子之学之流传，可谓长且远矣。"[5]

至于精神上承接陆九渊的王阳明，其学在明代大盛，以至于盖过朱学的势头。在观念史的"认祖归宗"上，王阳明既为陆九渊之学被朱学的光辉遮蔽而鸣冤叫屈，又亲自刻印陆九渊著作，并撰写《象山文集序》，以表彰陆九渊"简易直截，真有以接孟氏之传"的学术精神。[6]尽管王阳明对于朱学的具体取径是认同的，但他在精神趣味上毕竟还是更倾向于陆九渊。而阳明的四句教尤其显示出这一观念特质。"无善无恶是心之体，有善有恶是心之动，知善知恶是良知，为善去恶是格物"[7]体现了阳明思想的宗旨。尽管有人攻击阳明四句教"阳儒阴释"，但其核心还是陆九渊的"立

1　刘壎：《隐居通议》卷一，《朱陆》。

2　毕沅：《续资治通鉴》卷一六四，理宗宝庆三年。

3　吴莱：《渊颖集》卷十一，《石塘先生胡氏文钞后序》。

4　吴光等编校：《王阳明全集》，上册，第27页，上海：上海古籍出版社，1992。

5　陈荣捷：《朱熹》，第260页，昆明：云南教育出版社，2012。

6　参见曾春海：《陆象山》，第十一章"陆学的后续及其时代意义"，第209-210页，台北：东大图书股份有限公司，1988。

7　吴光等编校：《王阳明全集》，上册，第117页，上海：上海古籍出版社，1992。

其大者"：心体是至善的，因此没有善恶之分；但区分善恶，必须驱动心体的判断，需要培养工夫，以至于形成孟子所谓的"浩然之气"；至于心体的知善知恶，乃是良知良能，但同样，在事上判断出善恶，则必须借助朱熹申述的格物致知。由此理解他立定的"致良知"核心命题的旨趣所在。可见，王阳明对于心体的论述，与朱熹异趣，与象山同旨。这与阳明和陆九渊对于佛老所花的工夫有关，也与他们站在孟子学的立场上理解儒家基本价值有关。但就思想结构看，王阳明似乎更明确地回应了自隋唐以来的"三教合一"的思想大局定势。[1] 王阳明之所以建构起这样的思想架构，当然与他面对的思想问题和政治局面有密切关系。就前者言，王阳明体会到了仅仅从一心出发解决所有问题的困难，所以他取法陆九渊，但又认为他"粗"；同时他也非常清楚只是格物致知，实在难易达到"一日豁然贯通"的境界，而且这恰恰是因为朱熹所看到的人有禀赋差异导致的结果。这是王阳明从任侠、骑射、辞章、神仙和佛氏之学归于儒家的复杂思想经历所必然带有的迟疑性质所注定的。就后者论，王阳明生当中晚明时期的乱世，一方面明白指出"天下之大乱，由虚文胜而实行衰也"，[2] 因此另一方面他特别强调"致良知"在于"知行合一"，再一方面他因此秉持"坐而论道，起而可行"的人生哲学，一生政治上建功立业，思想上兼综三教归本儒家，力求拯救当时衰颓之风。他申述的"立诚"与"磨练"二端，由此可见用心所在。

朱陆（王）的影响方式显然具有重大的不同。从思想上看，朱熹的影响在延续性上面，而王阳明的影响则在创造性上面；朱熹的影响是规范性的，王阳明的影响则是解放性的。从社会政治生活的角度看，朱熹的影响是权力导向型的，王阳明的影响则是疏离权力约束的；朱熹的影响对应于权力约束的思想要求，并以其思想的过程性显现出明确的、对

1　秦家懿对此进行了较为深入的分析，以为这是王阳明在三教关系上的"重要贡献"。秦著：《王阳明》，第 179 页。

2　吴光等编校：《王阳明全集》，上册，第 7 页，上海：上海古籍出版社，1992。

权力约束有利的分散性。而王阳明的影响无法满足权力约束的制衡活性
思想的要求，一种直探本质的思想诉求，对于权力结构具有显在的瓦解
作用。这也是从总体上来看，王学终究抵不住朱熹对于统治者的吸引力
的缘故，同时也是所谓王学左派从中国古典意识形态内部兴风作浪，解
构儒学古典意识形态的根柢所在。可见，作为国家统治者来讲，他们对
于国家意识形态的选择具有本能化的敏感。王阳明在中国政治史上的一
时辉煌，绝非朱熹可以媲美。相反，朱熹的一时失落，反衬出思想与权
力的吻合，需要假以时日。后期中国古代政体的正当化理念，无疑是朱
熹提供的。而王阳明则在某种意义上提供了中国古代意识形态重构的契
机。而所谓"王学亡明"的说法，从某种特定的意义上讲，恰恰印证了
朱陆（王）对于原始儒家取法对象的不同，进而申述的基本理念所导出
的社会政治后果的极大差异。

　　朱子之学"有补治道"，是南宋以来统治者的基本共识。这不是说朱
熹是刻意为统治者献媚而建构自己的理论，而是因为朱熹的立论进路就与
统治秩序内在地契合。朱熹明确意识到人的道德觉悟能力的差异，因此不
从圣人的高度来立论，而从"中人"的层次来考量德性修养问题；这样既
不会强求人人提升到他们实际上绝对达不到的道德高度，因此夯实了德性
修养的普及性基础；同时他也不用圣人标准来要求普通人等，而且认为即
使是圣人也需要扎实的经典解读工夫，才足以捕捉到德性真精神。这是一
种沿循孔子经典解读精神的"下沉"路数。这样的立论，也符合一般人道
德觉悟和谨守规范的基本态势：良知良能固然存在于人心之中，但缺乏读
书苦功就无以促成道德觉悟，进而无以长期维护德性水准。这自然也就与
政治生活中需要人们遵守规则才能维持秩序一样，因此朱熹建立在认真、
执着地解读经典基础上的进学之路，确实对于维护政治秩序具有积极促进
作用。而这样的进路，事实上才真正体现了孔子开创的儒家真精神：以切
实可行的态度，促使人心秩序不至于混乱；以得当的制度安排，保证政治

秩序的稳定有序。[1]孔子的"仁"学与"礼"制的相关性论证，就显示了他的理论宗旨。因此，朱熹之"有补治道"，不是朱熹当初埋首经典解读的主观愿望，而是他从经典中离析出来的一套理学建构，客观上有利于维护人心—社会秩序。而统治者对之的亲睐，也是统治者自觉政治秩序的维护，有赖于乐意信守规则的观念与行动模式。

相反，与朱子之学趣味迥然不同的是，陆九渊漠视经典阅读的工夫，无视格物致知的过程历练，将历代经典仅仅视为自己思想的注脚（"六经皆我注脚"），并且将人人强制提升到圣人的高度对待，以为仅仅促使他们"立其大者"，就可以实现内心德性的觉醒和护持，同时在社会行为中保证信守规范而不越轨。这不符合儒家紧贴常人伦理、或朱熹所谓的"中人伦理"来构想维护人心—社会秩序的进路，道德修养的起点太高，社会政治的落点又太低。于是使人凌空蹈虚，即使社会心理紊乱、政治失序，但却可以内心的德性醒觉自慰。于是象山之学对于秩序的维护构成了内在的威胁而不自知。如前所述，王阳明对于象山之学的精神宗旨是认同的，但以他对象山言说为"粗"的评论，经已显示王阳明力求在德性觉悟与规则塑造之间实现相对平衡，以求将儒家精神贯穿到人心与社会之中，实现"天下有道"的理想状态。但阳明的立论，因为同样重"良知良能"、重内心统摄的"知行合一"，因此与象山一样，其论说内在地包含着瓦解人心—社会秩序的力量。帝王以对权力的天生敏感，意识到朱熹的价值，转而看他们对陆王，则从来不曾有这样的亲和表示；即使是纯粹的学者，也意识到陆王心学对于秩序具有的颠覆功能。明亡之后，思想家痛彻心扉地总结归纳亡明的思想导因，不约而同地指出，陆王心学要为此承担思想责任。对此，王夫之指出：

1　参见任剑涛：《伦理政治研究——从早期儒家视角的理论透视》，第二章"思想关联：伦理、政治的逻辑同构"，第一节"历史觉解：伦理与政治的内在关涉"。

姚江王氏始出焉，则以其所得于佛老者，殆攀是篇（中庸）以为
证据，其为妄也既莫之穷诘，而其失之皎然易见者，则但取经中片句
只字与彼相似者，以为文过之媒。至于全书之义，详略相因，巨细尽毕，
一以贯之而为天德王道之全者，则茫然置之而不恤。迨其徒二王、钱、
罗之流，恬不知耻，而窃佛老之土苴以相附会，则害愈烈，世道之否，
莫不由之也。[1]

王夫之在检讨阳明后学注定的政治后果时，更进一步暗示其学与陆九
渊之学一样，陆学亡宋，而王学亡明。

王氏之学，一传而为王畿，再传而为李贽。无忌惮之教立，而廉耻丧，
盗贼兴。（中国沦亡，）皆惟殆于明伦察物而求逸获，故君父可以不恤，
名义可以不顾，陆子静出而亡宋，其流祸一也。[2]

王夫之的这类归咎，不惟其一人而已。顾炎武也对王学破坏学风加以
明确指责：

以一人而易天下，其流风至于百有余年之久者，古有之者。王夷
甫（衍）之清谈，王介甫（安石）之新说。其在于今，则王伯安（守仁）
之良知是也。孟子曰："天下之生久矣，一治一乱。"拨乱世，反诸正；
岂不在后贤乎？[3]

明亡之后，挽救明王的努力失败之后，而远渡日本的朱舜水更是直接

---

1 王夫之：《船山全书》，第四册，《礼记章句》卷三十一，第1246页，长沙：岳麓书社，1996。

2 王夫之：《张子正蒙注》，卷九，第332页，北京：中华书局，1975。

3 顾炎武：《日知录》卷十八，第1423-1424页，上海：上海古籍出版社，1985。

指责王学亡明：

> 明朝中叶，以时文取士，时文者，制举义也。此物既为尘羹土饭，
> 而讲道者又迂腐不近人情。……讲正心诚意，大资非笑；于是分门标榜，
> 遂成水火；而国家被其祸。[1]

王夫之、顾炎武和朱舜水对于阳明之学亡明的归咎，自然是过甚其辞。而且其中对于陆王之学借取佛老思想资源的批评，更是过当之说。今天我们自然不会相信陆王之学要为宋亡、明亡担负完全责任。但是，这些指责中似乎含有我们反思陆王心学颠覆人心（德性）秩序和政治秩序意蕴的有益线索。无疑，从哲学思维水平上讲，陆王对于思孟儒家一系的心性本体的醒悟能力和把握能力，中古之后的中国，无人能及。他们在德性本体性质辨认上，体察入微、直探根本；在德性境界上，达到很高水平，以至于常人惟有叹息敬重和潜心跟随。从原始儒家奠立治心与治身、治人与治世内在扣合的思想任务之后，在哲学理论上，起自思孟、经由陆王，终于实现了融合佛老这两家足以挑战儒家思想权威的异己，将儒家德性本体言说得周遍无缺、深刻精当。就此而言，陆王直接承接孟子，绝对是精神上自觉的结果。然而，为什么后起的思想家会如此严厉地指责陆王之学亡宋、亡明呢？

从思想史的角度看，陆王所承接的孟子，在司马迁那里就得到过疏离政治的评价，指出他"见以为迂远而阔于事情"。[2]司马迁的这一评论，触及到儒家思想双重的内在紧张：哲学见解与经典解释之间的张力[3]、伦理修

---

1 朱舜水：《朱舜水集》，上册，第383页，北京：中华书局，1981。

2 司马迁：《史记》卷七十四，《孟子荀卿列传》，第2343页，北京：中华书局，1982。

3 参见黄俊杰：《东亚儒学：经典与诠释的辩证》，所收论文《论经典诠释与哲学建构之关系：以朱子对〈四书〉的解释为中心》，作者分析了朱熹诠释《四书》的时候遭遇到的尊重经典"本义"，与创造性阐释儒家理念之间的紧张关系，颇切中儒家思想结构的内在困境。

为与政治统治之间的冲突。这不是在学者与政治之间论定的紧张关系，而是就学者自己的言说内部的紧张关系而论的状态。孔子奠定的儒家轨制，将经典解读与思想原创相连，容伦理道德与政治生活于一炉，就此开辟了儒家影响中国古典政治的路径。但自孟子拓展心性之论、荀子开发外王之学开始，儒家就沿循着一条各自从德性本体和政治秩序切入儒家论说的路子往下发展。到朱熹可以说不再坚持分流的进路，而力图合二为一。但终究这种努力抵挡不住心性儒家感动人心的观念力量，因此在明代被王学取代。而王学确实在心性儒学的发挥上达到极致，不过政治几乎完全被心性掩蔽，最终无法有效地将政治融摄进德性本体，只好走上"满街都是圣人"的轻狂之路，造成儒家对于自己供给人心秩序和政治秩序之路的阻断。在这个特定意义上讲，王学确实要为明亡负责。

由此可见，朱陆之争，关乎中国古典意识形态如何可以得到有效维护。这不是一个简单的是不是维护统治者利益的问题，而是一个儒家供给中国古典社会以人心—社会政治秩序的思想活力问题。这对于中国古代人心—政治秩序的维持而言，是一个具有决定性意义的重大问题，而绝对不是一场历史的误会。[1]分析起来，这个问题凸显为三个方面的涵义：其一，在中国古典意识形态的维持上，从纯粹道德人心的视角所讲的直接把握德性本质，与从政治秩序维护的视角所讲的呈现过程并认同权力，两者之间能不能统合为人的道德直觉？在哲学兼综上，陆王之学确实实现了这一统合。但在政治实践上，因为立意太高，无法坐实为政治生活的行为指南，所以从古典政治的政教合一路径来看，陆王之学，其实不如程朱之学的总体效益高。

其二，在中国政治秩序遭遇危机状态的时候，是不是像陆九渊、王阳明那样采取断然措施就可以解决长期问题？换言之，朱熹所采取的渐进功

---

1 陈荣捷认为，"鹅湖对抗，实是中国学术史上一大不幸之事。朱子事前已有成见，指象山之学为禅，而象山兄弟会赴途即正面攻击。以后稍微和缓，然鸿沟已成。鹅湖后再会，只得一次，总共相见不过两星期，无缘澄清学术之冲突。于是朱陆两门对垒，遂历数百年之久。"陈著：《朱熹》，第214页。这一断言，仅就鹅湖之会事件本身而言，是有道理的，但就鹅湖之会包含的思想史和政治史的丰富内涵而言，则颇可商榷。因为正是鹅湖之会才将儒家心性学与政治学之间难以化解的内在张力凸显出来，彰显了儒家政治与教化合一的定势对于中国社会政治变迁所具有的不同牵引力量。

夫能长期收效，还是陆王的断然措施能长期收效？这是一个陆王之学是不是误国的关键问题。无疑，就政治的德性基础来讲，陆王之学抓住了政治的道德本质，指出了政治秩序的德性基石何在的答案，那就是要"立其大者"。陷入盲目的道德状态比陷入盲目的政治状态，对于秩序的维护来说，更为糟糕。但是，假如政治纯粹作为"一心发用"的过程，实际上就消解了政治独立存在并发挥作用的空间。政治的完全心性化，实际上是一种反政治的状态。因为政治必须建立在差异性的基础上，才足以展开政治的内涵，实现政治博弈基础上达成的政治秩序。缺乏政治磨合空间的心性儒学，就此无法处置复杂的政治问题。而程朱理学因为在注重德性本体的前提条件下，预留了不同人等觉悟的先后差异，承诺了人们必须在不断的德性修为中才能谨守规范的政治状态，因此与政治秩序的建构内在吻合。就此而言，陆王心学的政治效用可以从他们两人身上体现，但却无法成为普适的政治实践方式。因此沿循陆王路径实际上无法有效解决政治秩序的供给问题，当陆王心学遭遇到严峻的政治局面的时候，实际上只能处于爱莫能助的状态。所谓陆九渊亡宋的指责、王阳明亡明的痛诋，在这里就获得了局部的证实。而现代新儒家的"开出说"遭遇尴尬，实际上在此也可以得到部分解释。

其三，在中国古典政治的范围内讲，朱陆（王）价值立场与学术进路的分歧，是不是显现出儒家解释经典的不同进路之间具有的张力，会导致德性修养与政治统治之间的分道扬镳？换言之，古典儒家的政（治）教（化）合一的进路，是不是本身就具有走向自我瓦解的内在危机？从某种意义上讲，儒家政教合一的进路，并不是在现代性的挑战中才走向崩溃，而是在内部张力不足以自我调适的情况下，自己已经走向了瓦解呢？就此而言，不是人们习惯于将陆王之学视为颠覆了中国古典人心—政治秩序，因此"王学亡明"，[1] 而是朱、陆（王）三人在中国中古时代的晚期阶段，就已经将

1　参见秦家懿：《王阳明》，第 228 页，台北：东大图书股份有限公司，1992。

儒家内部难易自我化解的张力呈现出来，必然要显现的政治后果。这是儒学的内在规定性所注定的结局。因此，对于现代性儒学的建构来说，如何拆解政教关系这一难局，就成为儒学获得现代生机的决定性条件。此时，孔子奠立的轨制比孟子向内的转向，也许更有利于启发人们实现儒家的现代性自我更新。

走向儒教贤能政治：在现代西方政治陷入困境之际[1]

范瑞平

摘要： 现代西方政治已经陷入困境，本文只有认识到现代西方政治的严重危机和陷入困境这一事实，我们才能从长远的角度来探讨适当的人类政治、特别是中国政治的问题。中国若想避免走入这种困境，就不应该照抄照搬西方政治文化的基本原则及其政治制度，而是应当重新审视中国的儒教信念，设法建立我们自己的"贤能政治"，认真探索一条"中庸性推广"儒家价值的文明宪政之路

关键词： 贤能政治；宪政；儒教信念；价值原则

一、现代西方政治困境

现代西方政治已经陷入困境。指出这一点并不是说现代西方政治已经没有优势，更不意味着当代中国政治不存在大的问题。然而，有优势的西方政治未必不会陷入困境，有问题的中国政治也绝不是照搬西方制度就能万事大吉的。实际上，本文想强调的是，只有认识到现代西方政治的严重危机和陷入困境这一事实，我们才能从长远的角度来探讨适当的人类政治、特别是中国政治的问题。

---

1 本文初稿曾在清华大学哲学系主办的"政治儒学与当代世界"研讨会（2012年10月）中交流。感谢贝淡宁、卢风、唐文明、干春松、白彤东、梁涛、李瑞全以及其他一些与会者对于该文的评论。感谢陈祖为的电邮回应。最后，感谢本刊主编陈明为本文出版所做的努力。

在有些人看来，现代西方政治固然存在问题，但自由民主乃是普世价值，谈论其"陷入困境"未免危言耸听、言过其实。实际上，这种看法包含着一厢情愿的乞题论证。我之所以认为现代西方政治已经陷入困境，是因为它所依赖的政治文化资源已经难以解决它所面对的严重危机。概括而言，现代西方政治至少存在三个方面的严重危机[1]。一是福利危机：由于过分确立和提升福利权利引发了越来越大的道德风险（即越来越多的国民毫不吝啬地花费，甚至浪费由他人付税、国家提供的各种好处），失业率高企，财政赤字恶化，国债飙升。二是代际危机：个人主义、消费主义的生活方式大行其道——不讲量入为出，不事储蓄，度假优先，娱乐至上，赊账度日，先花未来钱，只管现时玩得痛快，其实是靠后人的工作来为今人的生活买单；同时，在"不断进步"的旗号下，不尊重、更不提倡继承长辈的美德，而是崇尚个人独立、我行我素，标新立异、想怎么活就怎么活，不管长辈看法如何。当代人与后代人之间的这两方面的代际冲突（即经济冲突和道德冲突），在当代西方社会出生率不断下降、人口日益老化的状况下，预示着严重的经济不可持续性和未来困难。三是家庭危机：合法家庭破碎，异常家庭涌现，单亲母亲倍增，引发一系列影响深远的人类经济、价值和意义问题[2]。本文论证，西方社会普遍存在的这些经济和道德危机已经使现代西方政治陷入困境：现代西方政治无法有效对付这些危机，因为它们是连同现代西方政治制度一道由现代西方政治文化的基本原则所促成的。本文讨论其中的两条基本原则：平等原则和世俗原则。不改变这些基本原则，就难以走出困境；但要改变这些基本原则（谈何容易！），现代西方政治也就不成其为现代西方政治了。

笔者认为，这些危机加在一起，后果是极其严重的。在经济方面，

---

1 除了下述三项危机外，可能还需要加上环境危机，但限于篇幅，不做探讨。

2 虽然这三种危机并非平均一致、程度相当地出现在所有西方国家，但也没有一个国家得以幸免，其各种例证、数据俯拾皆是，不难寻找。本文的论证重点不在于证明这些危机的存在，而是要说明它们的性质和原因，特别是说明为什么"西方民主政治"无法应付这些危机。同时，本文认为虽然这些危机在中国已现端倪，但同西方国家的情况还是很不同的。

它们使得各国政府依靠量化宽松、借债度日，不但难以消除财政赤字，而且使得国债越积越多，终将造成财政难以为继，甚至全面崩溃；在道德方面，人类的传统伦理、美德日趋受到削弱、腐蚀，越来越多的人藐视神圣、贬低孝敬、不屑忠诚；在道德多元的表象下理直气壮地追求无限膨胀的感官刺激、消费主义、享乐主义；在政治层面，在平等权利、人民至上的口号下名目张胆地上演着一轮又一轮赤裸裸的权力追逐的政治把戏。把经济和道德这两种后果加在一起，可能预示着现代西方文明的一种深刻的精神危机：看到后面，可能整个社会剩下的不过是无可奈何的虚无主义。

当然，西方社会现在进行的经济补救措施将在多大程度上奏效、是否会很快产生大型经济衰败，甚至引发大规模的社会冲突乃至国际大战，我不知道，不敢预测。但有一点是清楚的：这些危机绝不是什么好兆头，更不是良好人类生活的应有典范。因此，本文进一步论证，中国若想避免走入这种困境，就不应该照抄照搬西方政治文化的基本原则及其政治制度（哪怕是所谓"民主贤能政治"制度），而是应当重新审视中国的儒教信念，设法建立我们自己的"贤能政治"，如同蒋庆所提议的"儒教宪政"一样。儒教宪政的基本原则不同于现代西方政治的基本原则，本文以中西比较的方式概括为美德原则与天道原则。本文试图提示，儒家学者不应忽视现代西方政治困境的存在及其严重后果，更不应有意回避现代西方民主政治与儒家贤能政治之间的基本原则不同。如果我们一味地调和已有的西方民主宪政与可能的中国宪政之间的区别，我们就难以取得实践上的好处，更难以获得学术上的突破。

二、现代西方政治的基本原则

现代西方政治是自由主义、民主主义和精英主义的混合体，其中确实包含着重要的精英主义成分。例如，美国的法律制度及联储局设置，就是精英主义的。把这种政治叫做"民主贤能政治"（democratic meritocracy），也不为错。然而，无可否认的是，现代西方政治的主流及趋势从一般意义上说都是平等主义的、而不是精英主义的。例如，虽然美国宪政一开始设计了总统及参议员的精英主义选择方式，但都逐渐让位于"一人一票"的平等主义选举方法。尽管美国制度中现今依然维持着一些典型的精英机构，特别是最高法院和联储局设置，但它们也越来越受到民众及其所选代表的操控。重要的是，不论是其民主安排还是贤能设置，现代西方政治的重要特征都是由其政治文化的基本原则所决定和体现的。在我看来，其中至少有两条极其重要的基本原则，即平等原则和世俗原则[1]，切实指导、规范和塑照着现代西方民主（贤能）宪政的权力来源和政治运作，协助西方社会取得了举世艳羡的文明成就。不幸的是，这些原则指导下的西方政治也促成了日益严重的福利危机、代际危机和家庭危机。本节将论述这些原则的主要意思及其社会后果。

平等原则的一般观念要求把每个公民作为平等之人（equals）来对待。关于这条原则的确切意思和具体要求，西方社会历来存在争议，从未达成一致；在有关"平等"的理论方面，也是众说纷纭，莫衷一是，而且不乏激烈反对强加平等的声音[2]。然而，这种争议和反对并没有影响平等的一般观念在当代西方成为最强大的社会思潮和政治动力，并且产生了自己最具影响力的理论，即罗尔斯（John Rawls）的自由主义正义理论[3]。该理论所包含的三条原则极好地表达了当代西方政治文化及其制度所推崇的平等原

---

1 当然还有其他基本原则。本文认为这两条原则（1）足以说明问题，（2）而且明显不同于儒教宪政原则。此外，"世俗原则"是我的叫法，当然可有其他不同的名称或不同的重点表述。

2 参阅例如 Antony Flew, The Politics of Procrutes: Contradictions of Enforced Equality。关于平等的现代西方论著可说是汗牛充栋，因为平等既是自由主义，也是民主主义的基本诉求。关于民主理论方面的平等，可参阅 Charles R. Beitz, Political Equality: An Essay on Democracy Theory, Princeton University Press, 1989.

3 中译本参阅何怀宏、何包钢、廖申白译：《正义论》，北京：中国社会科学出版社，2009。

则的含义及其要求，它们其实都是一定意义上的平等原则[1]，即：关于基本自由的平等原则，关于实质机会的平等原则，以及关于最有利于最不幸者的差异原则。第三条原则虽然不叫平等原则，但其实是为经济上的最底层人士争取平等，所以也是平等原则。第一条原则所包括的基本自由，有政治上的自由（选举和担任公职的权利），言论和集会自由，良心和思想自由，个人的自由——包括免除心理压制、身体攻击和肢解（个人完整性）的自由，拥有个人财产的权利。第二条原则强调光有形式平等（即相同情况相同对待）是不够的，政府还需要消除个人之间那些来自社会环境和家庭出身的差别，即推动实质机会的平等。第三条原则则进一步要求国家应对个人之间来自天赋差别的不平等，因而要求社会中经济收入不平等的存在必须最有利于最不幸者的利益。在罗尔斯看来，个人的天赋同个人的社会环境和家庭出身一样，都不是个人应得的（desert），而是某种意义上的共同财产。如果一个社会通过高额税收维护一种国家福利制度最有利于国民中的最不幸者，那么这一制度就符合第三条原则。事实上，尽管存在不少争议，也没有哪个西方政府明确宣布它们是在遵循罗尔斯的理论，但这些原则确实在现代西方社会深入人心，发挥着重塑和推动政府的政治决策、法律法规、经济分配、公共行政以致人们的家庭生活方式的强大的作用。因此，这三条原则可以作为现代西方政治文化中的平等原则的代表，确实具有难以替代的特点。

此外，世俗原则对于现代西方民主宪政的指导作用恐怕不小于平等原则。但不少人可能忽略了，还有一条要求政教分离的世俗原则，起着更基本的作用。该原则的一般观念是：政治制度、决策及活动都不应当受到宗教信仰的左右。这一观念虽然有古希腊哲学的渊源（甚至受到基督教本身的"恺撒的归恺撒，上帝的归上帝"的影响），但主要还是由近代西方极

---

[1] 罗尔斯本人也是这么看的，参阅其 "A Kantian Conception of Equality，" Cambridge Review 96（February 1975）：94-99.

其血腥的宗教战争及其后来的宗教宽容要求的推动而产生，并在启蒙运动的理性主义崇拜中得到理所当然的地位。综合说来，世俗原则可能包括以下几个方面的要求。首先，政治的目的不应当是宗教目的，而应当是世俗目的；换句话说，宗教信仰不是政治合法性的一种来源，一个国家的宪法应当是世俗宪法，不应当是宗教宪法，国家也不应当设立国教。第二，政府机构的设置不能建基于宗教信仰之上，也就是说，不能按照某个宗教理由来建立某种政府机构。最后，在政府的立法、决策、讨论和行政方面，都应该使用世俗理由、公共理性，而不应该使用宗教理由、宗教信仰，因为理性的人们信仰不同的宗教、或不信仰任何宗教[1]。如同平等原则的情况一样，这些世俗要求在现代西方社会不是没有歧义，也不是没有争议，但它们还是得到了大多数人的支持，形成了现代西方的一种主流意识，大体上成了占据统治地位的政治观念。

姑且不论平等原则与世俗原则的理论上的问题（从儒家的中道智慧出发，它们都失之极端），作为现代西方政治文化的基本原则，它们都在事实上促成了现代西方社会所面临的三大危机，并使现代西方政治难以有效地应对这些危机。首先，世俗原则连同基本自由的平等原则一起推动和塑造了现代西方民主政治的权力来源的基本特征，即越来越侧重"一人一票"的平等主义选举方法。这种方法有很大问题，许多学者，包括贝淡宁和白彤东，都做了不少说明（见后）。加之，在经济分配方面，不论实质机会的平等原则与最有利于不幸者的差异原则在理论上有何种曲折复杂之处，它们在实际运作中都每每辩护、诱发和强化各种福利权利，美其名曰追求"合理的机会平等"或满足"每位公民的基本需求"。古典自由主义的"私有财产权"、"最小政府"等克制福利权利的"非平等主义"观念，在当代自由主义的"机会平等"要求面前显得一筹莫展、一败涂地。原因在于，

1　我的这一概述主要基于两部著作：Charles Taylor, A Secular Age, Harvard, 2007; John Rawls, "The Idea of Public Reason Revisited, "The University of Chicago Law Review64（1997）：765 - 807.

尽管自由主义的中心概念是"自由"，但现代自由主义已经成功地将"自由"和"平等"做成一体两面——讲"自由"的自由主义无法否定"平等自由"，"平等自由"顺理成章地要求"平等机会"，而"平等机会"势必要求越来越多的福利权利，更不用说要求最有利于最不幸者的差异原则了。

然而，福利权利一经确立，人们就会尽情享用，使得这项"权利"越来越大，因而道德风险无法避免，工作伦理日趋减退。纵观欧洲福利国家的历史，第一代人似乎精神可嘉，视福利为不劳而获的耻辱；第二代人则奋斗意识稍减，视福利为自己作为弱势人士的应得补赏；第三代人则恋上坐享其成的念头，视福利为普遍存在的不公平社会状况的正当矫正。因而，实质机会的平等原则与最有利于最不幸者的差异原则所激起的社会反应和注意力不是集中在如何真正改善贫穷或帮助弱势群体上，而是集中在如何缩小乃至彻底消除"贫富差别"上（有人甚至声称，如果达不到"平等富"的结果，还不如接受"一起穷"的状况）。不少人技术工作做不来，普通工作又不屑做，坐收国家提供的福利变成理所当然的事。甚至当一些欧洲国家财政行将崩溃（甚至已经崩溃）之时，国民依然不肯稍减"平等的"福利权利。平等原则助长了这种只要福利权利、不负社会责任的轻浮风气。更大的问题在于，民主宪政下的政客们为了维护统治、保住政权，绝不愿意冒险将人们已经得到的福利从他们手上拿走；相反，为了得到选票、获得政权，只要还有可能（至少对于那些在当今世界依然强大的国家来说），最好为本国公民开出更大的福利支票，提供更多的社会保险，把代价转向未来（如果不能转向别国的话），先花（并不存在的）未来资源。其实质是依赖后人来支付今人的生活负担和福利费用。这一招，在当今出生降低、人口老化的社会，当然使得越来越少的年轻人担负越来越多的年老人的费用，造成日益严重的代际经济不公平问题，引发难以预料的代际冲突和未来困难。实在地说，如果美国政府不减少国民福利，恐怕不论如何调节税率，也难以应付16万亿美元以上的美国国债。但在平等原则指导而形成的社会政治风气之下，减少福利待遇简直比登天还难。

在涉及立法、公共政策制定及社会生活中，世俗原则同基本自由的平等原则一起促成了所谓"政治中立"原则：即政府要在不同的宗教观、道德观、价值观之间保持中立。尽管对于这个"中立"要求的意思、强弱、范围等等，都有争议，也不是所有自由主义学者都赞同使用"中立"的说法，但类似的观念的确是世俗原则与平等原则的题中应有之义。其结果是，宗教、道德的实质内容只能在社会上成为私人性的、而非公共性的意见，都不应当在如同罗尔斯所言的现代西方民主政治的"公共理性"中占有一定位置——而所谓"公共理性"的实质内容就是把每个公民看作独立、平等、自由的个体，国家保障其基本生活需求，从而让他们自主选择自己的生活（包括建立什么样的家庭、从事什么样的活动、追求什么样的目标等等）。这些观念不但为生活世界的多元化提供辩护，不分青红皂白地崇尚所谓个人自由和独立，而且为不断兴起的一些极端的个人主义生活方式大开绿灯：不同的生活方式都应该受到平等尊重，不论一个国家的宗教文化传统如何。

伴随着现代社会的技术应用、传媒影响、消费诱惑以及教育模式等等现代状况，这些观念造成的结果之一就是父母难以教育和管教子女，甚至连沟通都成为问题。它们在客观上起到鼓励越来越多的人选择晚婚晚育，甚至不婚不育的效果；婚外情不再是道德问题，离婚更成为家常便饭；合法家庭破碎，异常家庭涌现，单亲母亲倍增。从美国的情况来看，1970年只有6%的儿童生于婚外关系，到2009年，这个数字已上升为41%[1]。一些西欧国家的情形比美国还糟。人们已经不认为这是什么不正常的情况，而是认为不过是个人的不同选择而已。但不可忽视的是，单亲母亲常常意味着较少的经济来源、较弱的子女教育，因而单亲家庭常常沦为贫困家庭，不但给社会福利体系增加更大负担，也使生活在其中的儿童难以健康成长。加之，丧失家庭价值，使得儿童教育、老人赡养都成为严重的社会问题。

---

1 Ventura，Stephanie J.（2009）.'Changing Patterns of Nonmarital Childbearing in the United States，' *NCHS Data Brief* 18: 1-7.

更可怕的是，许多西方人不再像从前那样循规蹈矩，为子孙后代的前途而审慎理财、努力储蓄；而是借债度日，甚至穷奢极欲；有的人干脆人伦尽丧，胡作非为[1]。在很大程度上，这是因为他们失去了正常家庭一般所能提供的关爱、安慰、帮助、激励乃至约束所致。但在世俗原则和平等原则的引导下，政府所能做的，似乎只能是提供福利来满足每个人的基本需求，然后留待人们自己进行不同的"自由选择"和去过不同的"家庭生活"而已。由此看来，世俗原则和平等原则的指导效果基本等同于放纵人欲，逢人之恶，使得代际危机和家庭危机变本加厉，不可救药。

三、不完整的"儒家贤能政治"方案

以贝淡宁为代表的一些儒家学者，看到了政治平等原则（特别是"一人一票"的选举方式）的问题。贝淡宁指出，"政治理论学家已经对投票制度本身提出质疑。部分原因是选民往往只自私地关心自身狭隘的物质利益，而忽视了子孙后代和居住在国家边界之外人的利益。"[2]因此，他考虑放弃政治平等原则，提倡把民主政治和贤能政治因素结合起来，利用一些儒家思想资源建立一种混合政治体制模式，其中既包括一个民选院，又包括一个贤士院，后者的成员不是通过选举、而是通过考试以及在政府基层工作的政绩来选拔产生，期待这些"政治领袖有超过平均水平的才能和品德"来领导国家，确立一种真正的民主贤能政治。他的这些提议，得到其他一些学者（例如复旦大学的白彤东和香港大学的陈祖为）的支持。应当说，在当今世界强大的民主主义潮流、贬斥精英主义的风气中，贝淡宁的勇气

1　客观地说，一些中国人已经在这些方面"后来居上"：礼崩乐坏，生活混乱，较之西方人有过之而无不及。也许有一点不同的是，由于中国的家庭主义文化传统的影响，他们可能仍然比许多西方人更关心和照顾自己的家人，包括一些涉及腐败的"关心"和"照顾"。

2　贝淡宁，"贤能政治是个好东西"，吴万伟译，http://www.huffingtonpost.com/daniel-a-bell/political-meritocracy-china_b_1815245.html。详细内容参阅 Daniel A. Bell, *Beyond Liberal Democracy: Political Thinking for an East Asian Context*, Princeton, 2006.

和智慧是值得学习和致敬的。

然而，在我看来，他们的方案很不彻底，难以有效应付现代西方政治危机。主要原因在于，他们的方案不想放弃全面的平等原则，更不愿去碰世俗原则。但不涉及这两条基本原则，他们的方案即使比现在的西方民主宪政稍有改进，也没有实质不同，算不上一个真正的儒家贤能政治方案。事实上，要求一人一票的政治平等原则只是平等原则中的一小部分，可能还不是最重要的部分。提出儒家贤能政治，首先需要考虑的是确立一部什么样的宪法，决定什么样的政治目的。在这方面，儒家同自由主义的不同之处实在无法回避。儒家政治的目的是按照天道来追求人民的幸福（即涉及"良善生活"，不只是"正当权利"），要求"修身齐家治国平天下"；自由主义政治的"目的"则是保护个人的自由、平等（即有关"正当、权利"，无关"良善生活"——"良善生活"留给个人选择）。儒家的政治目的不能不涉及天道，因为天道是儒家的一个最基本的信念；试图避开天道来讲人民的幸福，就不成其为"儒家"观点了。因而，出于儒家传统本身的特点，儒家政治的目的无法像现代西方那样把"宗教"与"世俗"分得一清二楚、泾渭分明。在全面的平等原则方面，儒家也是需要慎重思考来抉择的。首先，儒家思想是以美德（孝、仁、义、智、信、忠、恕、和、廉、耻等）而不是权利为基础的。儒家应当确立和维护什么样的个人自由、权利，绝不是一个应当照搬西方自由主义权利名单这么一个简单的问题，因为儒家权利的来源、性质、内容和范围，都会（也应该）与那个名单有所不同[1]。其次，儒家当然拥护形式平等（即同等情况同等对待）、公职公开、普及教育，但不会赞同任何涉及削弱，甚至损害家庭价值的实质平等方案[2]，例

---

[1] 初步探索可参阅 Joseph Chan, 'A Confucian perspective on human rights on contemporary China', in J. R. Bauer and D. Bell（Eds.）, *East Asian Challenge for Human Rights*. Cambridge University Press, Cambridge, 1999, pp. 212-237; Ruiping Fan, *Reconstructionist Confucianism: Rethinking Morality after the West*. Springer, 2010, pp. 56-61.

[2] 参阅范瑞平：《蒋庆论平等》，载范瑞平主编：《与蒋庆对话》，第 65-90 页，上海：华东师大出版社，2008。

如为了达到平等的结果而立法限制，甚至禁止私人教育、私立医院、私有住房等等，因为仁爱的家庭有权为自己的亲人合法寻求较好的待遇。在"应得"是通过一个人的选择和努力来决定的意义上，一个人的家庭出身及天赋当然不是自己"应得"的；但儒家可能还持有另一种意义的"应得"，那就是出于家庭关系的应得：个人的禀赋、姓氏、家庭角色、生活条件等等，乃是个人得自自己的祖先、父母和家庭的东西，在这种意义上就不能说不是自己应得的[1]。最后，"仁政"当然要照顾不幸者，特别是鳏寡孤独残疾者，但"不幸"是否应当完全转化为一种要求权、使得整个社会的不平等安排完全由最有利于最不幸者这一条来衡量，则需要儒家进一步的思考。

在世俗原则方面，不少学者认为，在当代社会宗教、道德多元化的状况下，该原则的确言之成理、难以挑战。问题在于，如果贝氏的贤能政治提议完全不能搁置或超越世俗原则，那就势必存在三个方面的问题。首先，能够有效制衡现时的短视民意或自私民意的机构正是其合法性建基于某种宗教信仰或国家的文化历史连续性之上的政治机构（如蒋庆所提议的通儒院和国体院），如果（按照世俗原则）不可以建立体现这类合法性的政府机构，那么一个国家就失去了克制这种民意的有效机构。第二，如果在政府的立法、决策、讨论和行政方面，都只能使用世俗理由，不能使用宗教理由，那么政府可以用来说服和限制民众不要"只自私地关心自身狭隘的物质利益"以及对付三种现代政治危机的精神资源就会大大缩水，最终可能只剩下所谓"公共理性"而已。而"公共理性"的一个核心正是"平等"观念，但建基于平等观念之上的"平等原则"正是促成三种危机的始作俑者，其中"一人一票"的政治平等正是贤能政治本来想要克服的东西。最后，担任政治领袖的人的品德和才能的衡量标准是什么、从哪里得来呢？可以来自某种宗教道德的标准（如儒教的标准）吗？如果（按照世俗原则）不可以，那么我们从哪里去寻找标准呢？

1　我希望在另外的地方论述这两种不同意义的"应得"概念。

如果只能是世俗的民主标准，那么他们所提倡的贤能政治不就基本上回到了当今民主政治的原型了吗[1]？

总的说来，不去考察和反思现代西方政治的两条基本原则，不能忠实对待儒家的实质思想和信念，使得贝淡宁等没有提出一个完整的儒家贤能政治方案，可以应用于当代中国，从而使她避免走上现代西方政治的危机之路。

四、蒋庆的"儒教宪政"及其基本原则

儒教贤能政治的杰出方案是蒋庆所提出的"儒教宪政"[2]。他倡导尧舜孔孟之道入宪，论述政治应有三重合法性（即天道、地道和人道），主张建立太学监国制、虚君共和制和议会三院制。其中议会三院制是较早提出的，已经引起学界的广泛讨论。具体说来，"通儒院"代表超越神圣的合法性，议员来源于社会公推之民间贤儒和国家成立的专门培养精通《四书》《五经》等儒家经典的儒士的通儒学院。"国体院"代表历史文化的合法性，由孔府衍圣公担任领袖，议员来自历代圣贤后裔、历代君主后裔、历代历史文化名人后裔、历代国家忠烈后裔、社会贤达以及道教界、佛教界、回教界、喇嘛教界、基督教界人士产生。"庶民院"代表人心民意的合法性，由普选与功能团体选举产生。三院中每一院都拥有实质性的议会权力，所有立法和政治决定都需要至少两院通过，重要的需要三院通过[3]。

显然，蒋庆的提议完全突破了现代西方政治的世俗原则和平等原则的限制，体现了儒教的一些十分不同的基本原则。首先，尧舜孔孟之道入宪

---

1 参阅蒋庆《"贤能政治"的制度架构："儒教宪政"对民主宪政的超越与吸纳》的论文中对于"贤""能"标准的详细的儒教观点。

2 蒋庆：《再论政治儒学》，上海：华东师大出版社，2011。

3 蒋庆：《生命信仰与王道政治：儒家文化的现代价值》，第313-314页，台北：养正堂文化事业股份有限公司，2004。

不但意味着儒教的一些基本原则将成为中国宪政的基本原则，而且意味着宪政的目的同儒教的目的相互契合，即按照天道来追求人民的幸福，而不仅仅是维护个人的权利。政治的合法性应当部分地来源于国民的宗教信仰（即儒教的超越神圣信仰）和国家的文化历史特征（即中国文化历史的连续性），因而国家也应当建立体现这类合法性的相应的政府机构（如"通儒院"和"国体院"）。在政府的立法、决策和权力运作上，可以利用儒教的一些理由和原则来进行，而不是限于世俗理由。在相对于平等原则方面，蒋庆有大量的论述反对极端的现代西方平等主义。基于儒教思想，他对于道德平等、政治平等、法律平等都有不少批评论述，其基本观念是反对政府将人们的不同状况强行扯齐拉平[1]。

概括起来，对应于现代西方政治文化的平等原则和世俗原则，我认为蒋庆的"儒教宪政"所倡导和体现的是美德原则和天道原则。不同于平等原则，美德原则强调政府应当协助公民的美德修养；不同于世俗原则，天道原则认为政治不应当抛开天道。我需要在另外的地方展开论述这两条基本原则，说明它们的性质、内容和应用。显然，在它们指导之下的中国政治必然是一种贤能政治，不可能是纯粹的民主政治。用蒋庆的话说，是对民主宪政的"超越与吸纳"。他的论文《"贤能政治"的制度架构："儒教宪政"对民主宪政的超越与吸纳》已经大致论述了为什么这种宪政可以有效避免中国陷入现代西方政治困境。现在的一个迫切任务是回应一些对于"儒教宪政"的重要批评，以使它得到更多的理解和支持。

五、陈祖为的批评再回应

对于蒋庆的"儒教宪政"有不少批评，最重要的可能来自陈祖为。陈的语言并不严厉，但是绵里含针，试图一针戳破"儒教宪政"的蓝图，使

1　参阅范瑞平：《蒋庆论平等》，载范瑞平主编：《与蒋庆对话》，上海：华东师大出版社，2008。

其无从讲起。蒋本人做了详细回应[1]，贝淡宁也有一些评议[2]。因为问题重要，我想从另外的角度再做些回应，以就教于祖为，也就教于蒋庆、淡宁以及其他一些关注这一批评的朋友。在陈看来，

> 无论儒家经典是否展示了真理，基于公民和谐的考虑，蒋氏的"儒教宪政"并不可取。蒋氏所提议的，无疑是一种政教合一的方案，企图把儒学打造成唯我独尊的统治思想；但在当代中国社会内，市民过着不同的生活，拥有不同的生活理念，并对各种意识形态以及宗教信仰持有不同的看法，这是任何当代儒者不能忽视的现实。公民和谐对当代中国社会是相当重要的，它要求政府和市民思想开放，并尽量减少彼此间的分歧，甚至在议政时作适当的让步；但蒋氏的"儒教宪政"却以儒家的世界观和人生观作为宪政基础，这意味着相信自由主义、社会主义、佛教或基督教等的中国公民在宪政上要全军覆没。如此方案，必然严重损害公民和谐，也跟社会现实背道而驰。[3]

陈并不完全反对儒学和儒家价值的推广，但他认为必须区别两种不同形式的推广：儒学的全盘推广与儒家价值的温和推广。在他看来，儒学的全盘推广属于极端圆善主义（extreme perfectionism），主张国家应推广儒学之中关于美好人生和社会秩序的整全性理论（comprehensive doctrine of the good life），或以这些整全性理论作为立法和制定政策的根据。至于儒家价值的温和推广，则属于温和圆善主义（moderate perfectionism），主张国家

1　Jiang Qing，*A Confucian Constitutional Order*，Daniel Bell and Ruiping Fan（eds.），Princeton University Press，2012.

2　《评陈祖为的合法性观点》，载范瑞平、贝淡宁、洪秀平主编：《儒家宪政与中国未来》，上海：第87-89页，华东师范大学出版社，2012。

3　陈祖为：《儒家宪政的合法性问题》，载范瑞平、贝淡宁、洪秀平主编：《儒家宪政与中国未来》，第78-79页，上海：华东师范大学出版社，2012。

应诉诸儒学中具体（specific）而零散的（piecemeal）价值判断（例如某些关于德性的判断或社会公正的主张）作为立法或政策的部分理据，而在诉诸这些价值判断的时候，既不预设整套儒家学说，也不对各种价值作高低排列[1]。陈认为，总的看来，蒋的"儒教宪政"属于极端圆善主义。概括起来，他的批评似乎包含两个方面：一是蒋以儒家观点作为宪政的唯一基础；二是蒋以儒学中关于美好人生和社会秩序的整全性理论作为立法和制定政策的依据并利用国家来推广这类整全性理论。因而，他的结论是，这种宪政必然损害公民和谐（civility）。

我认为，这三项批评都有很大的误解成分，是建立在对于"儒教宪政"概念的一系列误判之上的。首先，他似乎把主要作为一种资源性概念来提出的"儒教宪政"理解为一种排他性概念，因此"儒教宪政"显得非常粗暴，不讲"礼貌"，儒教成了中国宪政的唯一基础。事实上，鉴于认识到现代西方宪政存在的问题，蒋提议，我们来看看能否主要基于不同于现代西方自由民主传统的中国政治思想来提出一个不同的宪政方案。这一提议并没有"企图把儒学打造成唯我独尊的统治思想"，先行排除其他传统思想（诸如道教或佛教）可能具有的宪政贡献，从而使信奉它们的中国公民"在宪政上全军覆没"。相反，我们当然也要考虑和诉诸其他非儒教的思想资源（甚至包括现代西方思想资源）来思考和设计这一宪政，蒋事实上也是这样做的。如果这一过程最终能够有理有据地提出更像是道教或佛教政治的宪政，自然也可以称作"道教宪政"或"佛教宪政"。不错，因为它最终接受和利用了较多的儒教思想资源，看起来更像是一个儒教政治的面貌，所以称作"儒教宪政"。作为一个资源性概念，这种称呼并无不妥之处。我们可以要求一个宪政设计参考不同的思想资源，但不能要求它在最终的设计中不多不少地平均包含不同的思想资源或者不能较多地利用某

1　陈祖为：《儒家宪政的合法性问题》，载范瑞平、贝淡宁、洪秀平主编：《儒家宪政与中国未来》，第77页，上海：华东师范大学出版社，2012。

一类思想资源——如果这样要求的话，就可能无法做出一个有价值的宪政提议了。

第二，"儒教宪政"主要是一个框架性概念，不是细节性概念。用蒋庆的话说，不同于现代西方政道的民意一重独大，"儒教宪政"需要建立体现天道、地道和人道的三重合法性的政道，由"通儒院"、"国体院"和"庶民院"来代表。这一框架是要表现一种合理政治的应有格局，虽然契合于儒教对于一个适当的政治框架所应有的观点，但也包含着其他基础性考虑（例如权力制衡），同时也没有证据表明其违背中国其他传统宗教关于政治框架的观点（如果它们明确发展出关于政治框架的观点的话）。加之，这个框架的建立并不涉及儒学的世界观和人生观的细节内容（当然也不涉及其他宗教和传统的世界观和人生观的细节内容），因为这类细节内容只有当三院中的不同议员们进行立法和政策的讨论时才会涉及。因此，鉴于"儒教宪政"主要是一个资源性概念和框架性概念，陈的"以儒家观点作为宪政的唯一基础"的指控乃是似是而非的——儒家观点其实是这个框架的一个基础，而不是唯一的基础。

第三，"儒教宪政"是一个中庸性概念，不是绝对性概念。鉴于其认识到国家政治需要体现超越神圣、文化历史和人心民意的三重合法性，它在程序上要求国家的立法和决策需要至少两院通过，重要的立法和决策则需要三院通过。这的确是一个极富特色的程序性要求，但并不是一个关于立法和决策的依据方面的实质性要求。那么它有没有实质性要求呢？当然是有的，其中一个主要部分是儒学的价值判断。陈认为，立法和决策的依据只可以是"具体而零散的价值判断"，不可以是"关于美好人生和社会秩序的整全性理论"，因为后者导致国家推行一种宗教的"极端圆善主义"。这里涉及好几个问题。首先，陈的"整全性理论"指控并不清晰。如果是指"儒教宪政"要求只能以儒学理论、不能以其他理论作为立法依据，那是误解。"儒教宪政"既没有必要、也没有好处要求，例如，国体院中的喇嘛教议员或基督教议员所提出的某项立法的依据必须是某种儒学理论。其次，陈要求说，可以诉诸儒学价值，但不能预设整套儒家学说。我不明白"整套儒家学说"指的是什么。事实上，没有人能够预设全部的、包揽无遗的儒家学说。再次，陈还要求说，可以诉诸儒学价值，但不能对各种价值作高低排列。这一要求好像有点离谱，难以做到，至少现代西方宪政也没有做到[1]。最后，陈要求只应诉诸儒学中具体而零散的价值判断，不应诉诸任何儒学理论。这一条似乎是陈的核心要求。在我看来，这一要求既难以自恰，也无益于实践。我将在下一节讨论它为什么无益于实践，这里先谈它的难以自恰之处。我的问题是，对于"诉诸儒学中具体而零散的价值判断"，陈是否要做一个数量限制呢？如果要做数量限制，好像没有道理，因为只要能够经过陈所言的"市民理性讨论"之后决定的儒家价值，即使很多，也没有道理进行限制。但如果不能限制，那么许多的"儒学中具体而零散的价值"就有可能通过中国人的"理性讨论"而成为立法的依据（在中国社会，鉴于儒家价值几千年来所处的主流地位，这种可能根本不能排除）。这样一来，这些价值搁在一起就会自然显现出某种一致的价值诉求和排列、从而呈现出某种儒学理论的面貌（因为儒学理论本来就不是那么抽象、玄乎的东西）。这就是说，只要不能做数量限制，实际上难以避免诉诸儒学理论，陈不过是做了一个名义上的似是而非的要求而已。

在我看来，"儒教宪政"所体现的既不是"极端圆善主义"，也不是"零散圆善主义"，而是"中庸圆善主义"（换句话说，在"整全性推广"与"零散性推广"之间，还存在"中庸性推广"）。它不是"极端圆善主义"，因为它没有要求只能以儒学的理论或价值作为立法的基础（或政府只能推广儒学的理论或价值）；它也不是"零散圆善主义"，因为它无法自恰地要求政府必须局限于全然无序的"具体而零散的价值"。它是"中庸圆善主义"。首先，它接受一些儒教的基本原则，如美德原则和天道原则，

1　正如贝淡宁指出，"美国宪政将公民权利和政治权利看得高于经济权利，因为只有前者才受到宪法的保护。民主宪法将这一代公民的需求看得高于下一代。几乎所有宪法都将国家利益（goods，好处）看得高于世界上其他地方的需求"。《评陈祖为的合法性观点》，载范瑞平、贝淡宁、洪秀平主编：《儒家宪政与中国未来》，第88页，上海：华东师范大学出版社，2012。

形成一个宪政框架，决定这一宪政的目的只能是按照天道来为人民谋幸福，但其中并不排除可能来自其他宗教或传统的基本原则。其次，它包含一些价值高低排列，而不是充斥着全然无序的零散价值。但它也没有要求价值排列只能依照儒家理论、不能依照其他学说来做出。简言之，陈认为自己在自由主义的中立学说与宗教整全性理论之间找到了中庸之道——即"零散性推广"；他没有看到在"零散性推广"与"整全性推广"之间，还存在着"中庸性推广"，即基于中国的实际情况（包括其文化、历史、现状所决定的儒家价值所处的一种主导性地位）来进行价值推广的真正的中庸之道。尽管对儒学有深入研究，陈可能还是囿于西方的历史、现状和理论来看待有关问题的。

最后，"儒教宪政"还是一个开放性概念，不是一个封闭性概念。"儒教宪政"认为立法、行政、司法都要遵循天道，谋求人民的幸福，其基本原则确实不是民主宪政的世俗原则和平等原则，而是儒教的天道原则和美德原则。然而，何为天道的具体要求、何为人民的幸福所在，却不能由一个议院说了算，更不能由一个人说了算，而是需要通过三院机制的立法程序和公共政策制订的过程来反映出来。在"儒教宪政"看来，现时的、世俗的人民偏好当然是天道的一个维度，但现代西方民主制度的合法性似乎只看重这一维度，日益减轻以至排除国家应有的超越神圣的维度；另一方面，西方中世纪以及当代的伊斯兰社会则过于偏向宗教的维度，忽视乃至压制人们的世俗的关注。蒋认为这两种政治均为失之于"一重合法性独大"的极端政治。最后，国家是负荷文化历史的存在者，前人的好东西当然要继承下来，所以天道中也包括历史文化的维度。当然，无论是超越神圣的维度还是文化历史的维度，要想在当今社会体现出来，都得由当今的人们来认识和反映。然而，把"超越神圣"和"文化历史"两个维度单列出来，引导人们从"超越神圣"的观点（而不是"人"的观点）和"文化历史"的观点（而不是"当下"的观点）来看待问题、制定政策，已经是对简单的、世俗的民意观点的一大突破，凸显了天道的立体结构以及人们对于三个维度的不同认识和取向之间的张力和平衡。不同的议员依据自己所掌握或擅长的资源、从不同的角度来体认和论述天道天理（"通儒院"的学者们主要从文化经典出发，"国体院"的代表主要利用文化历史的资源，而"庶民院"的代表则主要表达现时的人心民意），谁也不能宣称自己代表了绝对正确的天道。在这种机制的安排之下，实际体现天道的立法和政策将往往取决于三院之间的协作、讨论、共识及平衡。在这个过程中，议员们当然需要通过寻找彼此之间的共识和共认价值来减低分歧，并为求得共识而在论证自己的观点时诉诸别人可以接受的理由，甚至为了达成解决方案而在无法达致共识时作出适当的让步。这就是说，"儒教宪政"的格局并不损害陈所言的"公民和谐"这个重要价值。

总的看来，陈的批评的主要出发点是现代西方的"多元主义"和"自由主义"，他没有（或不愿）更多地去思考中国的现状和思想究竟在何种性质上及多大程度上不同于那种"多元主义"和"自由主义"。他压根儿不相信按照中国的传统思想提出一个现代宪政可以通得过现代学术的"辩护"（justification）。而蒋的想法是，我们可以姑且忘掉西方多元主义和自由主义，一门心思地从中国的传统出发，先提出一个宪政框架，然后再来看如何辩护、能不能应付西方多元主义和自由主义的挑战。这个不同很大，是不同"范式"（paradigm）之间的区别。认识到这一点，不知是否有助于陈对于"儒教宪政"的态度变得更为同情一些？相应地，对于蒋及其赞赏其"儒教宪政"的儒家学者（包括笔者本人）来说，应该更多地考虑去做一些具体的"说理"论证：我们需要思考，除了信奉儒教的中国人之外，那些不信仰儒教的中国人（诸如佛教徒、道教徒）是不是更有理由接受"儒教宪政"而不是现代西方民主宪政呢？如果有，那些理由是什么？他们在"儒教宪政"中将会得到的好处是什么？他们可能会比生活在现代西方民主宪政之中更幸福吗？为什么呢？等等。尽管本文无法回答这些问题，但我相信这些具体的论证是能够做成的，也将是十分重要的。

六、儒教宪政势必维护家庭价值

陈祖为认为，即使现代社会日趋多元，绝大多数人还是会肯定许多具体而零散的价值的，包括

> "构成人格的美好东西（agency goods）"（例如理性"尤指实践智慧"、勇气、公正、节制能力、正直和真诚）和"审慎性的美好东西（prudential goods）"（例如美学上的经验"如音乐"、人际关系"如友谊"、娱乐及嬉戏、知识、成就和个人自主）。这些美好东西往往被视为具有自足价值，而众多有价值的生活方式也包含了这些美好东西[1]。

显然，陈认为这些价值可以独立于任何文化传统及其综合理论而存在，因而也可以在任何社会独立于其文化传统及其综合理论而得到推广。事实上，如前所述，他强调一个合理的宪政只应诉诸和推广这些具体而零散的价值，不应诉诸和推广（关于这些具体而零散的价值的）任何综合（或整全）理论。陈以为他的这一主张好过自由主义的中立原则，同时兼顾了现代社会的多元状况。在我看来，他的这一主张在效果上同自由主义的中立原则没有大的差别，无助于增进大多数人的幸福。在结束本文之前，让我来尽力阐述一下我的理由。

首先，陈所列的这些价值不但"具体而零散"，而且抽象和一般，政府能够诉诸和推广它们的方式实在有限（以免涉及综合理论）。政府究竟可以做什么呢？例如，以中国为例，政府当然可以建立公学（来零散地推

---

1 陈祖为：《儒家宪政的合法性问题》，载范瑞平、贝淡宁、洪秀平主编：《儒家宪政与中国未来》，第84页，上海：华东师范大学出版社，2012。

广这些价值），但是否可以在公学中系统地教授例如儒教的孝敬理论呢？陈大概会回答不可以，因为"系统地"教授当然涉及推广儒教的综合理论了，所以只能"零散地"教授。这只是一个例子，在其他有关立法理据或行政推广的问题上，大概也是同样的情形。这样一来，问题就来了，即这种"零散地"诉诸和推广的方式，可能仅仅有助于社会上的少数人，但无助于多数人形成有价值的生活方式。原因在于，陈正确看到这些零散的价值包含在众多有价值的生活方式之中，但他没有看到，一个青少年要想形成一种有价值的生活方式，需要对这些零散的价值进行有效地选取、侧重、排列和组合，从而形成一个适合于自身发展的系统的价值模式或完整的生活计划，同时能够协调一致地追求这一生活计划。问题在于，经验事实表明，没有正常、稳定的家庭生活，大部分孩子要么没有能力形成这种生活计划，要么没有能力追求这种生活计划，或者既没有能力形成也没有能力追求这种生活计划。同时，经验事实表明，要想在社会上维持这样一种有利于孩子生长的正常和稳定的家庭，不是给每个人提供基本的福利以及推广"具体而零散"的价值就可以奏效的（结果可能是适得其反），而是需要诉诸某些综合的理论（如儒学的孝敬理论）来制定相应的法律、政策、实施一定的鼓励，甚至进行一定的限制才行。按照陈的主张，社会不能诉诸这样的综合理论来制定相应的政策法规，因而也就无法维持正常和稳定的家庭。结果是，越来越多的人难以形成有价值的生活方式，因而也就难以获得幸福生活。

我所说的"经验事实"主要来自美国的政治学研究，特别是莫瑞（Charles Murray）关于美国社会的近著《分离来临》[1]。莫瑞用十分详尽的调查数据表明，从 1960 年发展到 2010 年，美国社会已经形成了两个（同种族无关的）几乎完全分离的阶层：20% 的上层（其中包含 5% 的最上层）与 80% 的中下层（其中包含 30% 的底层）。这两层人士之间的吃穿住行、婚姻状况、子女教育、工作方式、娱乐手段、阅读书籍，甚至旅游度假等等，全都大

1　Charles Murray, *Coming Apart: The State of White America 1960-2010*, Crown Forum, New York, 2012.

相径庭，他们之间基本上相互分离，越来越生活在两个不同的"世界"中。有意思的是，两层人士之间对于能给人带来幸福的、有价值的生活方式的看法并无明显分歧，即都认为主要有四个方面：正常的婚姻和家庭，努力从事的满意职业，友好互助的社群及认真积极的宗教参与。不论是上层还是底层人士，四项都有的人自报"非常幸福"的超过60%（第267页）。总体上说，上层人士自报"非常幸福"的约40%，底层20%（第268页）。从四个方面的实际情况上看，上层的20%与底层的30%的人之间简直有天壤之别。例如：在婚人士，上层约90%，底层约50%；与亲生父母共同生活的孩子，上层约90%，底层约30%；在教育和职业方面，上层教育程度高，失业率很低，而底层教育程度底，失业率很高；每十万人中的服刑人士，上层接近于0，底层则接近4 500；宗教核心人士，上层约25%，底层约15%（第270-275页）。在子女教育方面，上层人士对于孩子的关照、计划、指导、帮助，同底层人士根本不能同日而语（第38-41页）。结果是，美国一流大学中的79%的学生来自上层家庭，只有2%来自底层家庭（第59页）。

莫瑞的著作主要想表明，正常的婚姻和家庭是有价值的生活方式的一个重要方面，而美国近些年来底层家庭的腐蚀造成了很多人的不幸福。在我看来，他提供的数据和论证还表明，大多数青少年需要父母的帮助才能对零散的价值进行有效地选取、侧重、排列和组合，从而形成一个适合于自身发展的生活计划，而且需要父母的督促和帮助才能协调一致地追求这一生活计划，从而形成一种有价值的生活方式，也才有可能幸福。这就是说，如果一个社会想要促成有价值的生活方式、增进人们的幸福，就不能只提供零散的价值来让人们"自由"选择，还必须诉诸和推广一些综合的理论和价值（例如儒教的孝敬理论）来维护正常的婚姻和家庭。遗憾的是，从1960年到2010年的美国，正是当代自由主义主张蒸蒸日上的时期，尽管美国政府绝没有成为一个真正价值中立的政府，但也主要是如同陈所主张的那样去诉诸和推广温和的或"零散的"圆善主义，而没有按照任何综合的理论去保护美国的家庭及其价值。莫瑞，作为一位自由至上、重视公民社会的古典自由主义者，特别对社会上层（尤其是 5% 的最上层）表示失望：他们满足于利用自己的付税来为底层提供基本福利，然后便心安理得地去过自己优越的"分离"生活，忘掉了真正的美国社群主义精神。在他看来，付点税款来为穷人提供基本福利乃是非常廉价的良心安慰（第 295 页），因为不断增加的国家福利不但削弱了人们的自由和责任，而且损害了美国的社群，特别是底层的家庭，让底层人士的生活进入恶性循环之中，使得美国社会成为一个"分离"的社会（第 282 页）。

在我看来，莫瑞对于国家福利的批评言之成理。但他所报告的总体状况不但可以用来说明他所赞同的古典自由主义主张的不足之处，而且可以用来说明陈的主张的不足之处，那就是，它们都不利于大多数人的幸福。两种主张的共同点在于，它们都认为现代宪政不应当诉诸综合的理论来推崇某种有价值的生活方式。它们可能都把公民社会同政府作为做了太过绝对的区别。然而，中国社会要想避免出现莫瑞所描述的"分离"社会，并且避免出现本文开头所讨论的现代西方社会面临的三种危机，就必须要维护中国的正常家庭，推崇儒教美德，珍惜传统礼仪。为此，我们不但不能接受中立主义的自由民主宪政，也不能接受陈的"零散的"圆善主义，而是需要认真探索一条"中庸性推广"儒家价值的文明宪政之路[1]。

1　我在一篇英文论文中论述了家庭主义生活方式在儒教宪政中的重要地位：参阅 Ruiping Fan, 'Confucian Meritocracy for Contemporary China,' in Daniel Bell and Chenyang Li（eds.）, *The Idea of Political Meritocracy: East Asian and Western Perspectives*, Cambridge University Press, 2013, pp.88-115.

中国儒教重建的渐进路线

——明确儒教法律地位的建言

陈杰思

摘要：儒教是人类起源最早、在中华大地上原生的宗教，然而时至今日儒教的法律地位却不明确，儒教宗教团体亦尚未建立。此种现象，与中华民族伟大复兴事业不适应，也与"弘扬中华文化，建设中华民族共有精神家园"的指示相矛盾，更与"培养高度的文化自觉和文化自信，提高全民族文明素质，增强国家文化软实力，弘扬中华文化，努力建设社会主义文化强国"的精神相背离。今天必须重建儒教，而儒教的重建应当走现实、温和、渐进、包容、低调的路线，而不能走虚幻、偏激、冒进、对立、高调的路线。因时制宜，从现在做起，谋求儒教的法律地位。

关键词：儒教重建；法律地位；渐进；地位；价值

全盘西化并非中国的福音，全盘西化不仅仅让中国丧失巨大的物质利益和宝贵的文化资源，而且将中国引向一条绝路。西方文明就是一种辉煌而短命的文明，著名物理学家史蒂芬·霍金称人类的自私与贪婪导致地球在200年内毁灭。自私与贪婪本身不足以毁灭地球，自私与贪婪在西方文明模式中极度膨胀方能毁灭地球。儒学儒教的毁灭，导致了中国传统精神价值体系的崩溃，加上宪政建设的缺失，出现了风气败坏、邪恶滋生、贪污腐败、骄奢淫逸、信仰缺失、人性扭曲、精神空虚、坑蒙拐骗、假冒伪劣、违法犯罪等现象。现在，儒学仅仅以知识的形态存在，既不用于修身，也不用于治世，而成为极少数专家学者谋取职称和学术地位的工具，儒学并未真正复兴。儒教被毁之后，尚未重建。蒋庆先生设计了儒教重建的"上行路线"和"下行路线"，张祥龙先生设计了儒教重建的"中行路线"，思想纯正，志趣高远。本人则考虑现实性、复杂性、曲折性，设计中国儒教的渐进路线，以供同道参考。

儒教是人类起源最早、在中华大地上原生的宗教，起源于公元前数千年伏羲作八卦，经历炎帝、黄帝、尧、舜、禹、汤、文、武、周公的发展，至孔子时完全形成。汉武帝时代至清末，儒教为中国国教，国家组织就是儒教组织。儒教传播至日本、韩国、东南亚，成为世界性宗教。民国初年至今，为儒教重建时期。当今，日本、韩国、东南亚国家及港澳台地区有大量儒教社团存在，中国有大量自觉或不自觉的儒教信徒存在，不少家庭立有"天地君亲师"或"天地国亲师"牌位，孔庙、书院、祠堂遍布中华大地，有部分儒教研究机构存在，"宗教蓝皮书"正式把儒教作为中国最重要的传统宗教加以研究和介绍。虽有上述种种事实，但由于民国时期儒教法律地位的模糊性，由于长期的批孔反儒，由于帝国主义文化侵略，由于部分人士的偏见，儒教的法律地位仍然不明确，儒教宗教团体尚未建立。此种现象，与中华民族伟大复兴事业不适应，也与"弘扬中华文化，建设中华民族共有精神家园"的指示相矛盾，更与"培养高度的文化自觉和文化自信，提高全民族文明素质，增强国家文化软实力，弘扬中华文化，努力建设社会主义文化强国"的精神相背离。

儒教在重建过程中，无疑会出现众多的流派。在谋求儒教的法律地位时，首先要明确我们试图建立的是什么样的儒教，这就必须对儒教的定位、教义、教规、价值、重建路线作出系统说明。

一、儒教定位

1. 中华民族主体宗教

儒教担负着重建中华精神精神家园的重任，担负着重建中华民族道德观的重任，担负着建立主导价值的重任，应当成为中华民族主体宗教。在人类多元宗教中，中华民族应以儒释道三教为民族宗教，而在儒释道三教中，则以儒教为主体宗教。主体不挺立，则旁枝衰落。学佛、学道之人，首先要学儒，具备做人的基本素质之后，才能在宗教信仰上走正道。民族宗教不昌盛，则外来宗教大举进入。儒是"天下之公言"，儒教确实有强烈的社会责任、公民生活准则、公共礼仪、政治理念，具有发展成为公民宗教的潜质，但只有当儒教成为国家绝大多数公民的共同信仰之时，才有可能成为真正的公民宗教。

2. 儒教兼明人道神道

儒教为神道之教，亦为人道之教。人心不正，天心难明。神道设教，教以人伦。体悟天道，建立人道。儒教具备一般宗教神道信仰的特性。儒释道三教都具有人神融贯、人神合一的特性，而儒教则更具有入世的倾向。崇尚德性为儒教所有教派的共同特征，有的教派偏重神道，有的教派偏重人道。面向大众，更多强调神性；面向精英，更多强调理性。孔子说："未知生，焉知死？""未能事人，焉能事鬼？"儒教重视此岸世界与彼岸世界的贯通，重视入世与出世的贯通。儒教试图将此岸世界建设成人间天堂，也为人们设计了通向彼岸世界高级生命空间的途径。儒教的宗教场所有庙、院、祠、坛四类。庙有孔庙、伏曦庙、黄帝庙、神农庙、周公庙、关帝庙、妈祖庙、城隍庙、岳王庙等，院有儒教书院，祠有宗族祠堂、忠烈祠、乡贤祠、武侯祠等，坛有天坛、地坛、日坛、月坛、社稷坛、先农坛等。曲阜孔庙、孔府、孔林为儒教圣地，应重建衍圣公制度。北京天坛是儒教最高级别祭天之所。儒教作为入世之教，是人文之教、道德之教、教化之教，重在人间，表现为三纲领（明德、亲民、至善）八条目（格物、致知、诚意、正心、修身、齐家、治国、平天下）。儒教特重齐家之道，故不需离家修行。"家教"、"家训"是儒教传播的重要途径。"君子之道，造端乎夫妇"。重视以家庭关系为起点的社会关系，是儒教不同于其他宗教的最明显的特征。

3. 儒学儒教并行不悖

儒家文化的基本存在形态为儒学与儒教，两者并行于世。儒家包括儒学、儒教，包括儒教徒和儒学学者。儒家书院亦分二类：儒学书院与儒教书院。正如道教与老庄道学不能完全重合一样，儒教与儒学，有重合的地方，也有相异的地方。孔孟儒学产生之前，在中华大地上出现了包括昊天上帝、祖先崇拜、祭祀、天命、鬼神、占卜等要素在内的原生性宗教。儒教是纳入正统的原生性宗教（即牟钟鉴先生所讲的"中国宗法性传统宗教"）与儒学结合而产生的。儒教包含了部分儒学，但不含全部儒学。儒学中的心性儒学、社会儒学、政治儒学、知识儒学等，不能完全纳入儒教的范畴。

儒学儒教传播渠道不同：儒教存在于宗教界、信徒家庭、宗教活动场所、宗教会议，而儒学存在于教育界、学术界、文化界、公众论坛。在世界各国兴办的孔子学院传播的是儒学而非儒教。可以让以儒学为主体的国学进入学校，但不宜以儒教的方式进入学校。新加坡将在学校开设的"儒家伦理"错误地定位为宗教课程，其结果是随着其他宗教课程一同被取消。如将儒家分为儒学儒教，则马来西亚在华校中推广经典教育，就是儒学而非儒教，不用担心受到排斥。

不宜因肯定儒学而否定儒教的独立性：现在，占据儒学阵地的主要是知识儒学，那是将儒学作为纯客观的、古代的知识。儒家文化的复兴不能寄托在知识儒学上。儒教的独立存在，开辟了儒家文化传播更广大的渠道，比起儒学来，更容易大众化、普及化，也更容易将知识转化为信仰、转化为品格。如果否定儒教，则陷海外华人华侨于不利之地。部分华人华侨在自己的宗教信仰或新生婴儿的宗教信仰这一栏目上，如果要坚持中华传统的宗教信仰，填写"儒教"，若是当地政府不承认儒教是宗教，则会使他们陷入困惑。海外华侨华人最怕大陆学者去讲儒教不是宗教，如果说儒教不是宗教，就会导致当地政府取消儒教宗教团体，迫使有宗教信仰需要的华侨华人改信其他宗教。不可否认，宗教在社会各个领域有巨大影响，如果仅仅谈儒学而否定儒教，就是在宗教竞争的领域，主动退让出来，让外来宗教去占领宗教阵地。

不宜因肯定儒教而否定儒学的独立性：如果以儒教指称儒家文化之整体，则不信教而又学儒者何以自处？如果儒学儒教并存，则信仰其他宗教者和无神论者，可以不信儒教，亦可同时修习儒学，分享儒学智慧，以儒学作为修身立己之本。在敌视宗教的人士试图将儒家文化戴上宗教的帽子加以消灭的情况下，将儒学与儒教的并列，也是为儒学保留生存之地。

二、儒教教义

无论是儒教重建，还是儒学复兴，许多人只停留在对儒教、儒学的功能描述上，而且通常是过去功能的描述上，不重视儒学义理、儒教教义的探究。如此，则儒教儒学之"用"，成为无"体"之用。必须走"明体达用"之路，将儒教的功能建立在儒教的教义教规上。重建儒教，在走组织化道路之前，必须走规范化、体制化建设之路。

儒教教义包括十常之道与六大理念。仁、义、礼、智、信、忠、孝、廉、毅和十常之道，具有以下丰富内涵，均出自历代圣贤经典。

仁：仁爱以人的良知为根基，依据远近关系向外层层扩展而形成自尊自爱、爱亲人、爱人民、爱天地万物四个层次。

义：即正义、道义、公平，具体表现为平等与秩序、法治与德治、民主与治理、自由与规范、权利与责任的动态平衡，在利益关系上表现为"以义制利"。

礼：礼是道德行为规范与文明行为规范的总和，包括道德规范、礼仪、仪容、礼节、礼貌、礼俗等。

智：尊师重教、理性精神、科学精神、求实精神、批判精神、反思精神、仁智统一等。

信：即真诚、诚实、守信，当诚信原则同仁义相冲突时，就要"言不必信，行不必果，惟义所在"。

忠：尽心尽力、忠贞不贰、坚守正道、忠诚精神、奉献精神、爱国精神、敬业精神。

孝：赡养父母长辈；敬爱父母长辈；继承父母之志；祭祀祖先，承袭祖先之德；事亲以礼；不自取其辱，不轻生毁己，以免危及父母；从义不从父，从道不从亲。

廉：朴素、节俭、廉洁、知耻、改过、自律。

毅：意志坚强、自主精神、独立意识、人格尊严、自我实现、奋斗精神、探索精神、创造精神、自强不息、杀身成仁、舍生取义、威武不屈、勇敢顽强等。

和：厚德载物、良性竞争、仇必和解、中庸之道、和而不同、抑强扶弱、和实生物、阴阳和谐、均衡互制、各安其位、和平协调、兼容并包等。

儒教的六大理念如下：

天人合一：法天之道，立人之道；敬畏上天，敬畏自然；顺应自然，法取自然；感恩大地，善待万物；崇尚低生产、低消费、低污染、低排放之生存模式。

知行合一：知是伦理之知、义理之知，而非客观知识，行是依理践行。践行既有外显行为，也有一念发动之内心行为。

天理良知：天理包括真理（是非）与义理（善恶），因圣贤发明，以天道为归依，故为天理。天理与善性相结合，内在于人心，即是良知。良知乃是以天命之性为根，以仁爱之心为基，德性、理性、感性合为一体。性善论是建立人类道德观的内在根基。

善恶报应：善恶报应体现了义与利的统一。儒教善恶报应方式有三种：天赏天罚、现实报应、炁场运变，三者并存，无人能逃。《尚书·商书·伊训》："惟上帝不常，作善，降之百祥；作不善，降之百殃。"昊天上帝的天赏天罚，既在人的生前，也在人的死后。在现实生活中，为恶招致恶报，为善招致善报。宇宙有多重生命空间。"明则有礼乐，幽则有鬼神"。人世间，为"明界"，为此岸世界，其他生命空间，为"幽界"，为彼岸世界。"精气为物，游魂为变"，人体上存在着炁场，当人为善时，良善之炁就会进入人体炁场；当人为恶时，恶浊之炁就会进入人体炁场。当人死之时，身形即散，人体炁场附存于灵魂上，决定灵魂的去向。如果附存于灵魂上的是良善之炁，灵魂即为神，向高级的生命空间（比喻为天堂）行进；如果附存于灵魂上的是恶浊之炁，灵魂即为鬼，向低级的生命空间（比喻为地狱）沉沦。

神道设教：运用神道的权威、仪式开展道德教化。如祭祀之礼，虽迎神到场，但并非为了讨好神、服务神，而是通过祭祀之礼，培养人们的"忠信爱敬"，培养感恩之心、怀念之情、敬畏生命之意识。儒教众神并非出于自身某种利益的需要，而是根据人的善恶而加以赏罚。繁杂的、劳民伤财的、以讨好神灵为目的的宗教仪式并不会得到神灵的认可。儒教献祭的最好礼物是品德与善行，而不是丰盛的物质。如不信灵魂之说，则人的行为止于现实的利益、占有、享受，而不考虑身后的福报。如果不树立神道之权威，则许多人身上的魔性难于克制。

内圣外王：朝着圣人的境界进行品德的修养与智慧的提升，朝着圣王的境界践行，产生利国利民的事功。内圣是心性修养，外王是制度建设、环境改良、法治建设。具体表现为"八条目"，格物、致知、诚意、正心、修身为内圣之功，而齐家、治国、平天下为外王之业。圣人制立敬天祭祖的礼仪，将天之神道彰显出来，意义在于实现人道教化。换言之，"神道设教"是沟通天道与人道的中介，它一方面要符合天道之"固然"，另一方面又要引导人道之"当然"。

三、儒教教规

敬天："天"即儒教至上神"昊天上帝"，为创生宇宙之神，在甲骨文及《尚书》、《诗经》等儒教经典中常常出现。在百姓日常生活中呈现为"天"、"上天"、"苍天"、"皇天"、"老天爷"、"老天有眼"等。"以形体言之谓之天，以主宰言之谓之帝，以妙用言之谓之鬼神。"在中国传统的儒释道三教中，儒教的"圣"、佛教的"佛"，道教的"仙"，是同一格位。在"圣"、"佛"、"仙"之上，存在着至上神昊天上帝。朱熹说："道家之徒，欲仿其（按：指佛教）所为，遂尊老子为三清：元始天尊、太上道君、太上老君，而昊天上帝反坐其下。悖戾僭逆，莫此为甚！"儒教必须重建对昊天上帝的敬畏与信仰。"皇天无亲，惟德是辅"，只有"敬德保民"，"替天行道"，才能"以德配天"。孔子亦言："君子有三畏：畏天命，畏大人，畏圣人之言。"又曰："唯天为大，唯尧则之。""昊天上帝"无形无象，但全知全能，有意志，有感应，主宰一切，赏善罚恶，故立牌位以敬之。朱子说："正其衣冠，尊其瞻视，潜心以居，对越上帝。"每位儒教徒家中需设立"天地圣亲师"牌位（"天地君亲师"或"天地国亲师"亦可），木质牌位后也可张贴孔子圣像，于农历每月初一、十五，分早晚两次敬香（三柱即可），并行三跪九拜之礼。"天地圣亲师"牌位，即是儒教之神灵系统，牌位将一神与多神作了秩序化的安排，具有包容性和适应性。"天"，即是以昊天上帝为主的上天众神，"地"指大地众神，"圣"即以孔子为代表的历代儒教圣人，亦指伏羲、炎帝、黄帝等列位圣王，"亲"即祖先神灵，"师"即历代传道之贤者，而非现世授业之师。从汉代起，孔子列入国家祀典，与社稷神同级。面对牌位众神，儒教信徒应当信仰、敬畏、修德、献祭、祈祷、忏悔。

法祖："祖"既指本姓祖先，亦指伏羲、炎帝、黄帝等民族始祖。"法"，即遵守遗教，以孝道敬之，以礼祭之。

尊孔：孔子为儒教成教之圣人，故儒教徒当特别崇敬。对孔子圣像行跪拜之礼，以恭敬之心接受孔子教诲，参加祭孔典礼，过孔子圣诞节，拜谒曲阜圣地，抵制轻侮圣人之言行。

读经：儒教经典以《论语》为核心经典，包括《十三经》及《春秋繁露》、《朱子语类》、《传习录》等。儒教信徒应将读经作为每日至少是每周之功课。读经的八项原则是：诚敬、理解、体悟、集粹、诵记、涵养、信仰、力行。

崇礼：礼为儒教道德行为规范与文明行为规范，儒教信徒应当遵守。儒教行为规范大量存在于家规、族规中。儒教禁忌有：戒嗜欲、戒凶暴、戒邪术、戒妄言、戒忤逆、戒刻薄、戒染习、戒酗酒、戒吸毒、戒吸烟、戒邪淫、戒赌博、戒欺诈、戒偷盗、戒作恶、戒奢侈。在春节、中秋节、端午节、重阳节、清明节，儒教信徒应按儒家传统礼俗过节。举办并遵守儒家婚礼、丧礼、生日礼、开笔礼、成人礼等传统礼仪。在节日和礼仪活动中，应穿儒服（以深衣为式样）。"德音之谓乐"，儒教倡导与礼相配的雅乐、善乐。崇礼时应避免出现僵化、形式化、繁琐化、特权化、奢侈化等流弊。

祭祀：祭祀昊天上帝、祭祀孔子、祭祀黄帝应为全国儒者通祀之礼，每位儒教信徒都应参加。儒教信徒必须在清明节、中元节参加祭祖。"非其鬼而祭之，谄也。"儒教信徒还应参加本地圣贤英烈的祭祀活动。在儒教作为国教的时期，祭天为帝王所垄断。在现阶段，人人皆可直接面对昊天上帝，有祭祀昊天上帝之责。康有为先生有言："王者至尊，为天之子，宜祀天，人民虽卑，亦天之子也，亦宜祀天也。"

明德：以孔子教诲为指导，以儒教经典为归依，以十常之道为标准，进行道德修养，提高生命境界。依道德智慧判定，儒教分圣、贤、君子三个等级。"圣希天，贤希圣，士希贤。"

弘道：坚守儒家道统，守护儒教义理，捍卫儒道尊严，践行十常之道，传播儒教教义。以财物资助弘道者，亦有弘道之功。

四、儒教价值

由于儒教的存在，使中国在十七世纪中叶以前一直保持着世界领先的位置。明朝晚期之后，由于专制与腐败的侵蚀，由于清朝剃头易服、文字狱等，导致儒教走向衰落。自清末至中华人民共和国成立，深受儒家道德观影响而出现一大批仁人志士，成为挽救国家、拯救人民的中坚力量。当下，儒教发挥价值的大小，取决于儒教重建是否走坚守义理、教化民众、安身立命的正道，取决于真正的儒教徒在全民中所占的比重。

1. 重建儒教，建设中华民族精神家园

中华民族的精神家园荒芜化，正是儒学儒教的缺失而造成的。中华民族精神家园不可能通过西方文化来建立，必须是能过儒释道文化来建立。佛教、道教由于其出世的品格及超俗的生活形态，只适合特殊群体，而绝大多数中国人及海外华侨、华人则是需要通过儒学儒教来建立安身立命、精神慰藉、终极关怀、灵魂安顿的精神家园。

2. 重建儒教，培养道德品质和人文素质

儒教的首要功能就是道德教化。十八个路人从被车子两次碾压的小悦悦身边走过而不进行任何救助，警示中国道德沦丧已到了极其危险的地步。在传统中国社会，中国人的道德素质与人文素质是通过儒家文化培养的。离开圣贤义理经典的教导，离开儒教的信仰、践行、普及，道德建设永无成功之日。

3. 重建儒教，推进中国的文化建设

在经济发展的同时，中国的文化建设严重滞后。中国当代的文化建设，绝不能走全部移植、复制、抄袭西方文化的道路，而必须建立在中华传统

文化之上。离开儒释道文化，则中华文化只剩下残肢碎片。一方面高喊弘扬中华文化，一方面又反对重建儒教，这是典型的南辕北辙的行为。根据韩国的经验，文化产业发展建立在本国传统的儒家文化的基础之上。中国应当通过儒学儒教，培养高素质的文化产业从业者和消费者，有力抵制庸俗、低俗、媚俗三俗文化泛滥。据《2009 年中国宗教报告》提供的统计，中国古代留下的、载于书籍的文字材料共有 30 亿～ 35 亿字左右，其中儒教典籍约占 80%～ 90%，这是人类历史上最博大的精神财富，也是中国文化建设最雄厚的资源。

4. 重建儒教，建立文化认同和民族认同

"中国有礼仪之大，故称夏；有服章之美，谓之华。"儒学儒教是中华民族区别于其他民族的主要特征。重建儒教，传播儒学，弘扬民族精神，培养民族意识，才能建立中华民族的文化认同、民族认同，树立民族的自信与自尊，形成民族的凝聚力，有利于促进民族团结，有利于维护中国统一。两岸统一的文化基础是儒学儒教。先贤倡导"保国、保种、保教"，国人不识其智慧之高。在保国、保种之时，儒教短暂衰亡，似乎影响不明显，因儒教数千年来教化的成果尚在，儒教培养的仁人志士仍然可以拯救国家、民族，但如果儒教长期衰亡，则支撑民族、国家的仁人志士越来越稀少，最终导致"亡国亡种"。当然，国保住了，教就应当有了生存之地。中国儒教具有民族主义色彩，但不会走向极端民族主义或狭隘民族主义，因为有"天下"观念与和平的情怀。中华民族不需要通过向外传播儒教谋取特殊利益。国外儒教不需要有中华民族主义色彩，体现天下主义，突出拯救灵魂、教化民众、身心安顿等普世功能。

5. 重建儒教，促进社会和谐稳定

乱世抛弃儒家，治世需要儒家。儒家的道德理念，进入政治领域，即是为政之道。儒家主张通过教化人心，为政治提供道义准则达致"以道化政"，

而不是"以政化儒"。儒教的道德理念与宪政法治，是政治清明的前提。儒教推行道德教化，改良社会风气。儒教的十常之道，确保社会健康发展。人们通过儒教提升道德素质和人文素质，是制止动乱、反对分裂、维护稳定的重要力量，也是挽救国家的重要精神力量。法治教育不能仅仅停留在对法律条文的宣传上，而是重在培养法律背后的道德精神，这就非常需要儒家文化，德、礼、法三者相互促进。重树"敬天"信仰及"善恶报应"观念，可以大大减少犯罪现象。儒教奉行中庸之道，可以有效抗拒宗教极端主义。儒教"和而不同"的精神，可以促进宗教和谐与民族团结。

6. 重建儒教，抵制邪教和迷信

儒教走的是教化民众、安身立命、利益众生的正道。自古正邪不两立，扶持正教，才能抵制邪教；崇尚正信，才能压制迷信。在儒教形成时期，出现"民神杂糅"、"民神同位"和"夫人作享，家为巫史"的情况，颛顼进行宗教改革："颛顼受之，乃命南正重司天以属神，命火正黎司地以属民，使复旧常，无相侵渎，是谓绝地天通。"原始宗教中有巫、史、祝、卜，在周代，以舞降神的巫逐渐退出，周公在祭祀礼乐的基础上制礼作乐。儒教采取"敬鬼神而远之"的态度，不妄谈"怪力乱神"，废除淫祀。对神的祭祀要有一定的节度、按一定时节、依一定礼仪。儒教可以包容以《周易》为源头的风水、术数，但拒斥巫术。重建儒教，重建书香门第，恢复农村的伦理秩序和传统信仰。

7. 重建儒教，维护中国文化主权

全盘西化浪潮席卷中国，只有复兴儒学，重建儒教，才能有力地抵制全盘西化。如果不能重建儒教，就是将宗教文化的阵地让出来，让外来宗教大举进入。按日本（神道教和佛教）与台湾地区（道教、佛教及其他本土宗教）的经验，在本土宗教昌盛的情况下，外来宗教很难发展。韩国虽有强大的儒学体系（庞大的儒道会和学校儒家伦理课程），但儒教力量微

弱，基督教的发展非常迅猛。利玛窦说儒教不是宗教，是出于传教策略而非他本人的真正认识。清末西方来华传教士宣称"欲求吾道之兴，必先求彼教之毁"，他们最反对尊孔祭祖。在儒教衰微之后，当今中国人数最多的是商品拜物教信徒和"十条诫令"信徒。外来宗教大量借用"上帝"、"圣诞"、"圣经"、"圣教"等儒教专有名词，已妨碍了人们对于儒教的正确理解。中国绝对不能步非洲大陆的后尘："白人来的时候，我们有黄金，他们有圣经；白人走的时候，我们有圣经，他们有黄金。"重建儒教，才能树立对外宗教文化交流的主体，开展同境外儒教组织的交流合作。

8. 重建儒教，探索人类生存之道

西方文明以"高生产、高消费、高污染、高排放"主要特征的"天人对立"生存模式很快走到了尽头。复兴儒学，重建儒教，可以纠正西方文化的偏差，完成个人与社会、自由与规范、理性与德性、科学与人文、民主与治理、竞争与和谐、平等与秩序、激进与保守、物质与精神、多元与一统、权利与责任的双向启蒙。儒教建立倡导以"低生产、低消费、低污染、低排放"为主要特征的"天人合一"生存模式，是人类持久生存之道。

以上八个方面的重要价值，是其他宗教无法替代的。儒教信徒在全民中的比重越高，则儒教发挥出来价值就越大。儒教信徒在全民中的比重越少，则儒教发挥出来的的价值就越小。牟宗三先生说："吾人肯定人文教，并非欲于此世中增一宗教，与既成宗教争长短。乃只面对国家之艰难，生民之疾苦，欲为国家立根本。"由于儒教重建的八项价值与中国政府追求的目标是一致的，因此，政府从国家利益、社会稳定、人民需要出发，应当担负起扶持儒教的责任，至少给儒教的重建提供宽松的环境。2000 年 2 月 18 日，印尼总统瓦西德出于对华人的尊重，宣布正式承认孔教为印尼合法宗教，与其他六大宗教享有平等地位。重建时期的儒教可以先作为民间宗教、民间信仰。国家宗教事务局领导强调："逐步将民间信仰纳入依法管理的轨道。"中国政府从来没有判定儒教为"非法"，故不存争取合法

地位的问题，而是存在明确儒教法律地位的问题。2010年12月，在国家
宗教事务局支持下，由中国社会科学院世界宗教研究所主办的"新兴宗教
发展趋势研讨会"在北京召开。巴哈伊教、一贯道、摩门教、天帝教、真
空教等新兴宗教的领袖出席了会议。新兴宗教已受到国家宗教事务局的关
注，传统儒教的重建理应得到国家相关部门的重视。

五、儒教重建

在现实条件下，儒教重建应当走现实、温和、渐进、包容、低调的路线，
而不能走虚幻、偏激、冒进、对立、高调的路线。我们不是设计若干年后
的方案，而是考虑在现实条件下如何做、做什么，因时制宜，从现在做起，
从自己做起。儒教重建是一条探索之路，不同的人可以从不同方向进行探
索，形成不同流派。不同教派，都应以儒教经典为根据，不能脱离经典妄作，
尽可能地运用中国传统的宗教形式，而不能照搬外来宗教的某些形式。个
体很难持久而深入地维护其宗教信仰，宗教共同体对于宗教的存在至关重
要。儒教之"魂"，先附体于儒教信徒、儒教家庭，再附体于宗族、儒教场所、
儒教团体。宗族原是儒教重要的承载体，"敬宗收族"原是封建时代儒教
走向大众化的重要形式，书香门第是儒教的道场，依托家族的私塾和经典
传承的家教是儒家文化的重要传播途径。在宗族、家庭都已遭到严重破坏
的情况下，建立儒教团体尤为迫切。孔子说："欲速则不达。"在清朝灭
亡之后，儒教就应当利用此机会，脱去长久依附政权而感染的专制、腐败、
尊卑、特权、僵化之毒，走渐进的重建路线，但民国初期的孔教运动却走"政
教合一"、建立国教、排斥民间信仰、个人色彩浓厚（被称为康教）的激
进路线，同时不重视教义教规建设，置身于政治斗争的漩涡中，引起政治
力量和其他宗教势力的围攻，招致严重挫败。张勋复辟失败，康有为先生
受牵连被通缉，以他为领袖的孔教活动宣告失败。我们不能重走民国初年
孔教运动失败之路，更何况，此路也走不通。

中国儒教重建遵循以下十二项原则：

1. 儒教的宗旨是：弘扬正道，教化民众，天人合一，安身立命。

2. 儒教定位为中华民族主体宗教，不宜倡导儒教作为国教。

3. 儒教应当争取享有与佛教、道教同等的宗教政策，不应当争取特权。

4. 儒家文化应当同马克思主义文化、西方文化建立共存互通、互补、互动之关系，不宜将儒家文化与马克思主义文化、西方文化对立起来。

5. 儒教同道应遵守现行国家法律与政策，不宜将政治纷争引入儒教内部，不宜以儒教社团的名义参加为政府所禁止的政治活动。

6. 儒教应以和而不同精神与各大宗教平等相处，促进宗教和谐，促进民族团结。

7. 儒教接受国家宗教局的领导，并认为这是接受政府领导的具体形式。

8. 儒教现阶段的发展应同中国特色社会主义相适应，并认为在各大宗教中，儒教最能体现中国特色，儒教最具有社会主义元素。

9. 儒教为中国本土宗教，不依靠任何国外宗教势力，坚持独立自主自办的原则。

10. 儒教同道遵守国家现有的宗教政策和法律法规，以温和、渐进、理性的方式推进儒教重建工作。

11. 儒教重建应当走正道：研习宗教经典，宣传宗教教义，遵守宗教教规，教化民众、安身立命，而不能走这样的邪道：不研习宗教经典，不宣传宗教教义，不遵守宗教教规，不教化民众，迷信化、商业化、功利化、行政化、官僚化、庸俗化。

12. 坚持"政教分立"的原则，不搞"政教合一"，在行政组织之外建立民间儒教组织，走民间化、大众化、普及化道路。

六、建言

王炳燮在同治年间说道："中国之人自有中国之教，为中国子民即当尊重中国圣人之教，犹之为外国人也世守外国之教也。"在此，我向社会大众及政府部门提出如下建言：

1. 我们认同宗教信仰自由原则，尊重世界各大宗教，但作为中国人，考虑认祖归宗、民族特性、国家认同、历史传统、民俗、国情、主权诸因素，在世界各大宗教中，建议优先选择信仰儒教。

2. 社会各界人士如认同并践行儒教之教义、教规，可明确并公开自己的儒教徒身份，在个人信息宗教信仰栏目中填写"儒教"。

3. 儒教徒参照本倡议的相关原则，在遵守国家法律与政策的前提下筹建儒教社团，并向政府有关部门提出成立儒教社团之申请。

4. 敬请政府有关部门领导关心、考察、指导儒教重建工作，根据宗教信仰自由政策，依法管理儒教宗教事务，保护儒教人士和信教群众的合法权益，审察并批准儒教社团成立报告，认同儒教徒在个人信息宗教信仰栏目中公布儒教徒身份，明确儒教的法律地位，让儒教享有与佛教、道教同等的宗教自由政策。

"限政"视域下的"仁政"

邓林

摘要：本文仅从"宪政"即"限政"的角度出发，尝试性地挖掘"仁政"之中可能蕴含的"限政"力量或元素，然后再在此基础上试图揭示"仁政"与"宪政"的关系。作者认为"仁政"与"宪政"在根本上就是不同的："宪政"的本质就是"限政"，其关键就在于通过宪法或法律来"限制"政府和政治权力；然而，从"限政"的角度来看，孟子所说的"仁政"几乎没有通过"法律"（更不用说"宪法"）来"限制"统治者和政治权力的理论考虑。但它们也可以是共存，互补的，"仁政"的目标是让真正贤能的政治领导者能够积极地"有所为"，从而好利用政治权力为民众谋福利；而"宪政"的首要目标则在于限制政府或防止权力持有者去作恶或利用手中的权力损害民众的利益，也就是让政治权力首先能够做到"有所不为"。

关键词：宪政；仁政；限政；政治权力

近年来，关于传统儒家的政治智慧是否构成了"宪政"（或者说是否能够恰当地称之为"宪政"）的问题又成为了学界的热点之一。"仁政"与"宪政"本是两种不难区分的政治理论，时下这场关于"儒家宪政"[1]问题的争论竟然让我们觉得有将二者放在一起专门加以辨析和讨论的必要：一方面，鼓吹"儒家宪政论"的代表人物之一姚中秋（秋风）先生新近就基于孟子

1　关于"儒家宪政"的来龙去脉，许纪霖先生对这一问题有非常精彩的论述，请参阅氏著：《儒家宪政的现实与历史》，载《开放时代》2012年第1期。

的仁政论又提出了"仁本宪政主义"[1]之说，此说能否成立应还有进一步讨论的余地；另一方面，"儒家宪政论"之中的"儒家"其内容与涵盖范围原本就稍显宽泛，如果把孟子的"仁政"作为所谓"儒家"政治思想的具体例证再与"宪政"进行比较研究，无疑将会有利于"儒家"与"宪政"这二者关系的阐明。

为此，我们不妨就从"宪政"的角度来对孟子的仁政论略作分析。但是，笔者并无意加入这场"儒家宪政"或"仁本宪政主义"问题的争论之中。笔者以为，真正重要的问题并不是"仁政"是否为"宪政"，甚至也不是孟子的仁政论之中是否包含有可以用"宪政"之名而指称的思想。相比而言，笔者更为关心的是：通过与西方宪政理论进行某种比对，或者从"宪政"的视角来审视"仁政"，我们是否还能找到蕴藏在孟子仁政论之中的所谓"政治智慧"？如果能，"仁政"之中的这种"政治智慧"又体现在哪里？与"宪政"相比，"仁政"有何优缺点？等等。很显然，在本文有限的篇幅内不可能全部解答这些问题。接下来，本文仅从"宪政"即"限政"的角度出发，尝试性地挖掘"仁政"之中可能蕴含的"限政"力量或元素，然后再在此基础上试图揭示"仁政"与"宪政"的关系。

一、"宪政"即"限政"

众所周知，"宪政"本是一个外来的政治术语，中国古代并没有"宪政"这样的说法。中国的"宪政"理论也大多是来源于西方，而且从一开始，近代中国的先进知识分子在引介西方的"宪政"理论并尝试建立中国"宪政"的过程中，往往只是将其视作达到国家富强目标的一种手段，常常忽视了"宪政"自身具有的独立价值。[2] 然而，"宪政"究竟意味着什么？从政治学的

1　参见姚中秋：《仁本宪政主义——<孟子·离娄上>仁政篇义疏》，载《探索与争鸣》2012年第2期。

2　参见王人博：《宪政的中国语境》，载《法学研究》2001年第2期。

角度来看，所谓的"宪政"可以分为狭义与广义两种：

> 宪政在狭义上就是有限政府通过宪法的存在而进行的实践活动。从这个意义上讲，只要政府机关和政治过程受到宪法规章的有效约束，就存在着宪政。在宽泛的意义上，宪政指的是一系列政治价值和期望，反映着人们希望通过建立制约政府权力的内外机制来保护自由的愿望。[1]

照此定义看来，无论是狭义的"宪政"，还是广义的"宪政"，其本质都在于要体现出对政府或政治权力能够采取某种"自觉"而"有效"的限制或约束。而"宪政"的狭义与广义之别就在于：前者的"限制"往往是通过明文公布的"宪法"来实现；后者的"限制"形式则可以较为多样，是包含了"宪法"在内能够有效进行"限制"的所有"内外机制"。

这样，我们基于一种广义的"宪政"定义就可以得出：如果通过"宪法"之外的"机制"也能够有效地"限制"政治权力，似乎在某种程度上也能称之为"宪政"。然而，政治权力的"限制"或制约手段即便可以实现多样化，问题的关键恐怕还在于这些"机制"或"手段"是否能够有效地限制政治权力。所以，是否能够通过某种机制措施或制度方法对政府和政治权力进行有效的"限制"才是"宪政"的关键所在。

由此可见，极而言之"宪政"即"限政"，我们可以将"宪政"的核心或本质归结为"限政"。正如刘军宁先生所指出："宪政的本质的确是而且必须是限政。在宪政主义看来，不论一个政府的组织形式如何，都不得存在不受限制的最高权力。"[2]诚然，这里所谓的"限政"除了在实质意义上所说的对"政治权力"的"限制"之外，还可以包括针对"政治权力"

---

1 [英]安德鲁·海伍德：《政治学核心概念》，吴勇译，第154页，天津：天津人民出版社，2008。

2 刘军宁：《共和·民主·宪政——自由主义思想研究》，第123页，上海：上海三联书店，1998。

的"创制"、"安排"等内容[1]。但是，无论如何我们都可以说，对政治权力进行"限制"乃是"宪政"的一项核心要义。

所以，如果说"仁政"与"宪政"之间确实存有某种关联的话，那么我们很自然地就会想要追问："仁政"是如何"限政"的呢？具体说来，在孟子的"仁政"理论架构中，是否包含有"限制"政府或政治权力的相关内容？如果包含有，孟子所说的"仁政"又是如何"限制"政府或政治权力的呢？

只要简单地回顾人类的"宪政"历史，或是粗略地考察一下现行的各种"宪政"政体，我们就不难发现："法律"作为一种基本的"限政"手段无论如何都是必不可少的。况且就狭义的"宪政"而言，所谓的"宪政"本来就是指根据"宪法"来治理国家，是通过"宪法"来"限制"政府和政治权力。正如美国政治学家C.H.麦基文所说：

> 宪政有着亘古不变的核心本质：它是对政府的法律限制；是对专政的反对；它的反面是专断，即恣意而非法律的统治。……真正的宪政，其最古老、最坚固、最持久的本质，仍然跟最初一样，是法律对政府的限制。"宪法限制"，即使不是宪政最重要的部分，也毫无疑问是其最古老的原则。[2]

因此，接下来我们不妨首先来看看"法"在孟子的仁政论之中是否起到了对政府或政治权力的"限制"作用。

二、"仁政"存在法律"限政"吗？

必须事先予以说明的是，因为在孟子所处的时代，我们一般都认为中

1　参见许纪霖：《儒家宪政的现实与历史》，第49页，载《开放时代》2012年第1期。

2　[美]C.H.麦基文：《宪政古今》，翟小波译，第16页，贵阳：贵州人民出版社，2004。

国那时还不可能出现今天所谓的"宪法"，所以本文只打算考察孟子的仁政论之中是否存在能够有效"限制"政府或政治权力的普通"法"。也就是说，在这里我们并不是要探讨在孟子的仁政论之中是否存在"宪法限制"的问题，也不是要一般性地讨论孟子是如何对待"法律"的问题，而是着重分析孟子所说的"仁政"是否存在法律"限政"的情况。接下来，我们将结合《孟子》等相关文本试图就这一问题从两个方面进行说明。

第一，"仁政"中"法"的性质问题。

孟子的仁政论是只讲"仁心"而不讲"法治"吗？或者用今人常见的评论来说，孟子的仁政论是重"人治"而不重"法治"吗？面对诸如此类的问题，其答案恐怕并非我们以为的那般显而易见。

首先，对孟子来说，以性善论为基础的"仁政"确实是需要"仁心"的，但"仁政"绝不只是"仁心"而已，更不意味着"仁政"有了"仁心"就已经足够。在《孟子·离娄上》篇中有一段话被今人不断地引用，常常用以说明"法治"的相关问题甚至是"法治"与"人治"的关系：

> 离娄之明，公输子之巧，不以规矩，不能成方圆；师旷之聪，不以六律，不能正五音；尧舜之道，不以仁政，不能平治天下。今有仁心仁闻而民不被其泽，不可法于后世者，不行先王之道也。故曰，徒善不足以为政，徒法不能以自行。诗云："不愆不忘，率由旧章。"遵先王之法而过者，未之有也。[1]

从这段话来看，我们有理由认为"仁心"只是实现"仁政"的必要条件，但远远还不是充分条件。此外，从"规矩"、"六律"至"仁政"的排比句式来看，孟子这里所说的"仁政"包含并强调了规章、制度甚至是措施等意涵。也就是说，孟子认为"仁政"是具体实在而且有"章"可"循"的，

---

1 《孟子·离娄上》。

不是一种虚无缥缈的，甚至可以任人自由发挥的东西。当然，孟子的"仁政"可"循"之"章"主要是来自上古三代的"先王"和"圣君"。

事实上，前人对这样的问题已经多有论述。比如，徐复观先生就曾指出："至于说儒家重人治而不重法治，便首先要看对法的解释。若将法解释为今日的宪法，则二千年以前，尚无此观念。当然过去也曾想到要有一种恒常不变的法，来维持政治的安定，此即孟子所说的'旧章'、'先王之法'（《离娄上》）；这有似于英国的历史的惯例。但它与现代的宪法观念，究不相同。"[1]笔者之所以在这里重提这一问题是想强调："仁政"是否讲"法治"，或者说"仁政"是重"人治"还是"法治"，今天讨论这样的问题首先取决于我们对"法"采取什么样的理解。正如徐复观先生所言，"对法的解释"不同，那么结论就有可能不一样。所以，本文认为重要的已经不是"法"的有无，而是我们要弄清楚孟子在"仁政"中所讲的"法"是一种什么样的"法"，也就是"仁政"中"法"的性质以及效力如何，这个才是问题的关键所在。

那么，孟子在仁政论中所说的"法"究竟是一种什么样的性质呢？仅从字面上来看，"法"在现在的《孟子》一书中总共出现了11次，其中可以释为"法律"（包括"法度"以及"规则"、"依法"等引申义）的主要有：

> 市廛而不征，法而不廛，则天下之商皆悦而愿藏于其市矣。（《公孙丑上》）
>
> 徒善不足以为政，徒法不能以自行。（《离娄上》）
>
> 遵先王之法而过者，未之有也。（《离娄上》）
>
> 上无道揆也，下无法守也，朝不信道，工不信度，君子犯义，小人犯刑，国之所存者幸也。（《离娄上》）

1　徐复观：《孟子政治思想的基本结构及人治与法治问题》，载李维武编：《徐复观文集·第二卷》，第140页，武汉：湖北人民出版社，2002。

入则无法家拂士，出则无敌国外患者，国恒亡。(《告子下》)

君子行法，以俟命而已矣。(《尽心下》)

在这里面，前人对于"徒善不足以为政，徒法不能以自行"一句解释很多，由此而引发的争议也比较多，问题的关键在于"善"、"法"二字的解释以及整体句意主旨的把握。通过结合上下文来看，孟子在这里主要的意旨应该是在强调"行"的重要性，也就是说在强调要"行先王之道"、"行"("遵")"先王之法"，总而言之就是强调"行"仁政的重要性。应该说，这里还看不出孟子有着重强调"人"的意思，至少"仁心"、"仁闻"也属于"人"的主要因素，而孟子恰恰指出这些是不够的。所以，毋宁说孟子是在强调人(君王)要效法先王行"仁政"，强调要切实去做、去实行、去实施等。[1]所以，当论及"法"的性质问题，我们认为更值得注意的是"遵先王之法而过者，未之有也"一句。可以说，孟子在论"仁政"时所说的"法"基本上都属于"先王之法"。

当"先王之道"甚或"尧舜之道"等术语主要是用来指涉与"仁政"相关的一些规章制度乃至方法措施等内容的时候，它们的涵义就与所谓的"先王之法"相当接近。孟子"言必称尧舜"[2]，"先王之法"本来大多也是通过效法尧、舜等"先王"或"圣君"而得来的。而且，孟子还说："规矩，方员之至也；圣人，人伦之至也。欲为君尽君道，欲为臣尽臣道，二者皆法尧舜而已矣。"[3]由此可见，孟子认为治理国家事务、尽君臣之道都只需照着像尧舜这样的圣君留下来的"先王之法"去做就行。然而，关键的问题在于：通过历史遗传下来的这种"先王之法"已经在多大程度上具体化或制度化了呢？它又在多大程度上能与现代"法制"等同视之呢？袁保新

1　如果非要说孟子一句"徒法不能以自行"道出了现代法治的弱点和缺陷，这应该属于一种引申和发挥，却很可能不是孟子的本意。

2　《孟子·滕文公上》。

3　《孟子·离娄上》。

先生就曾指出，孟子所说的"先王之法""并未彻底的法制化，它对君、臣、民三者的约束，仍需要靠每个人道德的自觉（特别是对国君而言）。"[1]所以，本文认为，由于孟子在论"仁政"时所说的"法"往往是指"先王之法"，它是一种通过历史传承而来的"古法"。这种"古法"具有浓厚的传统印记，与我们今天所说的能以条文明确呈现的现代"法制"甚或"法治"恐怕还不是一回事。

下面我们再来看第二个问题："仁政"中"法"的效力。这里所说的"效力"主要就是指"法"相对于"政治权力"的实际效果和最终支配力。在孟子的时代，各国的君王无疑拥有最大的政治权力，所以我们尤其需要考察"法"在君王面前的约束力如何。也就是说，"仁政"中的"法"是否能够"限政"，这取决于该"法"在政治权力尤其是君王面前所具有的实际效力。

那么，孟子所说的"先王之法"能够有效地约束君王或很好地限制政治权力吗？事实上，这样的问题我们只要稍微反观一下过往的中国史实也不难做出回答。"先王之法"作为一种"古法"，它在君王面前的实际效力恐怕正如西汉时期的廷尉杜周所说："三尺安出哉？前主所是著为律，后主所是疏为令。当时为是，何古之法乎？"[2]也就是说，传统中国社会中的法律就本质而言与其说是"古法"不如说是"王法"，往往都是"王"的效力大于"法"，甚至"王"说的就是"法"。然而，接下来我们更想从孟子提出的"仁政"理论本身出发，试图通过分析表明"仁政"中的"法"如何不能很好地"限制"政治权力，更不用说约束住君王这样的最高统治者。

首先，"仁政"之"法"是"范导型"的，而不是"规则型"的，关键的问题在于它自身要依附于"权力"才能"存在"，因而不具有任何强制性。也就是说，孟子在论"仁政"时所说的"先王之法"（甚至包括"先王之道"、

1　袁保新：《孟子三辨之学的历史省察与现代诠释》，第 121 页，台北：文津出版社，1992。

2　《史记·酷吏列传》。

"尧舜之道"等)主要是用来引导或劝诫君王"该怎么做",而不是限制或约束君王"不能做什么"。所以,有论者指出孟子的"先王之法"其"礼治"的成分要远远超过"法治",作为一种"法治"其"强制性"明显有所不足的。[1]

其次,相比而言,孟子的"仁政"更提倡运用"德治"而不是所谓的"法治"。孟子曾明确地说过:"善政,不如善教之得民也。善政民畏之,善教民爱之;善政得民财,善教得民心。"[2]后来,朱熹在这里注解道:"政,谓法度禁令,所以制其外也。教,谓道德齐礼,所以格其心也。"[3]由此可见,"仁政"确实不排斥使用一定的"法度禁令",但是在孟子和朱熹等儒家[4]看来治理国家还是以"德治"或"礼治"为上,"法治"始终是"次一级"的治理方式。

最后,孟子的"仁政"之"法"实是为"君"而立,并非为"民"而立,这样的"法"是不可能做到为"民"而去限制"君"的权力。正如梁启超先生所说:"儒教之所最缺点者,在专为君说法,而不为民说法。其为君说法奈何?若曰:汝宜行仁政也,汝宜恤民隐也,汝宜顺民之所好恶也,汝宜采民之舆论以施庶政也。是固然也。若有君于此,而不行仁政,不恤民隐,不顺民之所好恶,不采民之舆论,则当由何道以使之不得不如是乎?此儒教所未明答之问题也。夫有权之人之好滥用其权也,犹虎狼之嗜人肉也。向虎狼谆谆说法,而劝其勿食人,此必不可得之数也。"[5]

总之,不论是在"仁政"理论的首倡者孟子那里,还是在实际的中国政治历史之中,"法"作为一种"限制"君王或政治权力的手段,它能发挥的作用都是十分有限的。然而,我们当然也应该看到,"先王之法"在

---

1 参见袁保新:《孟子三辨之学的历史省察与现代诠释》,第123-124页,台北:文津出版社,1992。

2 《孟子·尽心上》。

3 [宋]朱熹:《四书章句集注》,第353页,北京:中华书局,2006。

4 孔子早就说过类似的话:"道之以政,齐之以刑,民免而无耻;道之以德,齐之以礼,有耻且格。"(《论语·为政》)

5 梁启超:《梁启超文选》,王德峰编选,第73-74页,上海:上海远东出版社,2011。

像孟子这样的儒者心目中毫无疑问还是具有某种"效力"的。孟子曾说："说大人，则藐之，勿视其巍巍然。堂高数仞，榱题数尺，我得志弗为也；食前方丈，侍妾数百人，我得志弗为也；般乐饮酒，驱骋田猎，后车千乘，我得志弗为也。在彼者，皆我所不为也；在我者，皆古之制也，吾何畏彼哉？"[1]由此可见，言行符合先王圣君定下来的古代制度甚至能够成为孟子"以德抗位"的勇气和力量源泉。只不过，中国历史上并不是所有人都能像孟子这样既能够"以德抗位"又能够幸运地保住自家性命。

三、"仁政"中的"限政"元素探析

依靠法律进行"限政"可以说是现代通行的各种"宪政"政体的一种基本方式，然而通过上节的分析我们已经大体可以看出"仁政"之中的"法"并不具备很好的"限政"效用。可以说，孟子所说的"仁政"既没有名义上的"宪法宪政"，也没有实质上的"法律限政"，至少就此而言"仁政"与"宪政"还相差太远。所以，仅从法律"限政"的角度来说，孟子等儒家所倡导的"仁政"与"宪政"之间存在本质上的区别。

那么，孟子的仁政论之中到底是否存在"限政"的力量或元素？或者说，孟子可曾考虑要对政治权力和君王统治者们进行限制甚或施加影响？本文认为，在孟子的仁政论之中或可称得上"限政"的力量与其说是来自于"法律"，不如说是来自于"道德"。也就是说，如果说"仁政"是试图通过"道德"而不是"法律"来限制或改变统治者，这无疑会更符合孟子的本旨。然而，这种"限制"又与通过法律"限政"的所谓"限制"有所不同，而且更多地还只是停留在理论家的"心志"或"意图"层面，未必能够达到理论预期的实际效果。接下来，我们就尝试对"仁政"之中的这种所谓道德"限政"略加分析。

---

1 《孟子·尽心下》。

　　首先必须指出，不论我们如何论证"道德"是怎样成为"仁政"中的一种"限政"力量，我们也不能否认"法律"或者说"法治"才是现代的中国社会限制政治权力的切实途径和出路。这不仅是因为现存的各种"宪政"政体表明，贯彻真正的法治能够成为限制政治权力的有效方法，"法治最基本的意义就是国家的公共权力都要受到法律的有效支配。"[1]更是因为"我们过去的历史大都是权力大于法律，高于法律，法律为权力所任意支配的历史，法律成为掌权者的手杖。今天，我们要建立法治国家，就是要把被颠倒的权与法的关系颠倒过来。"[2]

　　或许正是因为看到这种"权力大于法律，高于法律，法律为权力所任意支配"的情况成为了传统中国社会中的一种"常态"，中国古代的儒家思想家们从一开始就没有对"法"寄予厚望。当统治者将政治权力紧握在自己的手中然后凌驾于一切社会力量之上的时候，所谓的"法"确实也只不过是统治者用来维护自身统治的一种工具。正如徐复观先生所说："当二千年前，天下为公，还是托之于理想；政治的权原，还是操在一个人君的手上，人君成为政治的总发动机时，只有人君能成为一种道德的存在；最低限度，只有人君能控制自己而遵守人生上、政治上的若干基本原则，才有法治可言。否则一切良法美意，在人君一摇头、一瞪眼之下，立刻会走样、变质，成为倒闭后的钞票。"[3]于是，古代的这些儒家思想家们就试图采取从掌握政治权力的"人"本身入手，尤其是从拥有最高权力的君王的身上想办法。所以，孟子才会认为："君仁，莫不仁；君义，莫不义；君正，莫不正。一正君而国定矣。"[4]后来的程颐更是直接说道："天下之

1　蔡定剑：《论法律支配权力》，第 3 页，载《中外法学》1998 年第 2 期。

2　蔡定剑：《论法律支配权力》，第 3 页，载《中外法学》1998 年第 2 期。

3　徐复观：《孟子政治思想的基本结构及人治与法治问题》，载李维武编：《徐复观文集·第二卷》，第139-140 页，武汉：湖北人民出版社，2002。

4　《孟子·离娄上》。

治乱，系乎人君之仁与不仁耳。"[1]

对于孟子等儒家的这种特别注重统治者自身的道德品质乃至偏重"德治"的做法，徐复观先生认为："这是以道德的责任感来消融政治的权力，而不是以政治的权力来代替道德的责任感。于是对于政治的权力的限制上，也会发生与民主政治相同的结果。"[2]至于这是否能与"民主政治"产生"相同的结果"的问题我们姑且存而不论，但是"道德"确实是可以视为对"政治权力"的一种"限制"，在这一点上本文毫无疑问是认同徐复观先生的看法的。所谓道德对政治权力的限制，也就是本文所说的道德"限政"，这在孟子的仁政论之中主要体现在两个方面：其一是对政治权力来源的道德限制；其二是对政治权力持有者的道德限制。

首先，关于道德对政治权力来源的限制。在孟子的仁政论之中，这种"限制"更多的是要通过名义上的"天意"和形式上的"民意"来实现。比如，在《孟子·万章上》篇中曾记载了孟子与弟子万章讨论尧舜禅让的事情，就涉及到了天子的权力来源和政权的"合法性"等问题。孟子说："使之主祭，而百神享之，是天受之；使之主事，而事治，百姓安之，是民受之也。天与之，人与之，故曰，天子不能以天下与人。"[3]在这里，孟子强调了"天"的力量，将"天意"视为政权归属的最终决定力量。然而，若以今天的眼光来看，这里的"天意"毋宁说只是"虚设"的，可视为一种形式上的权威，因为"天意"的实质或背后则是"民意"。只不过，这种"民意"在中国历史上是否真正得到了体现和有效地贯彻则又是另一个问题了。更为重要的是，孟子还说："匹夫而有天下者，德必若舜禹。"[4]也就是说，孟子认为政治权力的来源至少首先得在道德上具有正当性。

---

1 ［宋］朱熹：《四书章句集注》，第285页，北京：中华书局，2006。

2 徐复观：《儒家政治思想的构造及其转进》，载李维武编：《徐复观文集·第一卷》，第121页，武汉：湖北人民出版社，2002。

3 《孟子·万章上》。

4 《孟子·万章上》。

第二，关于道德对权力持有者的限制。在这里，孟子的仁政论主要是通过倡导乃至要求政治领导者的岗位需是品德优秀的人才能担任，反过来说也就是要将那些不道德的人排除、限制在权力持有者的范围之外，即孟子所说的"惟仁者宜在高位"[1]。在孟子看来，"不仁而在高位，是播其恶于众也。"[2]如果说"法律限政"是通过"理性"设计的规则来限制权力持有者，那么孟子的"仁政"就是企图通过"德性"的力量来限制权力持有者。首先不得不承认，这可以说是出于某种"不得已而为之"，一方面是因为孟子无权决定政治权力的归属，几乎都是在权力归属成为既成事实之后再来谈对权力持有者的限制等问题；另一方面，"法律"虽然能够作为理性规则的某种体现，但是当各种"法"在权力持有者手中成了任由摆布的道具之后，"道德"就成了对其所能采取的一种"补救"力量（甚至是唯一的希望）。其次，我们还应该看到这种"限制"对权力持有者的影响是因人而异的，而且统治者的美德也并不总是可靠的。但是，注重从道德方面对权力持有者进行限制已然成为了中国政治文化的显著特征之一。因为针对政治从业者尤其是领导官员而开展的道德教育或活动即所谓的"官德"建设，即便是今天的中国社会依然是十分常见的现象。

如果将上述"道德限政"与一般的"法律限政"相比，我们可以发现孟子的仁政论还缺少另一种或许更为重要的"限制"，即对政治权力本身的限制，或者说对权力使用过程的限制。这在很大程度上是因为孟子对政治权力本身采取了一种比较积极的理解，并且对权力运用的结果有着比较乐观的预期。我们的意思是说，孟子显然更想"利用"权力去做一些对百姓有利的事情，更希望统治者或政治权力能够积极有为地"施仁政于民"[3]，而没有过多地考虑如何去"限制"权力。很显然，在"限政"的问题上，

---

1 《孟子·离娄上》。

2 《孟子·离娄上》。

3 《孟子·梁惠王上》。

孟子是将考虑的重点放在了什么样的人应该拥有权力，或是权力持有者该拥有什么样的道德品质等问题上。[1]之所以如此，这不能不说与孟子等儒家思想家们在考虑政治问题及其解决的时候所采取的立场、方法和视角等因素有关。因为他们"总是居于统治者的地位来为被统治者想办法，总是居于统治者的地位以求解决政治问题，而很少以被统治者的地位，去规定统治者的政治行动，很少站在被统治者的地位来谋解决政治问题。"[2]

四、"仁政"与"宪政"的关系

综上所述，我们认为"仁政"与"宪政"在根本上就是不同的："宪政"的本质就是"限政"，其关键就在于通过宪法或法律来"限制"政府和政治权力；然而，从"限政"的角度来看，孟子所说的"仁政"几乎没有通过"法律"（更不用说"宪法"）来"限制"统治者和政治权力的理论考虑。如果一定要挖掘孟子等儒家所倡导的"仁政"之中所包含的"限政"式"因子"，毋宁说"仁政"是寄希望于通过提升政治权力持有者（尤其是君王或最高的政治领导者）的道德水平甚或直接提拔或任用有德之人居于政治领导岗位来影响或改善政治。因为"仁政"最为看重的始终是人自身所拥有的"美德"，而不是在某种程度上构成人的外在"限制"的"法律"或者"规范"。

这样，通过从"宪政"即"限政"的角度对"仁政"进行简要分析，我们已经可以得出结论："仁政"基本上不存在所谓的"宪政"甚或"法律限政"，而毋宁说"仁政"是在寄希望于通过"道德"的力量来限制、影响或改善政治。然而，在现实生活中我们又不难发现，"道德"通常只能"限制"那些本身就有"德"的所谓"好人"，而对于那些最需要或最应该"限制"的"坏人"或"恶人"，"道德"在他们面前却往往是无能

---

1 参见许纪霖：《儒家宪政的现实与历史》，第55页，载《开放时代》2012年第1期。

2 徐复观：《儒家政治思想的构造及其转进》，载李维武编：《徐复观文集·第一卷》，第117页，武汉：湖北人民出版社，2002年。

为力的。由此可见，"仁政"即便是作为一种"道德限政"，我们也需要将这种"限政"限定在一种很有限的范围内。或者说，在将"仁政"作为一种"道德限政"与"法律限政"相对的时候，我们需要明白：这种所谓的"道德限政"与现代"宪政"通行的"法律限政"还是有所不同。

无论如何，孟子基于"民本"的立场从拥有最高政治权力的"君心"处着手，试图运用道德力量对政治统治者施加积极的影响并给予某种程度的限制，对于这些努力我们还是应该给予足够的肯定。而且，"仁政"让真正的贤能之士掌控政治权力确实有可能获得更高的政治绩效，也可能便于他们运用政治权力去积极地为民众谋福利。更为重要的是，即便是在实行了现代的民主宪政之后，孟子在仁政论之中所采取的这些举措和道德考虑未尝不可以成为"法律限政"主体力量之外的一种"补充"或"辅助"。毕竟，无论我们制定出的法律多么完善，对于一群"恶人"来说还是不会具有任何约束力，也不可能得到切实有效的遵从，正如当代美国伦理学家麦金太尔所说的："只有那些拥有正义美德的人才有可能知道如何运用法律。"[1]

行文至此，"仁政"与"宪政"之间的关系就已经很明了了。本文认为，"仁政"与"宪政"原本就是两种根本不同的"政治"，与其勉强"求"二者之"同"，不如坦率地承认二者之间的差异。但是，这并不意味着"仁政"与"宪政"之间的关系是互相冲突或对立的。恰恰相反，它们可以是共存且相容无碍的，甚至在某种意义上二者是可以互补或互相配合的。因为"仁政"与"宪政"之间的根本差异不是别的，而是体现在目标旨趣上的不同："仁政"旨在"扬善"，目标是"有所为"，而"宪政"旨在"抑恶"，目标是"有所不为"。也就是说，"仁政"的目标是让真正贤能的政治领导者能够积极地"有所为"，从而好利用政治权力为民众谋福利；而"宪政"的首要目标则在于限制政府或防止权力持有者去作恶或利用手中的权力损害民众的利益，也就是让

---

1 [美]麦金太尔：《追寻美德》，宋继杰译，第171页，南京：译林出版社，2008。

政治权力首先能够做到"有所不为"。如果说孟子提倡的"仁政"主要是希望让"仁者"尤其是"圣君贤相"们能有机会运用政治权力积极地"有所为"，那么"宪政"的基本目标则是首先是让政治权力及其持有者能受到起码的基本限制即至少做到"有所不为"。

应该说，"仁政"与"宪政"之间的这种差别在很大程度上是源于二者对政治权力本身采取了不同的理解。"仁政"对政治权力的态度是相当积极的，孟子提倡"施仁政于民"显然更想利用政治权力多为民众做好事。相比而言，通常所说的民主宪政对政治统治者乃至政治权力的理解显然就没有"仁政"那么"积极"。众所周知，"宪政"的一个主要目的就是想将政治统治者及其权力"关进笼子里"，为的只是不让政治权力有机会去作恶。相比"仁政"的"积极"而言，"宪政"简直可以说只是一种底线性的"消极防御"[1]。

然而，实际的政治经验已经反复表明，让政治权力首先管住自己或让其"有所不为"往往比让其"有所为"更重要。如果说必须先"有所不为"而后才能"有所为"，那么恐怕我们也须是先有了"宪政"之后才可能实现"仁政"。笔者以为，"仁政"与"宪政"这两种"政治"真可以说是"判若'云''泥'"：

"仁政"似"云"，看起来美好，却往往难以企及，为的是让"政治"不要迷失了理想——要"有所为"；

"宪政"像"泥"，貌似平常，则实是不可或缺，为的是让"政治"能脚踏实地——先"有所不为"！

1　正如王人博先生所说："宪政的价值主要是防御性的：它通过限制民主共和制下的政府权力及其运作以保证个人自由的私人空间。其目标是通过防御性的制度设定来实现个人自由。"见氏著：《宪政的中国语境》，第135页，载《法学研究》2001年第2期。

黄宗羲法政思想研究之"民主"范式述评[1]

时亮

摘要：黄宗羲的《明夷待访录》堪称儒家法政思想在晚期传统中国发展的最高峰。清末民初以来，对黄宗羲法政思想的研究自其开始就走向了单一的"民主"范式。笔者认为，该"民主"范式存在严重的构成性不足，以致使其引领下的研究面临不可克服的困境。本文尝试在对百年黄宗羲法政思想研究进行简要梳理的基础上，探讨这种构成性不足的具体内容，并对这些研究中所隐藏的深层理论困境予以揭示，达到对黄宗羲法政思想研究之"民主"范式的厘清。

关键词：儒家思想；黄宗羲；民本；卢梭；民主

一、引论

晚明清初，是中国历史上极为躁动不安的一个时期。与此前的中国历史相较而言，此时传统中国人之内在的心灵秩序和外在的生活秩序，在许多层面上都发生了极其显著的变化。最终，那一语痛彻肺腑的"天崩地解"，就是那个时代伟大的思想灵魂之共同生命体验的切实表达。也正是在这个天地巨变的严酷现实面前，那些深深焦虑着一己之性命安顿、并为这个民族之命运与前途而上下求索、奔走不已的伟大头脑，各自在不同层面、不

---

1 本文的写作和修改获得了"中央高校基本科研业务费专项资金"资助。

同方面展开了对中国过去之思想文化、政教体制乃至整个人间秩序之理想与历史的反思和批判。

在这些伟大的灵魂中间，黄宗羲就是其哀痛也极、其识见也远、其思考也深、其成就也大的一位。就对传统中国人间秩序之理论根基的思考、对君权专制制度的峻烈批判和对合理的儒家法政体制之重建的积极努力而言，集中代表了黄宗羲之法政思想的《明夷待访录》一书，堪称儒家法政思想自孔孟以来在晚期传统中国之历史发展的最高峰。后世对黄宗羲法政思想的研究，也主要以此书为中心展开。然而自清末以来，对黄宗羲法政思想的研究，学者即多将之牵拟于"民主"而相比于卢梭。这一研究范式，明确奠基于梁启超先生1902年《中国近世三大思想家·黄宗羲》一文，此后即成为黄宗羲法政思想研究的主导模式，至今仍是华人世界相关研究的常轨。但笔者对该研究范式之深层次的合理性与根本上的有效性持存疑态度。本文认为，由于这一研究范式所存在某些内在构成性缺陷，以至于使该范式主导下的黄宗羲法政思想研究困境重重；进而，在黄宗羲法政思想的进一步研究中，亟应实现一种研究范式的转换。下文将首先对百年来的学术成果进行简要的总结，进而对"民主"范式所面临的两重困境略作分疏析辨，最后乃对在黄宗羲与卢梭之间进行牵强比较时所存在的问题予以简要的探讨。

二、"民主"范式下之学术观点的简要总结

1899年，章太炎在《书〈原君篇〉后》中，首次把黄宗羲的法政思想与"民主"二字牵连起来。此后，经过梁启超、马叙伦、刘师培、陈天华等人的提倡和推助，黄宗羲法政思想的"民主化"形象被一步步加强。其结果是，在清末民初之际，"民主"即已牢牢确立为学界研究黄宗羲法政思想的基本视角和参照理论。百余年来，在这一视角主导下，产生了大量研究作品，其中不乏影响甚大的学者与著述。为厘清"民主范式"的基本定位及其内

在困境起见，今择其要者，列举而类归之如下：

在"民主"范式下的百年研究成果，就其对黄宗羲法政思想的定性而言，大致可以分为三种观点。第一种观点认为，黄宗羲的法政思想从内在规定性上就是近代民主（启蒙）思想或是民主主义思想。持这种观点的学者主要有梁启超、刘师培、陈天华、钱穆、杨幼炯、侯外庐、邱汉生、谢国桢、张岱年、萧萐父、牟宗三、冯契、郑昌淦、沈善洪、吴光、李锦全、朱晓鹏、张践、朱义禄、徐定宝、彭国翔等。上述学者在对黄宗羲法政思想进行评述的过程中，虽然他们强调的侧重点和文本篇章略有不同，但基本都肯定：十七世纪的中国和西方在一定程度上都面对着某些世界性的普遍问题，因而对这些问题的深入思考和解决提案，就构成了这一时代中西大思想家思想中交叉存在的共同课题。并由此进一步认为，黄宗羲法政思想和西方近代民主思想，虽有术语系统和侧重要点上的不同，但并没有内在性质上的根本差异。黄宗羲就是近代民主启蒙思想家，其法政思想本身也就是近代民主启蒙思想或民主主义思想。

在"民主"范式下的第二种观点认为，黄宗羲的法政思想从其内在规定性上是民本思想而不是近代民主思想，虽与近代民主思想有一定距离，但却可以（或可能）通向近现代民主思想；或者说，黄宗羲的法政思想是一种从传统中国民本思想向近现代民主思想过渡的中间形态。明确持这种观点的内地学者有冯友兰、任继愈、嵇文甫、冯天瑜、龚鹏程、谢贵安、孙宝山等，台湾地区学者高准、香港地区学者金耀基、杨庆球和日本学者沟口雄三等亦持此种观点。持第一种观点的学者中，有的在具体情形的表述中做出了一定保留，从而也可以归入这第二种观点之内，如吴光、张践、朱义禄等。张永忠在其《黄宗羲政治哲学思想研究》一书中，对黄宗羲法政思想的性质归属有意识地不做明确的判断，但就其论述所显示出的倾向性而言，亦当归入此一类观点中。以上学者，在对黄宗羲的法政思想进行评述时，一般从内在性质上首先肯定黄宗羲为传统中国之民本主义思想的集大成者。在这一点上，"民主"范式下的三种观点完全相同。所不同的是，持有这第二种观点的学者，在此前提上进一步认为，黄宗羲以民本主义为精华的法政思想，与近现代民主思想之间具有某些相通之处，并积极肯定其对于建设现代"民主"政治所具有的正面价值。龚鹏程甚至提出，只有在施政中体现了"民本精神"的政治，才算是真正的"民主政治"[1]。

在"民主"范式下的第三种观点认为，黄宗羲的法政思想仅仅是传统中国的儒家民本思想，而不是具有近代意义的民主思想，也绝不会通向近现代的民主思想；恰恰相反，它乃是对传统中国之君主专制主义的另类辩护，甚至其本身就是另一种形态的专制思想。持这种观点的学者主要有谭丕模、南炳文、刘泽华、涂文学、张师伟、贾庆军等。虽然表述上略有不同，上述学者基本都认为，黄宗羲法政思想的出发点，并不在于实实在在地"为民"策计，而在于为整个地主统治阶级谋划；并且进而判定其思想之性质是前近代的，与近现代的民主思想或民主主义毫不相干；至于黄宗羲为中国人精心设计建构的那种理想的法政秩序，只不过是其从传统儒家已经腐朽不堪的老根上，推演重构出的新一轮"圣王专制"罢了，其与西方近现代以来的民主和法治，无论在思想上，还是在制度上，都没有丝毫的相通与可比之处。

三、"民主"范式的两重构成性困境

以上三种观点，都从"民主"范式出发来思考、审查进而评判黄宗羲的法政思想。但是，同是在"民主"视角之下，除第二种温和折中的观点外，第三种观点与第一种观点明显处于极端对立的位置上，并以此对第二种观点构成严峻挑战。那么，该怎么看待这种矛盾的情形呢？导

---

1 见龚鹏程的论文《黄宗羲民本思想探赜》。龚文见吴光主编：《从民本走向民主：黄宗羲民本思想国际学术研讨会论文集》，第29—47页，浙江古籍出版社，2006。

致这种冲突的内在思想理路究竟如何？毫无疑问，认真思考、探索这个问题，对于准确、深入理解黄宗羲的法政思想的性质和价值都极为重要。虽然已经有学者立足于第二种观点，对此困境作出过突围的努力，然而其回应的说服力并不充分。本文认为，除上述回应已经提及的较为具体的问题和对细节理解上的分歧外，根本的问题并不出在黄宗羲法政思想本身的实体内容和文本表述上。相反，在这里，真正的问题无乃在于：研究者用来审视、评断黄宗羲法政思想之内容、性质与理论价值的"民主"范式，及与此范式伴生的评判标准本身，并不适合于用来审视、评断黄宗羲法政思想之内容、性质及其理论价值。下面即从历史与理论两个层面对此判断略作申述：

从历史的角度考察不难发现，重"民"是儒家法政思想两千多年间一以贯之的根本主张（孟子以来，尤其如此）。其历史基础和致治典范，可以远溯至商周之际那位"敬天保民"而"制礼作乐"的周公。至于其在儒家经典文本中的依据则很多，兹举三例以为代表：首先是作为儒门"圣经"之首的《尚书》[1]；至于可以确定的夫子著述，当首推《春秋》。依据梁启超、郭沫若、钱穆等先生的考论，孔子于其"大一统"之"义"下，重"民"亦是本旨[2]；而《孟子》一书，更是将儒家的重"民"思想发挥到了空前的高度——后者对宋代以来儒家重"民"思想的进一步发展，与儒家切实眷注民生的社会实践，影响尤其至深至大。整体而言，儒家

---

[1] 对"圣经"这一名目，黄宗羲屡次将其使用于儒家经典，见其《易学象数论》之《自序》、《图书一》及为万斯大所作《答恽仲升论＜刘子节要＞书》（1669年）、《高古处府君墓表》（1680年）《万充宗墓志铭》（1685年）等文中。细读文脉，可知其收摄包容之知识内涵，与梨洲法政思想紧密相关。为不失梨洲原意，特将《万充宗墓志铭》之上下文并录于此，聊备一识，以供考论："自科举之学兴，以一先生之言为标准，毫秒摘抉，于其所不必疑者而疑之；而大经大法，反置之不道。童习自守，等于面墙。圣经兴废，上关天运，然由今之道，不可不谓之废也"（见沈善洪主编《黄宗羲全集第十册》，浙江古籍出版社2005年版，第417页）。这里，通过"天"所折射出的，乃是黄宗羲对儒家经典中蕴含了恒常不变之"道"的信仰，进而，"道"借着这些儒家经典所表达出来的基本原则，也就是关系到人间秩序之治乱兴衰的"大经大法"。

[2] 参看梁启超：《先秦政治思想史》，北京：东方出版社，1996；郭沫若：《十批判书》，北京：东方出版社，1996；钱穆：《国学概论》，北京：商务印书馆，1997。另外，蒙文通《儒家政治思想之发展》一文，对理解儒家法政思想之主要内容及发展变迁之大略，为极好之文献。参见蒙文通：《儒学五论》，第33—60页，桂林：广西师范大学出版社，2007。

对"民"的推重，放置在中西各大传统社会中而与其主流思想对观比较，都是不多见的。然而，在现代儒家的眼光下，一个无奈甚至刺眼的悖论却是，在重"民"思想源远流长，并且具有如此强大之儒家传统的中国，在她几千年的历史载籍上，有过贵族政制，有过君主专制，有过君主与贵族共治之制，有过君主与官僚士大夫共治之制，却又无论如何没有发展出过任何一种堪称"民主"的政治样态，甚至连古希腊那样极小范围内的"民主"制都从来没有过，——更不用说"民主"能够堂皇称"制"而垂范于后世千秋了。

也正是在这种历史困境的逼迫与缠绕之下，才会出现牟宗三等先生如下之突围的努力：先把民主思想与民主制度（或民主实践）判然分离；然后以政道与治道之理论分辨作为基本分析框架，对儒家在历史上没有"民主"制度或"民主"实践的事实，进行历史情境的合理化解释；进而提供一种儒家在根本上支持"民主"制度的发展性论证，以最终完成其"新外王"的理论逻辑[1]。这种努力的精神和关怀固然可佩可敬，然而，对于如下事实，这些学者似乎并没有注意到（至少没有给予足够的重视）：这种既无"民主"实践亦无"民主"制度的历史事实，在历史上的儒家那里，根本不成其为一个问题；而"政道"与"治道"的理论分别这一论说框架，对于历史上的儒家而言，似乎本是一个陌生之物。无论是夫子所"大"的"一统"，还是孟子所眷注的"仁政"，也无论是朱文公所力倡的"王道"，还是陈龙川所认肯的"霸道"，其自身都是完整自立的儒家法政秩序论说，而且都以其自洽的结构和方式，实际收摄容纳了"政之所归"与"治之所由"两个层面的含义。由乎此进以深究，则当代新儒家的"政道"与"治道"之判，似就无所容于传统儒学之间。为何？因为，——事实上，儒家面对"民主"而不得不处理的历史困境，纯粹是十九世纪晚期以来的现代中国问题。

---

1 牟宗三先生的上述论说逻辑，在其《政道与治道》一书"新版序"（尤其是此"序"第四节）中已经说得很明白了。见氏著《政道与治道》，"新版序"第1—24页，桂林：广西师范大学出版社，2006。

以这样的在现代中国问题笼罩下的"民主"逻辑，反观那没有遭遇现代西方之前的传统中国之历史与文明，则无论是对于华夏文明自身的秩序样态，还是对于那与之伴生的儒学系统，自然就免不了方枘圆凿的尴尬和磕碰摩擦的烦恼。

本文认为，近代以来，在儒学所不得不面对的这种显层历史困境的深处，不断以误会错解或冲突碰撞的形式僵持着的，正是传统中国"民本"思想与近现代西方"民主"思想，以及以此为核心的、两种不同型质[1]的法政秩序之理想与理论间的扞格。也正是基于这种中西文明深层结构之上的扞格，才最终导致了在"民主"的视角下，黄宗羲法政思想研究中相关认识与评价的矛盾和对立。

以孟子和黄宗羲为代表的儒家"民本"思想，与近现代"民主"思想确实"其叶徒相似，其实味不同"。在这一点上，本文与上述第二、三种观点一致。但也仅仅在这个否定性的论点上一致，相关论证和更进一步的看法则大不相同。本文认为，传统中国之儒家式"民本"思想，无论在其理论基础方面，还是在其实在内容方面，不但和近现代以来的西方"民主"思想既不相同亦不相通，甚至和古希腊时代的早期"民主"思想也是既不相同，亦不相通，而仅仅有其最表面的相似（对民众利益一定程度的承认与重视[2]）。虽然我对下面这个要点从来都深信不疑：历史上那些伟大儒者在强调"民本"的时候，乃是出于他们深深的悲天悯人的人文情怀和对历史道义的勇敢担当，乃是真心关注着"民"的实际安置和人间福祉，绝非如某些学者所言，乃是纯粹为统治阶级出谋划策。然而，即便如此，儒家式"民本"思想的言说对象，仍然主要局限于在

---

1 此处所用"型质"一词并非"性质"之误，而是笔者的有意选择，略释如下：在汉语中，"性质"一词的构成，属于由"性"和"质"两个单词组成的同义或近义复合词，其重点在于表达某一事物自身本然具有的实质性性质特征。而本文所用"型质"一词，则试图在通过"质"表达上述本然质料特征以外，更通过"型"字所具有的形式意向来表示不同法政秩序的内在结构性特征。

2 这一点正是儒家"民本思想"的核心与最大特色，但也几乎仅限于此，而并不进一步一般承认"民"的政治主体性。这一点是儒家思想内在理路的自然结果。详见下文。

位者和士君子，而并不指向一般意义的"民众"。这也是确凿无疑的事实。
但是，对观西方，无论是古希腊那古典的"直接参与式民主"，还是近
现代西方"选举代议式民主"，也无论是其言说的主体对象，还是在实
践中的参与机会，都一般性地指向最普通意义的作为民众的"公民"。
正是从这一点切入，我们可以窥见到那横亘在传统中国儒家式"民本"
思想，和两千年多间潮起潮落的西方"民主"思想之间的、那条不可跨
越的鸿沟：政治主体性问题。

在中国传统思想系统中，主流儒家均一般性地承认每一个个人之道德
发展的可能性，从孟子直接发明的"四端"说，到王阳明"人皆可以为尧舜"
的宏论，其端的皆在于此。这一核心要点，也正是正统儒家"性善论"思
想的关键命意与永恒价值之所在。然而，这却仅仅只是承认每一个个人都
有可能成为道德性的主体人，并不是实在认可每一个个人都是道德性的主
体人。后者需要对自己的生命与生活，在其道德维度上有充分的自觉与控
制，显然这并不是儒家视野中所有的"人"都能做到的。但是这并不是问
题的根本所在，因为无论是古典的还是近代的西方思想体系，也并不都一
般性地承认所有"人"为道德性的主体人。真正的问题在于，在儒家思想
系统的展开逻辑中，只有具备了这种道德资格，才有可能进一步取得作为
政治主体的资格。进一步，就其自然的结果而言，在儒家式法政思想及其
理想的人间秩序中，政治主体都只能是在位者和士君子，甚至是在位者和
士君子这两种身份合一的主体。进而，在实际生活中参与政治过程与权力
运作的可能性，也仅仅向这些在位者和士君子，以及那些有可能成为士君
子和在位者的人敞开。即，儒家将道德主体性作为政治主体性之必备前提，
而这一内在理路，已经使它将一般意义上作为庸众的"民"，绝对排除在
了对政治过程和权力运作进行常规性参与的可能性之外。由乎此，"民"
或作为"臣民"、"子民"，或作为"草民"、"蚁民"，或作为"良民"、
"顺民"，或作为"贱民"、"刁民"，都仅是政治上在位或不在位的士
君子们所关怀、所悲悯与所领导的对象，亦即，他们在根本上仅是士君子

和在位者主导下的政治过程和权力运作之实践与结果的承受者。亦由乎此，虽然两千多年的儒家主流思想总是在强调贵"民"、重"民"、恤"民"、为"民"，而主流儒家（尤其是宋代以来的主流儒家）的政治实践，也总是在努力为"民"谋其人间福祉（这正是"民本"思想之精魂），却完全不可能期望历史上的儒家，能够积极地发展出具体的制度性机制，以使"民"们可以无差别地以政治主体的身份、常规性地参与国家的政治过程和权力运作。

但是，对"民主"来说，无论是思想，还是实践，也无论是在古典的希腊时代，还是在近现代以来的西方世界，"民"们无差别地以其政治主体的身份，对国家政治过程和权力运作的常规性参与，都是居于最核心部分的内容。那么，它的理论基础又是怎样的呢？首先，在古希腊文化的黄金时代，人在道德上的主体性和在政治上的主体性之间，就已经实现了相对的分离。这一点主要得益于当时，在希腊世界相对统一的文化格致之下，各自独立而封闭的现实城邦政治。城邦政治的封闭性，在希腊文化的统一性面前，逼迫着希腊人逐渐发展出了在道德主体性之外识别、确认政治主体性的思维和机制：其核心就是"公民"这种较为独立的政治—法律身份。"公民"身份，主要是通过区别于野蛮人和奴隶，特别是区别于同属希腊文明世界的"外邦人"[1]，而以之来确定本城邦属民对城邦政治过程与权力运作之参与资格的。从而，凡具有城邦"公民"身份者，皆有权利与义务参与到本城邦政治过程与权力运作之中[2]。在任何一个城邦之内，"外邦人"虽然也都没有资格参与本城邦的政治过程与权力运作，但这并不是由于他们在道德上存在瑕疵，而是各个城邦在法律上的限制使然。正是在这样一种政治主体性相对独立于道德主体性的前提下，本城邦"公民"却获得了

1　选用"外邦人"的译名主要是考虑到"城邦"这一名目，也意在承袭清末以来的古典翻译和圣经文学传统。此语亦间或译作"异乡人"、"外乡人"。这三种情形在《罗念生全集》、刘小枫主编的"经典与解释"系列中、在柏拉图原著及研究作品的汉文译作内，亦多有涉及，兹不细表。

2　在近代以前，"公民"在西方世界的含义，往往被固定在"成年男性公民"这一狭窄意义之上。

他们政治参与的绝对正当性。由此而来的进一步要求就是，必须发展出种种常规机制，以使这些"公民"能够切实参与到城邦的政治过程和权力运作中来。而古典的希腊时代，以雅典为代表的古代城邦民主政治，无论在思想上还是在实践中，也确实实现了这一要点。近现代以来，由于在广土众民的条件下，再也无法实行古典的"直接参与式民主"，西方乃在各样的经验与教训中，逐渐发展出了立足于选举机制的"代议民主"。这种现代世界的"代议民主"，在思想上，保留了古典希腊时代已经发展出的对政治主体性的辨识法则；在实践上，首先将"公民"对政治过程和权力运作的直接参与，限制在基础自治单位的层面，而在较大与较高的政治层面上，则将之转换为以选举代表人的方式进行间接参与。但是对一般"公民"而言，无论是对基层自治单位之公共事务的直接参与，还是针对更高更大层面的选举行为本身，他们都依然既是理论上的政治主体人，又是国家实际政治过程和权力运作的常规性参与者[1]。

通过以上简要交代，我们不难发现：在传统中国的"民本"思想与实践和发源于西方世界的"民主"思想与实践之间，实在横亘着一条不可消除亦不可跨越的鸿沟。这条鸿沟之所以不可避免的存在，实在深深根植于彼此思想系统的基本前提之中，并由此而不断引发表层解释中的各种摩擦与紧张。而黄宗羲正是儒家"民本"思想之集大成者，其思想系统全然继承了上文述及的所有儒家成分，因而任何对其法政思想之严肃的分疏和解释，当然，也必须，——事实上乃是不得不——，在这一鸿沟面前止步。

---

1 参看卡尔·佩特曼《参与和民主理论》（陈尧译，上海世纪出版集团2006年版）第一章"民主的最近的理论和古典神话"，第二章"卢梭、斯图亚特·密尔和G.D.H.科尔：参与民主理论"。

四、将黄宗羲"牵拉于卢梭"时存在的基本问题

除以上基本理论层面外，在黄宗羲法政思想研究的"民主"范式中，还存在将黄宗羲与卢梭牵连比较的问题。——称黄宗羲为"中国之卢梭"，起于梁启超 1902 年的文章。此后在蔡元培（1903 年）、马叙伦（1903 年）、刘师培（1904 年）、陈天华（1906 年）等极具一时影响的写作和讲说中，都把黄宗羲比成为"中国之卢梭"（或"中国之卢骚"）。

然而，当代的不少学者都已经注意到，这一时期的这种比拟，纯粹是印象式的联想，而只要细读其文，就不难发现，当时持此比拟立场的几位学者，几乎全都没有仔细深入研究过黄卢两家学说之异同。另外，加上这种"比拟"又是在当时排满革命大趋势的影响下，所提出的一个口号式主张，以至于"中国之卢梭"这一形象本身的正当性，并非建立在对两家学说进行实质性深入比较研究所得出的学术结论的基础之上。但是，这种印象式的表达、口号式的主张，不但在清末民初之时迎合了国人某一方面的政治需求（以及深层的心理需求），而产生了极大时代影响，而且也成为了此后学界进行黄宗羲法政思想研究的主导性思维方向（几成思维定势）。自从清末以至于今，华人学者无论是对黄宗羲法政思想进行肯定，还是否定，相关论断几乎全部都在这一思维方向与比较框架中作出[1]。

然而，卢梭与黄宗羲不可比，因为两者之相似仅仅是表面的；即使黄宗羲和卢梭都对专制进行了激烈的批判，他们也只是表面的相似而已。这是本文一个基本的判断。于其思想系统的根本逻辑，及其在彼此思想传统

---

[1] 就笔者耳目所及，时至 2012 年底，在研究黄宗羲的法政思想的论文以及专著中，学者几乎毫无例外地会考虑到卢梭，并且在"民主"视角下对梨洲进行一些辩护或者非难。与此相关的最近一部专著是贾庆军《冲突抑或融合：明清之际浙江学人与西学东渐》（海洋出版社 2009 版），其书中单列一长节，将黄宗羲和利玛窦、卢梭二人进行比较；而其结论，无论是在和利玛窦的比较还是与卢梭的比较，均全然否定了黄宗羲法政思想的现代价值。

根源上的差异，上文已经略有述及。但如果要对二者思想内容展开具体说明，则必须以专门论文进行论述才行，此处仅就其紧要之处略述如下：

黄宗羲与卢梭之间的不同，首先表现为彼此言说对象和理论目标的全然不同。黄宗羲贵"民情"而重"民产"。其言说的对象，主要限于在位者与士君子阶层。而其基本目标，则是要通过在位者与士君子的良好治理，来实现天下万民的福祉与康乐。就表面而言，卢梭的思想特质在于申"民权"而张"民主"。其言说所及的对象，是所有"公民"。其理论目标则在于，首先确立"人民"作为所有政治权力之源的正当性地位，并进而使所有"公民"，均能够有机会通过"公意"的形成和表达，来积极参与现实的政治过程和权力运作（尤其是法律的制定），以最终实现"自由的人必须自己为自己立法"这一伦理构想。除上文所及的政治主体性之基础性差异外，相对于卢梭而言，黄宗羲的主要言说对象和基本理论目标，都明显要有限得多，也切实得多。

另外，黄宗羲法政思想建构性部分的核心在乎"公议"，卢梭法政思想建构性部分的灵魂在于"公意"，二者亦全不相同。黄宗羲提出不以朝廷之是非为是非，要遵循"公议"而定政治之是非。事实上，他所指向的就是国家治理原则的确立、政策法度的制定，以及在重大事件上的决策依据问题。略相当于近世对立法权之理论探讨的基础部分：强调"社会"相对于"国家"（朝廷）一定的独立性，并通过这种独立性来规范和制约"国家"（朝廷）的统治行为。在黄宗羲那里，"公议"以士人社会为背景，而直接面对国家（朝廷），不但有其内容相对明确的标准可以援用（"天下之法"），而且有其成员亦相对稳定的现实载体可以依凭（"学校"）。他的全部讨论，都是在法政思想和生活秩序建构的层面得到展开的。但是，卢梭学说中的"公意"，实在是一个不可捉摸、无以名状的玄秘之物。这一概念的提出，也实在是卢梭学说中最具有潜在破坏力的部分。就思想史的线索而言，卢梭提出"公意"概念，主要为实现两重目标：第一，针对他自身的理论系统，在伦理学意义上完成"自由人自己为自己立法"的逻辑贯通；第二，针对霍布斯法政思想中极端自私自利的个人主义，通过实现理论论证的转换来实现政治秩序建构方向的调转，以避免霍布斯推论中在伦理和政治两个层面上的严重后果。从理论的内部结构和推衍逻辑而言，卢梭的"公意"概念，乃是将其伦理思想的展开和法政秩序的建构这两个层面的内容，不声不响地混合缠绕在了一起，并且使它们在同一叙述中彼此交织同时展开。

还应该提出的是，在卢梭这一参照标准下，无论以其学说之"民主"性来附会以支持或者批评以否定黄宗羲思想之"民本"，都不适当。附会支持的做法之所以行不通的理据，已见前文所述；而借卢梭这张虎皮来批评、否定黄宗羲法政思想之积极价值的学者，也并没有意识到下面这关键的一点：在"公意"魅影笼罩下的卢梭学说，并不是简单明了的"民主"思想。在本文看来，部分学者以卢梭之"人民""民主"来批评、否定所谓的黄宗羲"圣王专制"的做法，无论在其出发点上，还是在其结论上，都存在对两位思想史巨人的双重误读。

五、结语：路在何方？

然而，以上所述，绝不意味着为黄宗羲所集大成的儒家式"民本"思想，已经仅仅只具有古董一样被陈列欣赏的审美价值，而全然不具备对合理现代法政秩序之建构所可能具有的实际意义。同时，也绝不意味着，黄宗羲法政思想的"民本"属性，乃是其通往现代世界的根本障碍。

同时，以上所述也不能给我们提供任何理由，据之以判定黄宗羲的法政思想是全然"前近代的"，进而以高度赞扬其在前近代世界中之深刻意义与重要价值的方式，贬低甚至否定其在现代世界所可能具有的启发意义和建设性价值。

本文认为，在"民主"范式之下，无论是对黄宗羲法政思想进行肯定还是否定，都是在没有恰切理其内在性质的基础上做出的，并且都因此而低估了黄宗羲法政思想的真正价值。为了严肃地理解我们的问题（因为这是值得以最严肃的态度认真对待的问题），并尽可能公正地对待古人（因为我们已经很久都没有公正地对待古人了），在黄宗羲法政思想研究领域，亟需一种理论基点和思想视阈的更新，或曰研究范式的转换[1]。

1　笔者另有《黄宗羲法政思想研究之"自由"范式论要》一文，对在黄宗羲法政思想研究乃至传统中国法政思想研究领域中，建立一种"自由"范式的可能性予以说明和论证。

重建中华文化价值的主体性

——探索中国改革开放的前途

王晓波

近代中国遭受到的挑战，或可概括为"三挨"——挨打、挨饿、挨骂。从鸦片战争（1840 年）到南京大屠杀（1937 年），百年间中国的首都遭攻陷三次，文武百官闻战而惧。中华民族面临了亡国灭种、豆剖瓜分的危机。

西化与摸着石头过河

挨打的结果是割地赔款，赔到没有钱赔就借，借到没有钱借就押，矿权抵押、路权抵押，最后连国家财政的命根子——海关，也抵押。

中国是农业立国，故所有的赔款最终统统转嫁到中国农民的身上。中国是一个"匮乏经济"社会，农民们字富岁或免于饥寒，凶岁则不免于填沟壑。再加上沉重的赔款，必然民不聊生，民不聊生则必然盗贼蜂起，或军阀割据，没学问的叫"土匪"，有学问的叫"革命"。

不论"土匪"或"革命"，必然削弱中央政府力量，对外更战败，更割地赔款，更民不聊生……中国陷入了这么一个恶性循环中。在不平等条约的捆绑下，尝试各种改革，均告失败，而欲振乏力。

虽辛亥革命成功，推翻了满清，建立了民国，但又经历军阀割据，北伐统一，八年抗战，国共内战。1949 年新中国成立后，也经历过抗美援朝战争、中印战争、越战，但战场均在境外，中国不再战败，包括"两弹一星"

的成功，中国才有了自卫的国防，结束了挨打的局面。

新中国成立，虽然扬弃了白色西化路线，但却建立在经过八年抗战和四年内战摧毁的残破上，加上抗美援朝战争后的冷战围堵；更有极左路线的错误，而有"三年天灾"，终至文革的"十年浩劫"，中国经济濒临崩溃。中国结束了挨打，但仍不能不挨饿。

1979 年，开始"改革开放"，而"摸着石头过河"。至 2010 年中国即超越日本成为世界第二大经济体，和成为美国最大的债主国，虽然人均所得仍然偏低，却已基本上解决了挨饿的问题。但是，挨骂仍不能免，只是从被骂"东亚病夫"、"贫穷落后"，骂到"中国威胁"、"不自由"、"不民主"。

挨打是军事国防的问题，挨饿是经济民主的问题，挨骂则是价值判断的问题。免除了挨打、挨饿的中国，仍然那么该骂吗？中国该骂，据说是中国没有接受"普世价值"——自由、民主、人权。

PEW 和马丁·雅克

但根据美国 PEW 民意调查公司的"全球好恶调查"，调查了 47 个国家的结果，报告中说："特别在接受 PEW 访问调查的中国人，其中 86% 预见他们的孩子会有更好的生活。"（《海峡评论》2007.09）而居世界第一。

"80% 的法国人表示，当他们的孩子成人后，生活会比他们今天坏。程度或不如法国，在德国、日本、意大利、英国、美国与加拿大也有不少人对下一代的生活持悲观看法。"（同前）

"在受调国家中，中国平均国民所得增幅最大。从 2002 年以来增长58%。中国人目前对国家状况的满意度远超过 2002 年（目前满意度 83%，那时 48%）。中国人对政府的支持几乎是全民拥戴——表示政府对国家事务有"非常好"或"好"影响力的达 89%。"（同前）

并且，连续五年 PEW 的"全球好恶调查"，中国的满意度均居全球第一，远超过美国。

此外，据马丁·雅克在《当中国统治世界》（2010年，中文版，第181页）表列各国"对国家现状的满意度"如下：

国别	不满意	满意
中国	19	72
约旦	30	69
巴基斯坦	39	57
西班牙	44	51
荷兰	50	49
英国	51	44
加拿大	52	45
土耳其	55	41
印度	57	41
美国	57	39
黎巴嫩	58	40
印度尼西亚	64	35
法国	71	28
俄罗斯	71	23
德国	73	25
波兰	82	13

"普世价值"当是指人类的普遍（共同）价值。

根据PEW和马丁·雅克，中国人满意中国的"非普世价值"的比率，却远超过美国人满意于美国的"普世价值"。至少，中国的"非普世价值"比美国的"普世价值"更普世罢。

价值判断和认知判断不同。认知判断是根据事实和逻辑的真假判断，属客观；价值判断是根据目的的善恶好坏判断，属主观。亚里士多德以善为目的论的，他说："任何一技艺与任何一探究，或任何一行为与任何一选择，乃是企图获得某一种善，因此，善可界定为一切事务所企图获著的目标。"

孟子亦云："可欲之谓善。"（《孟子·尽心下》）"可欲"当有可欲的对象即目标或目的。

人走到十字路口，要往何处走才好，必须要有目的才能判断好坏，目的在北边，往北走就是好，往西走就是不好。客观存在的路和方向没有善恶好坏，只有主体的人才有目的，而有善恶好坏的判断。不同目的人就有不同善恶好坏的判断。

目的价值与工具价值

"普世"的观念本来自基督教，认为唯有基督教是普遍人类共同的价值，并且是先验的，生而具有的。

以基督教为普世价值，恐怕其他宗教也难以接受。除了宗教信仰外，人类有没有普世价值？要了解"普世价值"，就得先了解普遍和个殊的关系。亚里士多德有言："共相（普遍）无实体，不能独立自存，实体在殊相（个殊）中。"荀子亦界定"共名"（普遍）是"共则有共，至于无共然后止"，而"别名"（个殊）则是"别则有别，至于无别然后止"，并以"物"为"大共名"，以"鸟兽"为"大别名"。（《荀子·正名》）所以，普遍当是从个殊事物抽取其共同性而构成的，并且，没有个殊的事物，就没有抽象的普遍。

子曰："性相近也，习相远也。"（《论语·阳货》）人类学家克拉孔（Clyde Kluckhohn）也有"普同人性与分殊文化"之说。我们不怀疑人有共同的普遍性，但除了自然（"性"）人外，任何的文化（"习"）人则必有其个殊性，基于自然人的共同性，也可以有人的普遍价值或普世价值。所以普世价值是每个人都具有的，但要将自认为的"普世价值"加诸于他人的价值则显然不是普世价值。

价值除了有目的价值外，还有工具价值，但工具价值是由目的价值派生的，而不是独立自存的。

道德是维系一群人共同生存发展的规范，道德的主体是人或人群。因此，能达成道德目的的就是善，不能或破坏达成道德目的的就是恶。各人和各人群的道德目的不尽相同，因此，其善恶亦有不同，而各有其主体性。

主体与主体间是有矛盾的。但矛盾有两种，一种是排斥性矛盾，一种是相容性矛盾。

西方的"普世价值"是要以西方为主体的价值来排斥其他文明的价值，尤其是基督教一神论的普世价值，与其他文明接触必然产生排斥性矛盾，而有霸权主义、帝国主义。

《礼记·中庸》有言："万物并育而不相害，道并行而不相悖。"万物不同，之间自有矛盾，而可以"并育而不相害"；各种不同的"道"，当然其间有矛盾，但亦可"并行而不相悖"。这是相容性矛盾。只有承认主体间的矛盾可以"并育"和"并行"，才能产生和平及和谐。

勇敢地说出："黑就是美！"

善恶好坏是价值判断，其实美丑也是价值判断。在西方文化价值独霸下，今天海峡两岸中小学生的美术课，所用来让学生学习素描的石膏像，仍是西方人的像，如果养成了以此轮廓为美的标准，我们东方人个个都要自惭形秽了。只有 20 世纪六七十年代美国黑人运动才会勇敢地说出："黑就是美！"

今天中国大陆拒绝实行西方式的自由民主而挨骂，但西方式的自由民主是制度，是达成目的的工具，而目的是民生经济。

自改革开放以来的中国称为"中国特色的社会主义"。

近代中国要的是"富强"，"富"才能维护人民的生活；"强"才能保卫国家的生存，以免沦为列强的鱼肉。

20世纪，中国人民以为"社会主义救中国"，而最终选择了社会主义。为解决中国当前问题，才有邓小平的"改革开放"，而形成"中国特色社会主义"。

实施三十多年于兹，"实践检验真理"。中国从一个外汇存底不足50亿美元的一穷二白，到外汇存底世界第一，和超过日本成为美国第一债主国。手机从零到今天产量世界第一，销量世界第一；高速公路从零到长度世界第二，仅次于美国；高速铁路则从零到长度世界第一，速度世界第一，并在2010年，超越日本成为世界第二大经济体。但人均所得仍低于发达国家，而有待更加努力。

另，在太空科技，神舟六号、隐形飞机、无人飞机、航空母舰，愈来愈充实了保卫国家和平发展的力量。

除了"中国特色社会主义"外，谁能证明有其他任何制度可以三十年的时间，达成今天中国自足自卫的"富强"，历史是没有假设的，"存在即合理"、"中国特色社会主义"至今并未停滞，而在继续高经济成长率。又谁能证明舍"中国特色社会主义"而有其他的制度可以取代之？

马克思也是主张阶级斗争的

在自由竞争下，赢的一方固然庆幸，但输的一方呢？甚至于成了帝国主义张本，落后民族全成了"自然淘汰"的对象，而形成了"强权即公理"的霸权主义。

国内的自由竞争，形成了贫富不均，阶级对立。国际的自由竞争，形成了战争频仍，强凌弱、众暴寡。这样的自由主义和资本主义，又何德何能可以字句于道德的高地，自诩为"普世价值"呢？

中国文化的道德理想与西方不同，自孔子起，就不止于利己主义而扩及利他主义，不是个人主义的而是全体主义的最大多数。《论语·雍也》载："子贡曰：'如有博施于民而能济众，何如？'子曰：'何事于仁，必也圣乎! 尧舜其犹病诸! 夫仁者，己欲立而立人，己欲达而达人。能近取譬，可谓仁之方也已。' "己欲立而立人，己欲达而达人"，这是不止于利己，而且要利他，甚而要"博施于民而能济众"来施及全体人民，但孔子也知道全体不见得做得周全，故言"尧舜其犹病诸"。

另外，在全体利益和个人利益发生不能两全的冲突时，孔子甚至主张"仁人志士，无求生以害仁，有杀身以成仁。"（《论语·卫灵公》）

孟子也主张"独乐乐"不若"与人乐乐"，和"与少乐乐"不若"与众乐乐"。（《孟子·梁惠王下》）并言："禹思天下有溺者，由己溺之也；稷思天下有饥者，由己饥之也。"（《孟子·离娄下》）孟子不但把利己的"独乐乐"扩大到利他的"众乐乐"，并且把利他作为自己的道德责任，而言"人溺己溺，人饥己饥"。

在全体利益和个人利益冲突时，孟子也毫不犹豫地选择了全体利益，而言："生，亦我所欲也；义，亦我所欲也；二者不可得兼，舍生而取义者也。"（《孟子·告子上》）

孔孟垂范，而有范仲淹的"先天下之忧而忧，后天下之乐而乐"，张横渠的"为天地立心，为生民立命，为往圣继绝学，为万世开太平。"故文天祥曰："孔曰成仁，孟曰取义；惟其义尽，所以仁至；读圣贤书，所学何事；而今而后，庶几无愧。"

中国文化的道德价值是济弱扶倾

中国仁义的道德理想实来自王道。王道是建立在宗法封建的基础上，秦汉后，封建转成中央集权，但基于宗法血缘的道德精神，则成为中华民族的文化理想。

人与人之间，是血缘关系，而非奴隶社会的阶级关系，故"四海之内皆兄弟"（《论语·颜渊》），尤其是春秋战国后"布衣卿相"，连封建制度的阶级亦被打破。

团结亲属关系是为"亲亲"，孟子曰："亲亲，仁也。"（《孟子·告子下》），或言："仁者仁也，亲亲为大。"（《礼记·中庸》）

要"亲亲"则需"和为贵"（《论语·学而》），是"兄弟"则需"济弱扶倾"（孙中山语）。而且，孟子说："养生丧死无憾，王道之始也。"（《孟子·梁惠王上》）

中国文化的道德价值，不是自由竞争，也不是阶级斗争，而是"温良恭俭让"（《论语·学而》）；不是"生存竞争，自然淘汰"，而是"存亡继绝，救亡扶倾"（《新序·善谋》）或孙中山所说的"济弱扶倾"。

利他主义总比利己主义更善罢；"众乐乐"总比个人主义是更多数人的更大幸福罢；济弱扶倾总比优胜劣败更和平和谐罢。

不仅是为了避免挨骂，而且是为了世界的和平，我们必须要重建中华文化价值的主体性，发扬济弱扶倾的王道精神，中国的改革开放和中华民族的复兴才不会是"中国威胁论"，而是"世界和平论"；追求和平、共利、共乐的真正人类普世价值，明天的世界才会比今天更美好。

思想与学术

元理学的"内圣外王"之道

孙建平

摘要：元代理学家为推动理学的传播与发展，将理学的务实性提到新的高度。元儒一方面对宋儒义理学风空疏的纠正与补救，在进学次第、知行观和经史观等方面强调"内圣"的工夫；另一方面对"外王"之道的充实与拓展，丰富了理学的经世思想，给空谈义理之弊彰显的理学注入了一股清新之气。

关键词：元代；理学；务实；内圣外王

元代理学家们在传播理学、推崇儒治的过程中，也褪不去中国传统的"政教合一"的政治色彩，他们在向蒙元统治者推介理学的同时，为迎合新兴统治者的要求，不得不对程朱之学尤其是南宋学术界空谈心性义理的学术缺陷有所注意，思考如何为理学注入更为合理的成分。为了推动"汉法"政策和理学的传播，他们把理学思想的实用性置于创新性之上，在阐释义理的同时也注意强调务实。

元代理学的务实特征，其实也是与理学的"内圣外王"的思想一致的。"内圣外王"的思想本出于庄子，后为儒家借用，意欲在中国伦理型的社会中，建构"以王而圣，肯定王权"和"由圣而王，制约王权"的双重权威模式[1]，"内圣外王"之道在宋儒时代已趋于成熟。《大学》中的八条目中，前五项格物、致知、诚意、正心、修身为内圣之学，后三项齐家、治

1　参见朱汉民：《圣王理想的幻灭》第四章，吉林：吉林教育出版社，1990。

国、平天下为外王之学，但朱子等人对内圣之学的重视又要高于外王之学，朱熹也说："《大学》重处都在前面，后面功夫渐渐轻了。"[1] 并且宋儒对"内圣外王"之道的认识也并非同一的，程、朱等人注重道德义理，认为只要通过道德教化就能振兴国家与民族，而以陈亮、叶适为首的浙东事功学派认为致世致用之学方能改革时弊。这一争端到元代时，元儒们改革理学、强调务实，其实也是对"内圣之道"与"外王之道"的改造。从这个意义上讲，元代理学的务实正是务"内圣"之实和"外王"之实。

一、元儒对宋儒义理学风空疏的纠正与补救（内圣）

元代理学家对宋儒空谈义理的学风的纠正和补救主要包括进学次第、知行观和经史观三个方面。

1. 进学次第

宋理学家对于进学次第议论和阐发很多，二程、张载时开始推崇《四书》，认为治学必须从《四书》入手，再达于《五经》，朱熹则更是把《四书》擢升于《五经》之上，认为只要明治《论》、《孟》诸书，其余五经可不治而明。之后宋儒对《四书》奉若神明。宋儒们设定的进学次第，使儒生们终于走向重义理轻经史、重《四书》轻六经之路，只知静坐格物、空谈心性，这也是造成理学走向空疏的一个原因。

元儒们对进学次第的改造首先是推崇《小学》，把《小学》置于《四书》之前，强调洒扫应对进退的日用工夫。许衡教授生徒，把《小学》列为必修课，"使无大小，皆自《小学》入"，然后才进入《四书》，他说："先之以小学者，所以立大学之基本；进之于大学者，所以收《小学》之成功也。"[2]

---

1 《朱子语类》第 251 页，北京：中华书局，1986。

2 《小学大义》，《鲁斋遗书》卷三，第 307 页。

他认为学者如不从《小学》入门，就容易失去根基，从而流于空疏义理。与许衡同时代的姚枢、赵复等人也很注重"小学"工夫，姚、赵二人在百泉书院讲学时，也是由《小学》而进至《四书》、《五经》的。不过许衡也和朱熹一样，过于拔高了《小学》、《四书》的作用，认为如能明《小学》、《四书》，"他书虽不治可也"。[1]

相比之下，刘因、吴澄、郝经、金履祥等人除了重《四书》之外，也非常推崇《五经》（亦称"六经"）。刘因和郝经提出"古无经史之分"、"六经中有史"的观点，刘因更是提出应先治六经再治"宋儒议论"的进学之序，只是在当时影响不大。吴澄一生的很多精力均花在五经上，完成了《五经纂言》。金履祥曾精心为朱熹的《四书集注》加《疏》，但他对《尚书》等五经也很重视。刘因等重新审视《五经》，也是希望理学的理论系统能建立在经典训释的基础上，而免于流于空疏。可见，元儒已将宋儒的进学次第修正为"《小学》——→《四书》——→《五经》——→其他诸书"这一更务实的次第。

2. 知行观

程朱宋儒强调"格物致知"、"知先行后"、"知行互发"，他们虽然同样重视"知"和"行"，但从他们所构建的理论及实际情形来看，他们对"知"的重视程度要重于"行"。《中庸》中有"博学之，审问之，慎思之，明辨之，笃行之"一语，朱熹说前四者为"学而知"，笃行为行，还引程子言："五者废其一，非学也。"[2] 朱熹也说："夫学问无以他求，不过欲明此理，而力行之耳。"[3] 他说得更多的是致知和力行"用功不可偏"，在理论上他是把"知"和"行"处在并列的关系上。但是程朱学派中谈"知"与"行"时，关注、阐发得更多的还是如何"致知"，而对于如何"笃行"，

---

1 《国学事迹》，《鲁斋遗书》卷十三，第461页。

2 《四书集注·中庸章句》

3 《答郭希吕》，《晦庵先生朱文公文集》，《四部丛刊》本第179册，上海书店1989年版。

涉及得就少多了。这可以看出他们对知和行的态度。这就使宋末理学开始产生重知轻行、重义理轻践履的倾向。

元儒们除一贯继承程朱"格物致知"的思想外，也开始注视真知力行、实悟实践的知行观。

许衡是元儒中最重视践履的人。学者评价说："鲁斋力行之意多"，"盖真知实践者也"[1]。许衡将《中庸》中的知行过程分成知和行两个阶段，他说世间只有"知"和"行"两件事，明确指出："博学之、审问之、慎思之、明辨之，只是要个知得真，然后道笃行之一句。"[2]许衡总是设法严格地去区分知和行，他说：

> 开物是知，成务是行。[3]
>
> 穷神是知也，知化是行也。[4]
>
> 诲之使知，劳之使行。[5]

许衡这种严格区分的意义就是为了提倡真知力行。他提出"知"的目的是为了"为吾躬行之益"[6]，所以要先有真知，然后把这种真知运用到躬行当中，即知是为行而知，行是行其所知，"精微义理，入于神妙，到致用处，是行得熟，百发百中"[7]，知得真，便行之得力。许衡作为仕元名臣，他强调"行"，其实就是为了使理学不至于空疏而能有所实用。

吴澄则继承了其师饶鲁"致知力行为本"[8]的知行观，提出"实悟实践"

---

1 《先儒议论》，《鲁斋遗书》卷一四，第 466、465 页。

2 《语录上》，《鲁斋遗书》卷一，第 277 页。

3 《语录下》，《鲁斋遗书》卷二，第 289 页。

4 《语录下》，《鲁斋遗书》卷二，第 289 页。

5 《语录下》，《鲁斋遗书》卷二，第 289 页。

6 《语录上》，《鲁斋遗书》卷一，第 282 页。

7 《语录下》，《鲁斋遗书》卷二，第 289 页。

8 《双峰学案》，《宋元学案》卷八十三，第 2812 页。

的知行并进说。他说："读《四书》有法，必究竟其理而有实悟，非徒诵习文句而已；必敦谨其行而有实践，非徒出入口耳而已。"[1]在他看来，知就是实悟，行就是实践，二者要同时用力，不能偏于知而忽视行。因而他也提醒学者"工夫则当先于用处着力"。[2]吴澄提出的知行并进说，是针对当时人"轻行重知"的现象而谈的，目的也是提醒学者要务实。

北山学派中的金履祥，也在知行观上有所创发，他认为知和行是有先后次序的，这与朱熹的知行说是一致的。进而他也提出了"知行并进"说，不过和吴澄的有区别，他认为朱熹《集注》是主张博文、约礼"两进"，博文是知，约礼是行。他的这种"知行并进"说还给了王夫之"知行并进而有功"的观点以启发。此外，他还最早总结出"知行合一"的命题，"夫圣贤先觉之人，知而能立，知行合一，后觉所以效之者，必自其所为而效之。盖于其言行制作而体认之也。"[3]金履祥的"知行合一"说还被后来的阳明学派所借用。

此外，元中后期的虞集、许谦等也同样主张重"行"，元代理学中关于"知行"关系的阐发显得比宋儒更为务实。

3. 经史观

宋儒治经首倡《四书》，次及六经，但他们注重的是以义理解经，研经即是研经中的义理，六经能获得重视是因为能诠释出义理来，清代学者张伯行在《学规类编》卷六中以"六经乃三代以上之书，曾经圣人手，全是天理"一语概括出宋儒们对六经的态度。宋儒的这种根基不实的解经方式，使理学界重义理、重主观发挥的学风愈演愈烈，以至于出现"六经皆我注脚"的主张。至元代时"泥于高远，不足为训"，流于空疏也是必然。元儒为补宋儒之不足，开始重新审视六经，提出了"六经一理"、"六经自有史"

---

1 《草庐学案·草庐精语》，《宋元学案》卷九十二，第3046页。

2 《草庐学案·草庐精语》，《宋元学案》卷九十二，第3040页。

3 金履祥《论语集注考证》卷一。

和"古无经史之分"的观点。

"六经一理"和"六经自有史"的观点都是郝经提出的，这两个观点讲的都是经史与道的关系。关于"六经一理"，郝经说：

> 天地万物者，道之形器也；六经者，圣人之形器也。道为天地万物以载人，圣人著书以载道。故《易》，即道之理也；《书》，道之辞也；《诗》，道之情也；《春秋》，道之政也；《礼》、《乐》，道之用也。[1]

郝经首先认定《六经》是载道之书，进而在《五经论》中进一步分析出《易》是"穷理之书"，《书》是"圣人传大道之书"，《春秋》是"尽性之书"，《诗》是"资治之书"，《礼》、《乐》是"王政之大纲"。[2]既然如此，治"道"就要治"六经"，郝经反对轻视"六经"，更反对脱离"六经"而言道。同时，郝经还提出"六经自有史"的观点，他说：

> 古无经史之分。孔子定《六经》，而经之名始立，未始有史之分，《六经》自有史耳。故《易》，即史之理也；《书》，史之辞也；《诗》，史之政也；《春秋》，史之断也；《礼》、《乐》，经纬于其间矣，何有于异哉！至司马迁父子为《史记》，而经、史始分矣。其后遂有经学，有史学，学者始二矣。[3]

正因为如此，所以郝经主张经史兼治，以期达到知理、知迹，改变空谈义理的学风。郝经的这种主张，是受他的"经世"观的影响，他主张"道贵乎用"[4]，治经能知理、重道，而治史更有助于资政，而有资政思想的理

1 《论八首》，《陵川集》卷十七，第183页。

2 《五经论》，《陵川集》卷十八，第194-195页。

3 《辩微论·经史》，《陵川集》卷十九，第208-209页。

4 《上紫阳先生论学书》，《陵川集》卷二四，第258页。

学和有资政能力的理学家当然是受统治者欢迎的。

刘因也有"古无经史之分"的主张,而且还进一步提出"经即史"的观点,他说:

> 古无经史之分,《诗》、《书》、《春秋》皆史也,因圣人删定笔削,立大经大典,即为经也。[1]

刘因的这一观点,一方面可能受郝经的影响,另一方面更可能是受隋儒王通的影响,王通曾说:"圣人述史三焉:《诗》、《书》、《春秋》,三者同出于史。"[2]刘因的提法又比王通更明确。刘因的提法看似在否定"六经"的"经"学地位,实则是和郝经一样,仍主张治理学要根于"六经",而同时又要兼顾"六经"的史学价值,为实用之用。

郝经、刘因的经史观,对后来明清时期的王阳明、李贽、龚自珍、章炳麟等都有影响。在元一代,重视六经的人也越来越多,吴澄、金履祥等都在六经的义理注疏上花了不少功夫。另外,元儒董楷的《周易传义附录》、董真卿的《周易会通》、胡一桂的《周易本义附录撰疏》、胡炳文的《周易本义通释》、刘瑾的《诗传通释》、陈栎的《尚书集注撰疏》、陈师凯的《书蔡传旁通》、陈浩的《云庄礼记集说》和汪克宽的《春秋胡传附录撰疏》等五经著述都成为了明代《五经大全》的蓝本,也说明元人对《五经》的重视。

元代理学家们在进学之序、知行观、经史观等方面对宋儒的纠正和补救,以及后来吴澄、郑玉等"和会朱陆"思想的出现,一方面有利改变宋以来义理空疏之弊,另一方面也在理学的"内圣"方面加强了工夫,有利于让务实的理学为统治者所欣赏。

---

1 《叙学》,《静修续集》卷三,《四库全书》第1198册,第684页。
2 隋·王通《文中子·王道》,《四库全书》第696册,第526页。

二、元理学的经世思想（外王）

儒家"内圣外王"思想中的"外王"，包括权力和事功两个方面，"外王离不开权力，但外王的权力只有在事功的基础上才能得以形成、巩固和扩展"。[1]宋理学家也谈"内圣外王"，但他们有显然更重视"内圣"的修身工夫。传统儒家有"义利不两立"、"重义轻利"的思想，宋儒实际上还是继承和发展了这种思想。从北宋五子到朱熹，都在尽力谈义理而讳谈事功，程颢在朝时，"每进见，必为神宗陈君道以至诚至仁为本，未尝及功利"[2]，而朱熹、陆九渊等南宋理学家也是一样，"当乾道、淳熙间，朱、张、吕、陆四君子皆谈性命而辟功利"[3]，也正是因为这一点，所以北宋五子与王安石的新学，"四君子"与陈亮、叶适的事功学才会产生矛盾和论战。姜广辉先生也正是看到宋理学重心性、空虚不实的特点，从而在否定海外新儒家对宋理学所作的"内圣外王"的概括的基础上，提出宋理学只是一种"学圣人的思想运动"的观点[4]，这个界定是客观公正的。入元以后，元代理学家在推广理学的过程中，也逐渐认识到宋儒"外王"思想的空虚，既而在政治、经济等方面提出了一些务实主张，以丰富理学的"外王"思想。

元代理学家对"外王"之道的延伸与拓展，主要体现在改造道统论和夷夏观、主张"立功"和主张"治生"等几个方面，其中尤以对道统论和夷夏观的改造最为突出和紧要。

夷夏观在孔子构建儒学思想体系时就已经产生了。孔子说："夷狄之有君，不如诸夏之无也。"[5]孔子认为"夷狄"的文化远不如诸夏，从而确立了儒家"尊

---

1 朱汉民《圣王理想的幻灭》，第138页，吉林教育出版社，1990。

2 《程颢传》，《宋史》卷四二七，第9943页。

3 《龙川学案》，《宋元学案》卷56，第1835页。

4 详见姜广辉《理学与中国文化》，上海人民出版社1994年版。

5 《论语·八佾》。

华夏而贱夷狄"的夷夏观，孟子也根据这一思路，提出了"用夏变夷"的主张，他说："吾闻用夏变夷者，未闻变于夷者也。"[1] 汉代《公羊传》的民族史观发展了先秦的"夷夏之辩"思想，提出了"内诸夏而外夷狄"[2] 的主张，这一主张成为了后世强调"华夷之辩"的儒者的理论武器，进而发展到提出"严夷夏之大防"、"尊王攘夷"等观点。到了唐代，夷夏观已被儒家运用到学术之争中，针对佛家提出的"法统"论，为了维护儒家在中国的正统地位，韩愈极力主张辨华夷，他指出："夫佛本夷狄之人，与中国语言不通，衣服殊别，口不言先王之法言，身不服先王之法服，不知君臣之义，父子之情。"[3] 他还疾言："今也举夷狄之法，而加之先王之教之上，几乎真不胥而为夷也。"[4] 韩愈还进一步提出了与佛家"法统"论针锋相对的"道统论"，将尊华贱夷的思想推及到了学术之争上。到了宋代，由于汉民族与北方少数民族之间的矛盾日益激化，"尊华贱夷"的民族意识在宋儒身上不断被强化，韩愈的道统论在宋代受到格外重视，他们强调道统，热衷于以"道学"相标榜，朱熹曾说："《中庸》何为而作也？子思子忧道学之失其传也。盖自上古圣神继天立极，而道统之传有自来矣。"[5] 从宋初的胡瑗、孙复、石介，到周敦颐、二程、张载、朱熹、陆九渊等，无一不倡导"道统论"。并且，他们还提出"辟异端"的主张，上起墨家、法家等，下迄道家、佛家，统统被斥为"异端"。可见，道统论的产生和发展，都是以"尊华贱夷"思想为出发点的。

元代以前，道统和皇统的关系虽然也并不和谐，但也还是趋于稳定有序的。一方面，它们基本上一直处于完全分离的状态，另一方面，它们也一直在追求一种统一的状态。儒家的"道统论"认为，三代以前的道统和皇统是完全统一的，尧、舜、禹、汤、文、武、周公，他们既是道学圣人，

---

1 《孟子·滕文公上》。

2 《春秋公羊传·成公十五年》。

3 韩愈《谏迎佛骨表》，《韩愈全集》第335页，上海古籍出版社，1997。

4 《原道》，《韩愈全集》第121页。

5 《四书集注·中庸章句序》。

处于"道统"之中，同时他们又是帝王，处于"皇统"之中，是"内圣外王"的典型。儒家创造出这种典型，就是为了设立一个理想目标，从而努力将皇统和道统的关系推向和谐与统一。从三代之后的孔子、颜子、曾子、子思子、孟子，到千余年后"溯上直承"的宋儒，在他们身上虽然道统和皇统没有统一，但他们却一直追求在儒家精神上实现这种统一。石介就力图将皇统与道统结合起来。他说："自伏羲、神龙、黄帝、尧、舜、禹、汤、文、武、周公、孔子以至于今，天下一君也，中国一教，无他道也。"[1] 在他看来，"一教"（儒家学说）和"一君"是相辅相成的。事实上宋儒也正是追求这种统一，尤其是程朱学派的人物，他们倡扬程朱在道统中的突出地位，并极力推崇他们的学术，谓之为"帝王经世之规，圣贤新民之学"[2]，其意就在向出于皇统地位的君王推荐这种学术，以期完成道统和皇统的和谐统一。

元承宋祚，"皇统"从传统观念看来已经发生变化了，原因是元代的统治者是北方的"夷人"，这时的皇统当然不能再是排夷的了。摆在理学家面前的问题是：承不承认元朝的皇统？道统又如何继续？大多数理学家已意识到，不承认皇统是不现实的，但皇统的不排夷对道统势必要产生影响，道统应怎样与皇统统一呢？这样，道统原有的夷夏观也必须发生改变了。

元初理学家对如何处理道统与皇统的关系是存在争议的。摆在他们面前的首要问题是仕元还是不仕元。首开理学北传事业的赵复采取的是一种折中的办法，他在德安被元军所俘时，痛不欲生，几欲投水，姚枢劝他说："徒死无益，汝存，则子孙或可以传绪百世；随吾而北，必可无他。"[3] 姚枢的建议可以说是元人对道统论一次新的诠释，即主张道统本身为重，排夷之见可以放在次要的位置上。赵复也确实被姚枢说服，去北方后，一方面积极传播理学，作《传道图》和《伊洛发挥》标其道统宗旨，另一方面

---

1 石介《上刘工部书》，《徂徕先生集》卷十三，《四库全书》第 1090 册第 274 页。

2 魏了翁《鹤山大全集》卷五十四，转引自侯外庐等《宋明理学史》第 422 页，人民出版社 1984 年版。

3 《赵复传》，《元史》卷 189，第 2883 页。

却又坚决不肯仕元，拒绝元人继承"皇统"。赵复的这种矛盾心理在许衡和刘因身上得到了不同的表现，陶宗仪在《辍耕录》中曾这样记载：

> 初，许衡之应召也，道过真定，因谓曰："公一聘而起，无乃速乎？"衡曰："不如此则道不行。"及先生（刘因）不受集贤之命，或问之，乃曰："不如此则道不尊。"[1]

应该说，许衡和刘因都是坚持道统论的，并且都认为该尊道、传道，他们的分歧主要集中在对待仕元的态度上，也就是集中在究竟是独守道统还是继续推行道统和皇统的结合。许衡和刘因的观点在当时很有代表性，如果排除一些金儒、宋儒的"遗民"思想，他们内心的主要矛盾还在于夷夏观上。

事实上，姚枢、许衡、郝经等仕元的理学家在诠释道统论时，主要就集中在对夷夏观的改造上。

郝经在诠释道统时，一边承认了宋儒的旧说，另一方面，他在道统传承方式上赋予了新的内容。他认为道统在传承方式上分为两种方式，一是位传，二是心传："道之统一，其传有二焉。尊而王，其统在位，则其位传；化而圣，其统在心，则以心传。"[2]他认为三代以上的传承方式为位传，三代以下则为心传。其实朱熹也有关于"心传"的说法，他认为"心传"产生在舜传禹时，"人心惟危，道心惟微，惟精惟一，允执厥中"就是"心传"的十六字口诀。郝经把"心传"独立出来的意义是为了说明道统在传承过程中是可以和皇统的传承分离的，道统自孔子后就可以不再和现实政治保持不可分割的关系，道统和皇统分离后照样可以传承，不再以皇统为转移，说明道统是高于皇统的，捍卫道统当然就比捍卫皇统要重要得多。

郝经"道统高于皇统"的道统论，在元初特定的政治背景中为理学家

---

1 转引自《宋元学案》卷九十一，《静修学案》，第3022页。

2 《周子祠堂碑》，《陵川集》卷三四，《四库全书》本第1192册第385页。

仕元提供了理论依据，既有利于理学在元代的延续，也有利于调和民族矛盾。但理学家仕元之后，还是有一个皇统的问题呈现在面前，也就是仕元之后又该怎样做的问题。既要使"道行"，又要让"道尊"，那么传统的夷夏观显然又成了"道尊"的绊脚石，于是郝经继续改造他的夷夏观。

郝经首先改变了"夷"与"夏"的标准。在此之前，传统的"夷"和"夏"是以地域或族类来区别的，郝经否定了这种观点，而是以"能否行道"来区分夏和夷。他说："能行中国之道，则为中国之主也。"[1]这其实就是说只要蒙古人能"兴汉法"、"兴儒"、"行中国之道"，那么他们对中国的统治便是合法的，也就不再是"夷"而是"夏"了。这是一种全新的文化标准，也是一项政治原则，为蒙古人承继皇统的合法性提供了理论支持。其次，郝经也继承了孟子"用夷变夏"的思想，即如果入主中国而本身又文化落后的少数民族不能行中国之道，则要用先进的诸夏文化去影响和同化他们。蒙古人征服中国，继承皇统，这是天命，是不可违的，道统只有积极地去与皇统合作，才能做到"道尊"和"道行"两者兼得。他说：

> 天无必与，惟善是与；民无必从，惟德之从。中国而既亡矣，岂必中国之人而后善治哉！圣人有云："夷而进于中国，则中国之。"苟有善者，与之可也，从之可也。何有于中国于夷。[2]

他认为异民族同样可以"善治"，关键是中国人不必拘泥于"夷"和"夏"的区别，"惟善是与"决定了要"惟德之从"，这样才能有追求"道统"和"皇统"和谐统一的基础，所以主张"本夫理而审夫势"，"推理而行，握符持要，以应夫势。"[3]主张儒士应当仕元，为"兴汉法"和更好的承道

---

1 《与宋国两淮制置使书》，《陵川集》卷三七，《四库全书》第 1192 册第 432 页。

2 《辨微论·时务》，《陵川集》卷十九，第 211 页。

3 《上宋主陈请归国万言书》，《陵川集》卷三九，第 453 页。

统作出努力。郝经的"夷夏观"无疑是合乎时势、有利于民族和文化融合的，也为很多理学名士所肯定和接受，为理学家仕元并推行"汉法"、推动理学官学化起到了铺垫作用。

相比郝经，许衡的夷夏观似乎更为豁达。许衡曾为辨夷夏作过一首诗："直须眼孔大如轮，照得前途远更真。光景百年都是我，华夷千载亦皆人。痴阴冷堕云间雪，和气幽生地底春。此意若教贤会得，也甘颜巷乐吾贫。"[1]这是一种前所未有的民族平等的观点，也就是他所说的"人要与天下人同，何必同宗"[2]的观点。许衡还针对宋金、宋元对峙时期民族矛盾日益尖锐的问题，总结了先人关于"元"、"大"思想，指出"善大则天下一家"，他说：

> 元者善之长也，先儒训之为大，徐思之意味深长，盖不大则藩篱窘束一膜之外，使为胡越，其乘隔分事，无有已时何者。所谓善大则天下一家，一视同仁，不所往而不为善也。二小儿同父母兄弟也，或因小事物相恶骂即咒其爷娘，令死不知，彼父母亦我父母也。其愚如此，与世人何以异？世人只顾己使宜与否，不恤他人也。他虽死丧患难不顾也，己安而已矣。安知谓大之一字，彼得所则己得所矣。[3]

许衡极力反对夷与夏之间的争斗，说："中国与夷狄，中国胜，穷兵四远，臣伏戎夷；夷狄胜，必溃裂中原，极其残酷。如此报复，何时能已。"[4]而许衡却又偏偏生在"夷狄胜"的时代，许衡的立场是"见在夷狄，便行那夷狄所当为的事"。[5]何谓"行夷狄所当为之事"呢？从许衡的言行来看，就是和蒙元统治者建立合作关系，推动民族文化交流，推行"汉法"。虽然许衡的言行

1　许衡《病中杂言》，《鲁斋遗书》卷十一，《四库全书》第1198册第429页。

2　《语录下》，《鲁斋遗书》卷二，《四库全书》第1198册第293页。

3　《语录下》，《鲁斋遗书》卷二，《四库全书》第1198册第303页。

4　《语录上》，《鲁斋遗书》卷一，《四库全书》第1198册第283页。

5　《中庸直解》，《鲁斋遗书》卷五，《四库全书》第1198册第351页。

遭到刘因的异议，但以他在朝廷、在元理学界的地位，他的夷夏观事实上影响很大，带动了一大批理学名士仕元，并投身到"兴汉法"、"兴儒"事业中。

总之，在传统的"道统"论和现实的"皇统"发生冲突的时候，元初理学家们及时丰富了"道统"论的内涵，改造了传统的"夷夏观"，为蒙古人入主中国提供了法理依据，也为儒士仕元并推行"汉法"、推动理学在元代的传播和发展找到了理论依据，也在很大程度上丰富了理学的"外王之道"。

此外，元儒还主张"立功"和主张"治生"，以此完善理学的外王之道。

"立德、立言、立功"是传统儒家的三大理想，元儒们为迎合封建统治的需要，对"立功"思想进行了强化，这当中尤以郝经、许衡最为积极，而他们也正是"等夷夏"、"行汉法"的力倡者。

郝经面对元初深刻的社会危机，有着以天下为己任、救民于水火之中的社会使命感，他一方面屡次向蒙元统治者建议行"汉法"，另一方面也积极呼吁儒士们做"有用之人"，行"有为之事"，他说："天下无无用之物，亦无无用之人，人之于世，治亦有用，乱亦有用"，"天下无不可为之世，亦无不可为之事"[1]。这就是要求儒士要有"立功"的理想，冷静客观地对待金元更迭、宋元更迭的现实，以有用之身有为于社会。郝经并非不顾民族大义，也并非走入极端民族主义思想的狭道，他所主张的"有为之事"其实是指"行道"，"天既使吾徒生，则道之将行也欤"[2]，他认为儒士和统治者都要"本夫理而审夫势"、"推理而行，握持符要，以成天下之事业"[3]，也就是说，在当前的政治、历史情势下，儒士应该合力"行道"，主动倡行"汉法"，也只有这样才能救国就民，只有这样才是"立功"于社会，使汉文化垂宪于千古。

同郝经一样，许衡也是主张"行道"的，从他解释仕元原因时所说的"不如此则道不行"一语中便可以看出来。许衡"见在夷狄，便行那夷狄

---

1 《辩微论·历志》，《陵川集》卷一九，第 209-210 页。

2 《送常山刘道济序》，《陵川集》卷三〇，第 325 页。

3 《上宋主陈请归国万言书》，《陵川集》卷三九，第 453 页。

所当为之事"的主张也是劝诫汉儒们要"为其所当为"[1]，他还在《大学直解》中把"治国平天下"当成政治的最高目标。许衡以一介汉儒入仕元朝，并一度身居显职，他的经世观为当时及后来许多人所接受。同时，许衡在改造和加强"外王"事功思想时提出了"治生"的经济思想。

对于经济，孔子曾提出"富民"之说，后来的孟子"制民之产"的观点，还被朱熹奉之为"发政施仁之本"[2]，但总体来说，经济思想贫乏正是理学的一大缺陷。许衡则处心积虑地将理学与日用民生挂起钩来，以弥补这一缺陷。

许衡首先看到了"宋文章近理者多，然得实理者亦少"[3]的现状，认为宋儒"都于纸上摆布成文，则于事物之当文者，所缺多矣"[4]。他对孔子的"道不远人"的观点十分赞同，他认为"道"不仅存在于"君臣父子夫妇长幼朋友"五常之间，而且还存在于日用事物之间，片刻不离，他说：

> 其日用事物之间，莫不各有当行的道路……道是日用事物当行之理，皆性之德而具于心，无物不有，无时不然，如何须臾离得他？若其可离，则是外物，而非率性之道矣。[5]
>
> 大而君臣父子，小而盐米细事，总谓之文，以合其宜之义，又谓之义；以其可以日用常行，又谓之道。文也义也道也，只是一般。[6]

许衡不把"道"看成是高远之事，这与朱熹等人一致，但他能看到日用常行的事物中仍然有道，又比前人更显务实。他在看重民生日用的基础上，进而明确提出了"治生"之论：

---

1 《中庸直解》，《鲁斋遗书》卷五，第351页。

2 《孟子集注·梁惠王上》。

3 《语录上》，《鲁斋遗书》卷一，第281页。

4 《语录上》，《鲁斋遗书》卷一，第281页。

5 《中庸直解》，《鲁斋遗书》卷五，第342页。

6 《语录上》，《鲁斋遗书》卷一，第282页。

又言为学者治生最为先务，苟生理不足则于为学之道有所妨。彼旁求妄进及作官嗜利者，亦窘于生理之所制也。士君子当以务农为生，商贾虽为逐末，亦有可为者。果处之不失义理，或以姑济一时，亦无不可。若以教学与作官规图生计，恐非古人之意也。[1]

"治生"即指谋生计，这是经济领域内的范畴，许衡言治生"最为先务"，从而把为学的范围拓宽了，为学不应只在政治、伦理领域中，而应把经济放在首位。许衡德"治生"论包含了两个观点：一是经济保证是一切活动的前提和基础，这和孟子"若民无恒产，因无恒心，苟无恒心，放辟邪侈，无不为己"[2]的见解是完全一致的；二是如何解决经济状况的问题，提出要以务农为本、兼以商贾，尤其是发展商业的主张，与向来重义轻利、重农轻商、重"本"轻"末"的传统伦理和经济思想不同，将商业也看成"道"，这为封建时代的经济思想注入了新颖而又积极的内容。

许衡的"治生"思想其实是很有光辉的，以他在元朝廷中和北方理学界"大宗师"的地位，他的"治生"思想也为当时很多人所接受。许衡在给忽必烈的《时务五事》中，也大谈农桑、生财的问题，从而受到忽必烈的赞赏。后来吴澄主讲国子学时，竟也惊讶地发现国子学中兴起了"从事于利诱"[3]的风气，可见"治生"论在北方的影响。

郝经、许衡等元代理学家对"外王"之道的充实与拓展，一方面丰富了理学的经世思想，给空谈义理之弊彰显的理学注入了一股清新之气；另一方面也是适应元统治者的要求，以忽必烈等人看重儒术而又嘲笑儒士不懂治术的态度，元代理学走向务实其实也是适应理学官学化进程要求的。

---

1 《通鉴》，《鲁斋遗书》卷十三，第452页。

2 《孟子·梁惠王上》。

3 《行状》，《吴文正集》，第940页。

《论语》夷狄之有君章疏论

秦际明

摘要：君的观念在中国政治传统中具有非常重要的地位。本文先从疏解《论语》夷狄之有君章入手，澄清历代主要注家理解的歧义之处。考察君在儒学传统中的起源与演变，将其内涵归结为圣王制礼的理想与现实政治秩序治理两个方面，由此而辨明《论语》此章的确切含义。本文认为华夏有君的确切含义是王道的实施，亦即君臣有上下之礼，人民有人伦之义，即是华夏礼仪文明的兴盛，而不是一个君主实际上的统治。因此夷狄虽然有君而无礼，也不如华夏无君而知义。在今天，虽无宗法制度意义上的君，而是现代政制组织形式，若能行礼乐教化，即有圣王之实。

关键词：君；华夏；礼义；圣王

在世界各文明的起源中，君主制都占有重要地位。而中国传统中，对君的理解则赋予了华夏文明独特的色彩。《论语》云："夷狄之有君，不如诸夏之亡也。"[1] 这里提出的是君之有无的问题，却涉及到夷夏之辨。夷夏之辨是经学中的一个重要议题，公羊学对此尤其看重。孔子著春秋大义，提出尊王攘夷，发扬华夏文明之大义。那么，对《论语》的这一章究竟该如何理解呢？

---

1 《论语·八佾》

一

在传统的《论语》注疏中，对"夷狄之有君，不如诸夏之亡也"这一章主要有两解：

1. 严夷夏之防，认为夷狄虽有君，不免为夷狄；诸夏虽无君，不失为诸夏。如皇侃的《论语集解义疏》云："此章重中国，贱蛮夷也。诸夏，中国也。亡，无也。言夷狄虽有君主，而不及中国无君也。故孙绰云：'诸夏有时无君，道不都丧。夷者强者为师，理同禽兽也。'释惠琳曰：'有君无礼，不如有礼无君也。'刺时季氏有君无礼也。"[1] 又，刘宝楠《论语正义》对此的注解是："此篇专言礼乐之事，楚、吴虽迭主盟中夏，然暴彊蹂制。未能一秉周礼，故不如诸夏之亡君，其政俗犹为近古也。"[2]

2. 夷狄尚且有君长上下，而华夏反倒无君长上下，是叹华夏反不如夷狄。如朱子的《四书章句集注》程子云："夷狄且有君长，不如诸夏之僭乱，反无上下之分也。"又引尹焞曰："孔子伤时之乱而叹之也。亡，非实亡也，虽有之，不能尽其道尔。"[3] 近人杨树达先生亦同此论。他说："有君谓有贤君。邲之战，楚庄王动合乎礼，晋变而为夷狄，楚变而为君子。鸡父之战，中国为新夷狄，而吴少进。柏莒之战，吴王阖闾忧中国而攘夷狄。黄池之会，吴王夫差籍成周以尊天王。楚与吴皆春秋向所目为夷狄者也。孔子生当昭定哀之世，楚庄之事，所闻也，阖闾夫差之事所亲见也。安得不有夷狄有君诸夏亡君之叹哉？"[4]

此章提出了两方面的问题，一是夷夏之辨，二是君之有无。上述两种注解也是围绕这两方面的问题来作解释。但这两种解释相去甚远，若要作

1　皇侃：《论语集解义疏》，卷二。

2　刘宝楠：《论语正义》，卷三，八佾第三。

3　朱子：《四书章句集注》，论语·八佾第三。

4　杨树达：《论语疏证》，第 67 页，上海：上海古籍出版社，1986。

更深追问，则相去愈远。如皇刘之论，则有君无君，在夷夏之辨中不是那么重要；如程朱之论，有君无君于夷夏之辨意义重大。从程朱的观点可进一步引申至杨树达的看法，夷狄有君而可进乎华夏，华夏无君甚至退化为夷狄。

赅而论之，此章两种解释都指向一个问题，即是在夷夏之辨中君的地位如何。究竟是像皇刘之论有君无君无改其为夷为夏，还是像程朱之论有君无君成为夷夏之辨的一个重要标志？注解歧义，则孔子之意不明，必考之于先秦社会、思想之体认，方可深契于圣意，而后可发明"有君无君"在古今不同时代究竟具有怎样的意义。

二

在周礼中，君居于非常重要的地位，或者说，君臣之义的提出，是周礼的一个重要特色。至于君之"尊尊"义，于周礼之前是什么样子的，则没有可靠的文献记载。考诸《礼记·礼运》，尧舜大同之世，民风敦朴，以德服人，是故在上者垂拱而治，殆无礼之为上下之防。而到了小康之世，"大道既隐，天下为家，各亲其亲，各子其子，货力为己。大人世及以为礼，城郭沟池以为固，礼义以为纪，以正君臣……"[1] 到这里，由于各亲其亲，各子其子，上下尊卑之别就很明显了。出于文献不足的原因，夏商之制多是后人根据周礼来推测的，而且周礼也是古代经学的核心所在，所以我们以周礼为核心来探讨先秦君的观念。

东汉郑玄注《仪礼·丧服》之斩衰章释"君"云："天子、诸侯及卿大夫有地者皆曰君。"颜师古在其疏中进一步指出，兼有地和臣，则可称君，如鲁之三桓，晋之韩、魏、赵是卿、大夫有地有臣而称君之例。[2] 凡有土地

1　《礼记·礼运第九》

2　《仪礼注疏》，郑玄注，贾公彦疏，第884页，上海：上海古籍出版社，2008。

者，对下称君，对上一级的君则称臣，君臣关系有很大的相对性。这被现代学者称为等级君主制。[1]君的等级，表现为爵的等级。在《孟子》与《白虎通》里，都以天子为最高一级的爵位。这有异于古文经学以天子为至尊，不与公侯等爵，[2]也异于秦汉天下一统之后的天下惟有天子一人称君。

君的此种含义当在周以前就有，至于天子与诸侯之间君臣名分的确立，据近人王国维的考证，在周以后。王国维在《殷周制度论》中认为，夏商之时，小邦林立，他们对于夏、商这样的中心王朝是'宾服'而非'臣服'。他说："自殷以前，天子诸侯君臣之分未定也……诸侯之于天子，犹后世诸侯之于盟主，未有君臣之分也。周初亦然……逮克殷践奄，灭国数十，而新建之国皆其功臣、昆弟、甥舅，本周之臣子；而鲁、卫、晋、齐四国，又以王室至亲为东方大藩。夏、殷以来古国，方之蔑矣！由是天子之尊，非复诸侯之长而为诸侯之君。其在丧服，则诸侯为天子斩衰三年，与子为父、臣为君同。盖天子诸侯君臣之分始定于此。"[3]此说的意义在于指出了君臣之礼有其历史起源，以前君臣之制的完备是在周公制礼作乐之后。但若要说君臣名分在周以后才确立，恐于义有不安处。《孟子》即以"汤放桀，武王伐纣"为"臣弑其君"[4]，而不是像王国维所说的诸侯反抗盟主。若如王国维所论，伯夷、叔齐义不食周粟就无法理解了。可见伯夷、叔齐虽是孤竹国人，仍认为他们和周武王等都要以商王为君的。

在《仪礼》中，对君的尊尊之义作了详备的规范。君本是宗法家族中的家长，是一家之主，死后由嫡长子继承，是为其统。那时的家合政教于一体，有君有臣，有嫡庶，有爵位，有土地。这样的"家"也是最基本的社会政治组织。

宗法社会中的家以血缘关系为核心，因血缘的远近而区别亲疏，此是

1　白刚主编：《中国政治制度通史》第一卷，第31页，北京：人民出版社，1996。

2　参见：[清]陈立著：《白虎通疏证》卷一关于爵的规定与疏论。北京：中华书局，1994。

3　《观堂集林》，第238页，石家庄：河北教育出版社，2003。

4　《孟子·梁惠王下》。

亲亲之义；又立君臣上下，则又产生了尊尊之义。尊除了君对臣之外，也包括亲属关系中的父对子，夫对妻。亲亲与尊尊是《仪礼》最核心的精神所在，是一切原则中的原则。

在尊尊之义中，君臣关系之规范如何？无论这个君是天子、诸侯，还是其所封有土地的大夫，其君臣之义是贯通的。

首先，"普天之下，莫非王土；率土之滨，莫非王臣"。此诗本意指天下之大，王臣众多，奈何独我任事靡盬，这里引指君臣是大伦，任何人不得脱离君臣的名分，游离于君臣之外。子路谓隐者荷蓧丈人云："不仕无义。长幼之节，不可废也；君臣之义，如之何废之？欲洁其身，而乱大伦？君子之仕也，行其义也。道之不行，已知之矣。"[1] 君臣之义本乎人伦，不可逃离而废弃。如果说有人逃离了君臣之义，比如伯夷、叔齐，这并不是他们逃离了君臣之义，而是"道之不行"，天下已无处安置这君臣之义了。正如伯夷、叔齐以周为不义，无君臣之礼，宁肯饿死也不食周粟。他们君臣之义于天下已无处可容了，唯有一死。庄子里以"仲尼曰"的方式说得更明白："天下有大戒二：其一，命也；其一，义也。子之爱亲，命也，不可解于心；臣之事君，义也，无适而非君也，无所逃于天地之间。"[2] 庄子虽非通常所谓的儒者，其述君臣之义，却非杜撰。

其次，臣对君有附属性。无论君的人格与行为如何，臣对君负了绝对的义务，不可脱离其为臣的身份。臣不可僭越其为臣的名分向君复仇，更不能弑君取而代之。如《左传》宣公二年载：

（晋灵公）犹不改。宣子骤谏，公患之，使鉏麑贼之。晨往，寝门辟矣，盛服将朝。尚早，坐而假寐。麑退，叹而言曰："不忘恭敬，民之主也。贼民之主，不忠；弃君之命，不信。有一于此，不如死也。"触槐而死。

晋灵公，无道之君也，而命鉏麑杀良臣。鉏麑在君命与国之良臣之间

---

1 《论语·微子第十八》。

2 《庄子·人间世第四》。

无法抉择，最终自杀了之。可见在那个时代，食君之禄，忠君之事；君若不义，也不能反抗。若想不助无道之君行不义，又不能去，只有一死了之。当民之主与国君并非一人时，鉏麑在这二者之间的选择是两难的。

汉刘向之《说苑》里的一则故事也典型地反映了这样的处境：

齐人有子兰子者，事白公胜。胜将为难，乃告子兰子曰："吾将举大事于国，愿与子共之。子兰子曰："我事子而与子杀君，是助子之不义也。畏患而去子，是遁子于难也。故不与子杀君，以成吾义，契领于廷，以遂吾行。"[1]

子兰子食白胜之禄而从事于他，义不可从其作乱，又不可去之，结果也惟有一死了。

第三，儒家寓君臣以新义，君臣以义相合，而不再是无条件地为君卖命。《论语·八佾》云："君使臣以礼，臣事君以忠。"君无礼，则臣如何？《论语》要求如果要做大臣，则须犯颜强谏。如强谏不从呢？《论语》可能倾向于选择离去，而孟子明告齐宣王曰："君之视臣如手足，则臣视君如腹心。君之视臣如犬马，则臣视君如国人。君之视臣如土芥，则臣视君如寇雠。"[2]对于孟子来说，君之无道如桀纣，则已经失去其为君的资格了，成为民之寇雠，一个秉持公义的人就可以诛之，是谓"闻诛一夫纣矣，未闻弑君也"[3]。

春秋之以降的儒学更是赋予了儒者独立的身份。《礼记·儒行》中所描述的儒者可以"上不臣天子，下不事诸侯"。这样的儒者形象虽近乎狂了，但也反映出那个时代，儒者可以有独立于经济社会制度的独立身份。在这样的基础上，儒者之事君则可以真正做到君臣以义和，三谏不从则去之。[4]

由此，儒家所谓的君，恐怕其含义远不是宗法制度中的君了，而意指

---

1 向宗鲁：《说苑校证》，第 83 页，北京：中华书局，1987。

2 《孟子·离娄下》。

3 《孟子·梁惠王下》。

4 三谏之义，事见《春秋》。《公羊传·庄公二十四年》载："（曹羁谏曹伯）三谏不从，遂去之，故君子以为得君臣之义也。"《礼记·曲礼》亦曰："为人臣之礼，不显谏。三谏而不听，则逃之。"郑玄注云："君臣有义则合，无义则离。"

儒家理想中的贤君，乃至于圣王。其确切含义是王道的实施，亦即君臣有上下之礼，人民有人伦之义，即是华夏礼仪文明的兴盛。

三

综上所述，君在春秋及春秋以前是普遍的社会组织原则和制度安排。没有君的社会对于那个时代来说是难以想象的。天下之人莫不有君，事君的义务是要无条件服从而不可抛却的。儒家则在这种制度安排的基础上赋予君臣以义和的新义。在这个转化过程中，君所代表的意义是不一样的。

首先，无君则无秩序。君臣之礼体现了先秦时代人们建立正常社会秩序的设想。权力只能出自于唯一的君，政出多门则乱。君即是代表了正常的上下之序。

其次，无君则无礼、无义。君代表着理想的人格，即是圣王。圣王因天地而立人道，才产生了人间礼义。无君即是无礼义也。

用现代的话来说，君集权力与真理于一身。因此，君之德智足以治平天下，人臣只须服从君主，为君尽忠就可以了。但问题在于，并非所有的君主都是圣王，文、武、周公之后，历史上也再无圣王了，那么君还应当享有圣王那样让臣民无条件服从的绝对的权力吗？孔子作《春秋》的历史意义正是表明，天下无圣王，代表道德真理的不再是君主，而是儒者。君不合其道，而臣可离去，甚至可行废立。据研究，先秦之君（以春秋战国为主）得恶谥者竟占了 13%，并且这些恶谥主要是由臣下议立的。[1] 这一方面表明春秋战国之世，很多国君无道，另一方面也表明那时人们对尊君之为政治秩序与国君作为理想人格是分得很清楚的。孔子与孟子对他们时代的君主们也都没什么好的评价。

由此，回到《论语》，我们就可以解答这个问题。如若无君，即在《论

1　汪受宽：《谥法研究》，第 51 页，北京：上海古籍出版社，1995。

语》"夷狄之有君"章中的确切意思是，如若这个君不像个君，是个无道之君，又会如何呢？

如若无君或君无道，依皇刘之见，华夏仍可为华夏，如程朱之见，恐沦为夷狄矣。可见在《论语》的这一章里，他们对君之意义的规定是不一样的。现在根据我们上面对君的认识来讨论君在那个时代的意义如何。在作此项讨论时，依上述所论，先要澄清君之为君可分为两个层面，一是宗法社会中的政治首领，二是君作为理想人格的典范，是一切礼义纲纪的象征。

首先从第一个层面来看，宗法社会中的君长无疑是立事行政的核心。但对于较为成熟完备的社会组织中，暂时性地缺失某一环节不应该导致整个社会组织的瘫痪。尤其是华夏礼仪文明中，君臣上下，父子兄弟各有其行为准则和规范，必不至于一方角色失范而致整个伦常崩溃。虽则君位暂时缺失，其臣也应尽其职守而不致国乱民溃。儒家教化最终都要将礼义落实到个人，使人自立，而不完全依靠外在力量的强制。

在儒家的制度安排里，并不是君主一人独断，在特定时候，反而需要君的隐退才能符合礼制或发挥贤者的才能。例如，按照礼制的要求，将即位的天子须服丧三年，由冢宰决断政事。[1]从某种意义上说，儒家并不特别强调君的治国才能，而更强调国君任用贤能的这一面。大凡有明君，则必得用贤臣，如汤之于伊尹，齐桓之于管仲。《论语》在称赞舜、武王之功时，惟举其贤臣而已。[2]这个道理如《孟子》所论："将大有为之君，必有所不召之臣；欲有谋焉，则就之。其尊德乐道，不如是不足与有为也。故汤之于伊尹，学焉而后臣之，故不劳而王。桓公之于管仲，学焉而后臣之，故不劳而霸。"[3]

甚至，只有贤臣而无贤君，并无妨碍国家的治理。春秋子产当政数十年，

---

1 参见《尚书·说命》。《论语·宪问》云："君薨，百官总己，以听于冢宰三年。"

2 《论语·泰伯》云："舜有臣五人而天下治。武王曰：'予有乱臣十人。'"

3 《孟子·公孙丑下》。

郑国大治，只闻其臣，不闻其君。孔子赞其为君子，曰："有君子之道四焉。其行己也恭，其事上也敬，其养民也惠，其使民也义。"[1]

君的角色不是缺失，而是以任用贤能的方式发挥作用。正是在这个意义上讲，有君意味着王道的实施，亦即君臣有上下之礼，人民有人伦之义，而不是君主一人的统治。就此而论，君的角色暂时隐退，华夏仍可为华夏，而不致沦为夷狄。因而大多数的《论语》注家将这一章理解为孔子严夷夏之大防，如戴望注云："夷狄无礼义，虽有君不及中国之无君，明不当弃夏即夷也。《春秋》之法，诸侯为夷狄行，则以州举；夷为中国，则贬绝不称人。……皆以内中国而外夷狄，不与无礼者制有礼义。孟子曰：'吾闻用夏变夷，未闻用夷变夏者也。'"[2]

其次，在儒家理解中，君作为理想人格和礼义纲纪的象征，在华夏礼仪上居于核心地位。若是无君，民无所措手足。但这是从更为宏观的角度来说的。这里的君就其理想而言，指的不是当下现实历史中的君，而是圣王；就其指当下现实之君而言，是对于人格的期望，而不是说现世之君皆是礼乐之创制者。民由礼而立，非由君而立。若谓由君而立，是谓圣王制礼义教民。

皇侃、刘宝楠所论的君当指上述第一层含义。即说华夏无君而恐沦为夷狄，其意指的是华夏无秩序，没有强有力的政治力量来保障礼仪在社会中得到遵守，使人民的生活有礼仪尊严，使周礼不被僭越而致战乱不已。孔子之时礼崩乐坏，盖此之谓。虽然华夏无君，上下无序，人们依然有礼义可循，知道何者是，何是非。而夷狄虽有统治秩序，但犹然不识人之大义。假如以夷狄的君主统治秩序加之中国，如此中国虽有君，恐失其为华夏之义。这也点出了《论语》之一章分辨华夷的意义，符合孔子著《春秋》所立尊王攘夷的原则。这里的王，乃是指儒家所尊崇的王道，是华夏文明的象征，

---

1 《论语·公治长》
2 黄怀信主撰：《论语汇校集释》，第208-209页，上海：上海古籍出版社，2008。

非某周王一人之谓。

程朱之注以夷狄有君而叹华夏无君，其义亦可通。然而若要深究，其义恐有不安。如果说君只是代表掌握实权的君主，华夏虽然无君，或者无贤君，有贤臣与礼仪在，仍得其为华夏，不得不如夷狄；如果说君代表的是君臣之义，即有贤君以礼使臣，以道教民，其臣以义佐君，其民明于人伦礼义，则夷狄就不是夷狄了，与华夏又何别焉？

四

归根结底，儒家所要求的君不只是一个掌握实权的统治者，而代表的是人伦一维，与整个社会的礼仪秩序。这些是夷狄之君所不可能达到的，否则满清入主中原之时，晚明士人就不会有"亡天下"之哀叹了。

因此，华夏之邦在位的那个君若不成其为君，华夏可能会遭受患乱，教化不行，纲纪不整，则社会风尚会堕落，文明也会沉沦；但若制度完备，风俗未薄，民心思义，华夏不失为华夏，不可因一人而堕其纲绪。夷狄若有圣王出，制礼作乐以行教化，则夷狄之进乎华夏又何疑哉？《论语》此章之歧因此义也可迎刃而解。君之有无，时之变也。礼因时而革，而义无改。董仲舒云："王者有改制之名，无易道之实。"[1] 盖此之云乎？

当今之世，虽无宗法制度意义上的君，而是现代政制组织形式，若能行礼乐教化，即行圣王之政，是有圣王之实矣，华夏犹可复为华夏又何疑焉。就这是《论语》此章向我们所揭示的儒学超越时代的意义之所在。

---

1 《春秋繁露·楚庄王》。

王船山的太和观念

鲁鹏一

摘要: 本文尝试分析明儒王船山的太和观念。船山在注解张横渠的《正蒙》时,呈现了一种完整的宇宙论,也与横渠有一定的不同。太和是船山宇宙论中涵盖最广的一个观念,也与多个重要观念有密切的关系,可以说理解了太和就能理解船山理解的宇宙形态。根据《张子正蒙注》第一段的完整表述,可以了解太和的大致结构。其次,讨论船山对太虚、太极的解释,以此而理解太和本然状态。再次,讨论船山对阴阳、气神、体性的解释,以此理解太和的内容。最后,在上述讨论的基础上,完整的清晰地列出太和的各个层面;并且考察船山的几个观念与太和的关系,说明太和的重要性。

关键词: 王船山;太和;太虚;太极;阴阳;气;神

我们知道,明末儒者王船山作为理学后期的重要人物,经过早年的复杂心路历程之后,晚年归宗宋儒张横渠。明末的重要儒者很多,在哲思领域讨论最多的是刘蕺山和王船山。刘蕺山的工作侧重于心性领域,王船山的工作则侧重于天道,他回归横渠,并对横渠所讲的太和、天道等做了更细致更具体的解释。这个理论框架中,太和是处于最高的一层,与道、太虚、气、神、太极、阴阳乃至于象、形、器等观念一起构成了船山的宇宙论。我们主要讨论太和,但太和是指最高的那种东西,难以直接描述,又必须通过气神、阴阳等概念才能构筑起对太和的理解,所以讨论太和,就会展现船山宇宙论的整体图景。

船山虽然没有像刘蕺山那样的思想历经三变，但也有早年入路、中年积累、晚年成熟的过程。在晚年成熟阶段，《周易内传》、《张子正蒙注》、《思问录》是船山在哲学思想上的主要三部著作。而且，这三部著作有各自的分工，《周易内传》是船山对周易的重新注解，而易学是船山的学问根本。《张子正蒙注》是对横渠学的发挥，尤其是天道的方面。《思问录》则是船山自己的讨论，可能是因为在《张子正蒙注》中已经有细致的讨论，所以《思问录》没有很少讨论天道。所以，本文讨论船山的太和观念，主要依据《张子正蒙注》。

因为《张子正蒙注》是一种注解性的文本，那么就涉及到横渠原文与船山注解之间的问题。本文不会涉及横渠的原意，而是专门讨论船山所讲的太和。一方面，注解虽然是基于原文，也受到原文的限制，但更细致地注解加入了新的内容，经常会扩展出全新的话语系统。另一方面，《张子正蒙注》不是章句，而是义理的重构，我们不看《正蒙》的原文，只看船山的注解，完全可以看到一个完整的理论。实际上，横渠对太和讲的并不多，可能只是用来指最有包含性的东西；而船山则更多地讨论太和，把太和的内容充实起来，并且当作其理论的重要一部分。乃至于可以说，对太和的理解就构成了船山与横渠的一种差别。虽然按照横渠的思路推演下去，可能并不会反对船山对太和的理解。因此，本文主要依据《张子正蒙注》的文本，来考察船山所讲的太和。

一、太和所谓道

《正蒙·太和篇》的第一句讲"太和所谓道"，提纲挈领，集中表达了横渠的宇宙图景，而船山的解释也呈现了他对太和的理解，下面我们逐句引用讨论之。首先来看对于"太和所谓道"的解释：

太和，和之至也。道者，天地人物之通理，即所谓太极也。阴阳异撰，而其絪缊于太虚之中，合同而不相悖害，浑沦无间，和之至矣。未有形器之先，本无不和，既有形器之后，其和不失，故曰太和。（页15）[1]

对于太和，开始只是点出是"和之至"，说明其所指，至于太和的具体涵义需要在下文逐步展开。把"道"解释为天地人物之通理，其重点在于通天地人物这个意思；而"理"不是理气相对的那个理，"理"在此只是宽泛使用，就是道理的意思。船山还用太极来解释"道"，这意味着他认为太极是更清晰更被接受的概念，所以他认为横渠的《太和篇》是依照周濂溪《太极图说》而写的。既然太和所谓道，且道即所谓太极，那么三者可以等同，都是指最根源最整体的东西；而以太极为解释基础，大概是因为直接基于易学的太极是最明确的范畴。

接下来分析了何为和之至、何为太和？从阴阳对立来说，两者能够絪缊于太虚之中，合同于一起而不相悖，浑沦不分而无间，这就是和之至。从时间先后来说，在太虚无形时，本来就和；但有了形器之后，此种和还能够不失去，这样才是太和。从阴阳、先后这两个纵横角度，船山充分展开了太和所包含的整体层面。理学把太极理解为理，而不是气；船山则把太极看做本身就含有阴阳，且有形器之后也不失其和，正因为这样的两方面的和，才称之为太和。那么，太和也就包含了时序上的未有形器与有形器两个阶段。

接下来解释"中涵浮沉、升降、动静相感之性，是生絪缊相荡、胜负屈伸之始。"船山说：

……中涵者其体，是生者其用也。轻者浮，重者沉，亲上者升，

---

1 王夫之：《船山全书》第十二册，第15页，长沙：岳麓书社，1996。因本文对船山文献的引用都来自此书，下文只随文注出页码，不再加注。

亲下者降，动而趋行者动，动而赴止者静，皆阴阳和合之气所必有之几，而成乎情之固然，犹人之有性也。絪缊，太和未分之本然；相荡，其必然之理势；胜负，因其分数之多寡；乘乎时位，一盈一虚也。胜则伸，负则屈；胜负屈伸，衰王死生之成象，其始则动之几也。此言天地人物消长死生自然之数，皆太和必有之几。（页 15—16）

这是解释太和的本体与发用的关系。由于太和既是未有形器之先，又是贯通于形器之后，那么就有了这两种状态之间关系的问题。《正蒙》使用中涵与是生、来与究表示两个环节，船山认为中涵者就像人之有性，是生者则是太和必有之几。也就是说，太和既具有本源的属性，又包括会发用的动几。从本源属性来说，太和在本源阶段也不是纯粹的一或者无，它有属性：浮沉、升降、动静。按照溯源的逻辑，似乎这只是稀薄的气的属性，还应该再去寻找更根本的东西。但船山认为这就是最根本的，不会再有上一层的本源。至于太和的动几，不仅是从本源动而形成天地人物，而且包括天地人物的消长死生。也就是说，太和不只是涵盖有形之物，而且有形之物发展变化的动力，也是太和的作用。至于太和为什么能有动几，船山没有说明，说明动几就是自然而然，本身具有的。

接下来，[1]解释"起知于易者《干》乎！效法于简者《坤》乎！"船山说：

太和本然之体，未有知也，未有能也，易简而已。而其所涵之性，有健有顺，故知于此起，法于此效，而大用行矣。（页 16）

船山在此引入了"体"与"性"的一对概念。太和是涵盖性的概念，所以是否还有一个本然之体？船山认为是有的，但只能用易简来描述。而他还说："易简者，唯阳健阴顺而已。"（页 16）也就是说，对应着本然

1　船山对横渠原文"其来也几微易简，其究也广大坚固"的解释与上一段意思类似，本文就不再讨论。

之体，太和就涵着有健有顺的性。依托着健顺，就可以由健起知，由顺效法，这样发展下去就是无尽的大用。上一段讲作为体的中涵，船山就用人之有性来做比喻。由此可见，体与性很大程度上是对应的、相通的，尤其是太和的本然状态时，体无形，性无分，两者都是指向同一种东西，只是像物体与属性一样，从不同的角度来说。

《正蒙》接下来引入了气与神的概念："散殊而可象为气，清通而不可象为神。"船山解释说：

> 太和之中，有气有神。神者非他，二气清通之理也。不可象者，即在象中。阴与阳和，气与神和，是谓太和。人生而物感交，气逐于物，役气而遗神，神为使而迷其健顺之性，非其生之本然也。（页 16）

船山明确地讲，太和之中，有气有神，这是对太和内容最直接的表述。而所谓太和，也就是阴与阳和，气与神和，也就是说，阴阳、气神是刻画太和的两组概念。但气神的分别，不是阴阳二气那样平行的区分，而是类似于体与性的样子。神并不是气之外的东西，而是二气所具有的某种清通之理。所谓清通之理，与健顺之理不同，主要是讲"不可象"。但船山提供了很特别的说明：不可象者，即在象中。也就是说，他认为所谓的"不可象"并不神秘，反而正是因为神就在象中而已。由此，可以看到船山实际上认为所有的存在都是有象的，因此，说神是不可象的，就可以推论出只有一个可能：它就在象之中。

在此需要分析一下"象"是指什么的。在儒家传统中，因为周易的重要性，象的意义与卦象、象传非常相关，有指示、象征的意涵。因为是指示他物的，所以象一般是指无形体的，与形构成对比。当然，有形之物也就可以有象，所以有些行文中，象也会指有形之物。而是否会有无象的东西呢？严格意义上是没有的。因为可象的是气，而船山认为所有的东西都无非是气，那么也就不能有无象的存在。不过，气是从存在材质来说的，还可以有能力、属性等，所以有两个重要的例外。一方面，因为作为太和氤氲之能力的神不是材质，就用"不可象"来表征其不受材质束缚的活动能力。也就是说，隐含着认为形器材质是有限制的，神则有更高的能力。另一方面，太和本然是浑沦未分的，连阴阳二气都没有，只是有浮沉升降等性；也就是说，气有未分与已分两种状态。与此对应，后者被表述为"感而生则聚而有象"，那么，未分状态是没有象的。因此，这种未分的最初状态需要注意，这是后面讨论太虚的时候更为清楚。

另外，神是气的固有属性吗？这是需要考虑的问题，因为它可以丢失，或者说可以被迷失遮蔽。比如人生而物感交之后，就有可能逐于物，而役气使神，这时候神就迷失了健顺之性，不再是生之本然。不过，这时候的气，也不再是生之本然，即不是有清通之理的气。由此，气与神都是表示宇宙中的基本元素，在生长变化中会有很多形态，所以不能以相对稳定的物体观念来理解。考虑这种基本元素的特殊性，气是变化的，神也是变化的，而且从气与神变化出来的东西，可以多出气与神本来没有的性质。这种发展的逻辑我们是熟悉的：发展之后所形成事物的新特性与本来的东西会有不同，但无碍于本来的东西自有的特性。从太和的角度来说，太和本然的气与神是一回事，发用而形成人物之后的气与神是另一回事，两者是连贯的，但不能简单地用还原主义的方法来考虑。

《正蒙》接下来的三句，是对理解太和这种境界的赞语，这个意思比较简单，但船山的解释中，有一点需要注意。对"不如野马、纲缊，不足谓之太和。"船山解释说：

> 此言体道者不于物感未交、喜怒哀乐未倚之中，合气于神，合神于性；以健顺五常之理融会于清通，生其变化，而有滞有息；则不足以肖太和之本体，而用亦不足以行矣。（页17）

船山讲体道者"合气于神，合神于性，以健顺五常之理融会于清通"，这种似乎是递进过程中的几个概念，需要仔细分辨。气与神的关系较容易理解，虽然神在气中，但有必要把更驳杂的气统合于神，或者说让神来统御气，这对体道者来说是更好的方式。但是神与性的关系如何理解？在前文，船山从体与性的角度讲到过性，这种关系跟气与神的关系很类似，都是一种强调材质方面，一种强调功能方面。但是这两组描述有一定的不同，太和本然之体比气的涵盖性要高，那么相对应的性，应该也比神的涵盖性要高。这可以由船山稍后的一句话证明，他讲"气以成形，神以居理，性固具足于神气之中"（页 17），我们不去比较神与性谁大谁小，谁高谁底，是指太和还是指人物，但从涵盖性来说，性要涉及更多的内容。由此，我们可以理解"合神于性"的意思，这种三元融合的思路是横渠船山共同的特点。上面是追溯到本体，接下来则是要发用。"以健顺五常之理融会于清通"，这里的"理"就是指"合神于性"中性的道理，这是泛义地使用理。这种性理与清通的神融会，就能生出变化，产生停滞的形器，并具有生息的能力。这是发用的过程，体道者能够贯通地理解到本体、理解到发用，这就是所谓的"知道"了。

根据上述，我们可以看到有三组描述太和的观念了：阴阳、气神、体性。这三种概念的层次有微妙的差别，阴阳氤氲是最基础的，作为实存者不容质疑；气进一步，包含阴阳二气，与神对应；性更进一步，具足于神气之中，体则就是太和本然之体了。这三组概念大致讲清楚了太和是什么，但需要指出：形器之后的天地人物也都是太和所涵盖的，只是说太和经常是指太和氤氲之体，即阴阳未分时的状态。

二、太和与太虚、太极

上面一整条的讨论，正面说明了太和是什么。而要更全面的了解，需要从比较的角度，看太和与其他重要概念如何区分开。这是跳出太和之外，看太和在船山理论中的位置是什么样子的。在此主要与太虚、太极观念做比较，先来看太虚。

《太和篇》第二条讲"太虚无形，气之本体；其聚其散，变化之客形尔。"船山的注解讨论了他理解的太虚。

> 于太虚之中具有而未成乎形，气自足也，聚散变化，而其本体不为之损益。
>
> 日月之发敛，四时之推迁，百物之生死，与风雨露雷乘时而兴，乘时而息，一也，皆客形也。有去有来谓之客。发敛，谓日月出入之道。
> （页17-18）

根据此段，船山认为的太虚不是实际的存在，更像是一个存储物，气在太虚这个地方存在。这有几个特点，第一，在太虚中是有气的，也就是"于太虚之中具有"。第二，这时候的气是未成形的，第三，这种情况的气是自足的，也就是说"聚散变化，而其本体不为之损益"。第四，太虚中的气，与日月四时百物是相对的，后者是变化的客形，前者是客形的本体。由这些界定可见，太虚似乎是与太和本然之体相对应的那个"区域"。[1]不过，古人并没有类似于现代物理学中的清晰时空观，不能把太虚直接理解为空间，这一点要注意。

接着再来看几条船山的讨论，对于"知虚空即气，则无无"，船山的注解是：

> 人之所见为太虚者，气也，非虚也。虚涵气，气充虚，无有所谓无者。
> （页30）

---

1 可以参看船山这一条："惟不能穷夫屈伸往来于太虚之中者，实有绸缊太和之元气，函健顺五常之体性，故直斥为幻妄。己所不见而谓之幻妄，真夏虫不可语冰也。盖太虚之中，无极而太极，充满两间，皆一实之府，特视不可见，听不可闻尔。"（页152）这也是把太虚和太和结合起来讲。

对于"气本之虚，则湛本无形，感而生则聚而有象。"船山的注解是：

> ……言太和缊缊为太虚，以有体无形为性，可以资广生大生而无所倚，道之本体也。二气之动，交感而生，凝滞而成物我之万象，虽即太和不容已之大用，而与本体之虚湛异矣。（页40-41）

在第一条，船山更明确地把太虚当作某种区域，虚涵气，气充虚，所以不是绝对的无。在第二条，则从形与象的角度来表达了从太虚中生成万物的过程。船山认为之所以把太和缊缊的状态称之为太虚，是因为这时候有太和之体而没有分化成形，所以可以资始广生大生，而不需要有所倚。等到分化而成阴阳二气，并且二气交感而凝滞下来，就成为了物我的万象。这时候依然是太和的大用，但与太和本体的虚湛是不同的。这个过程看起来有三步，第一是有体无形的太虚，第二是分化出阴阳二气，第三是成就万象。从形象的角度，严格的表述应该是：最开始未分时连象都不显，分化出阴阳二气有了象；进一步转化为物象，形成了无形而有象的天象等，以及有形也有象的形器。至于太虚，同时包含了未分与已分两种气；未分的气也是气，所以说虚涵气。也就是说，虽然分别第一第二步，但经常是把两者合起来讲，这在讲太极、神时都可以看到。

但是，如果进一步探究，未分的气以什么样子存在？是否有单纯的阴阳二气呢？直观的理解，会认为阴阳二气只是一种抽象，在实际的时空中不会有其存在的位置；会认为从未分的气分化而成为阴阳二气，依然是某种无中生有，不可接受。在船山的文本中，看不到对此的进一步解释。也就是说，这依然是他理解的限度，不会再向前推演了。[1]

下面再来讨论船山理解的太极，从而比较太极与太和有什么不同。《参

1　如果参考现代的宇宙理论，可能与大爆炸理论类似，从极小的点产生了物质能量以及时空。但不同的是，太和本然是一直存在的，而且所占据的太虚非常广大；当然这是从本体上说，不是物质性的说。

两》篇第一句"地所以两，分刚柔男女而效之，法也；天所以参，一太极两仪而象之，性也。"这句话涉及到很多观念，船山的解释如下：

> 天一地二，阳之爻函三为一而奇，阴之爻得三之二而偶，偶则分，奇则合。在天者浑沦一气，凝结为地，则阴阳分矣。植物有刚柔之殊，动物有男女之别。效者，效着以成形也。法者，物形之定则。凡山川、金石、草木、禽虫以至于人，成乎形者皆地之效而物之法则立焉，两者之分不可强而合矣。若其在天而未成乎形者，但有其象，絪缊浑合，太极之本体；中函阴阳自然必有之实，则于太极之中，不昧阴阳之象而阴阳未判；固即太极之象，合而言之则一，拟而议之则三，象之固然也。性以理言，有其象必有其理，惟其具太和之诚，故太极有两仪，两仪合而为太极，而分阴分阳，生万物之形，皆秉此以为性。象者未聚而清，形者已聚而浊，清者为性为神，浊者为形为法。
>
> （页45-46）

船山首先从天一地二来说，在天者浑沦一气，凝结为地，则阴阳已经有分了。因为成形之物的法则各自明确，不能勉强地合，所以说地两。至于天，它的象更为复杂，不是截然分开的。一方面，在天虽然是未成形，但有其象，也就是絪缊混合，这就是太极的本体。另一方面，太极之中函有阴阳这种必有的真实，所以太极之中并不能完全掩盖阴阳之象，只是阴阳未分判而已。这样，对于太极之象，从合的角度来说就是一个太极；从拟而分议的角度来说就是太极、阴、阳，这样就是三。至于说到性，是因为有象则有理，这样的即太极即两仪的象也就有了性，而且表现为万物的根本。最后，船山依然从形与象的角度做了区分，像是未聚状态，对应着天、性；形是已聚状态，对应着地、法。

这个表述很明晰，不过，结合上面讲的太虚来分析形与象的界限，还需要再详细辨析。首先，太极本体是指阴阳未分的状态。但是，不能说没有阴阳，阴阳已经存在于太极中，只是未分。其次，由此太极阴阳之合而说天参，所以这里的天也专指本体的状态，而不是地在天中的那种广义的天。再次，象是未聚时的样子，对应于清、神、性。但严格来说，太极是阴阳未分的状态，这时候连象也不显。也就是说，在此船山依然是把本体未分与阴阳已分两者合在一起讲，所以可以用象来描述。这与太虚的讲法是一样的，实际上，船山经常把未分与已分合起来讲，将其看作太和本然、太虚、太极，而与成形的万物相对，用体与用、幽明、翕辟等来描述。一方面，这是从分类角度来说的，这两者都属于本体的层面，即使是分化出阴阳二气，也不是发用的层面。另一方面，未分与已分的状态，实际上也可以看作同一物，在下面讲气与神时可以看到。因此，经常把未分与已分两者合起来说，只是深入分析才把他们分开来说。

上面讨论了太虚和太极，[1] 整体回顾一下他们与太和的关系。首先，太虚和太极都与太和本然之体对应。太虚侧重于表达太和本体所处的区域或者说时空：万物在天地之间，太虚在则在此之外。太极侧重于表达太和本体的内容：即太极即阴阳的氤氲未分状态。第二，太和本然有氤氲未分与已分阴阳两个阶段，太虚明确包含这两个阶段，太极则侧重于第一个阶段。这也是与上述两者的不同有关，太虚是某种存储物，所以未分与已分两者都在这个存储中；太极作为实质的内容，专指未分时的状态；虽然泛义地可以合着指这两个阶段，乃至于包含万物。第三，太和、太虚、太极有着不同的意义。太和是涵盖最广的概念，一切都在太和之中，是作为统摄性的概念来讲的。太虚是相对于有形可见的万物来说，指出虽然这个区域不可见，但并不是真的无，而是有着太和氤氲之气。太极是从易象的角度来说的，太极、两仪、四象、八卦乃至万物，由此形成一个序列。因为周易是中国古代最重要的宇宙论模式之一，所以太极就

1　另外，在《周易内传》中，船山对"太极生两仪"、"易一物而三才"的解释中，也讨论了太极。虽然这些讨论有不同的理路，但就太极与太和的关系来说，都是认为太极是太和氤氲本体。

成为特别重要的观念。由此，这三个概念各有所指，都属于船山理论中最高的范畴。

三、阴阳、气神、体性

在第一节，我们讲到阴阳、气神、体性是描述太和的三组概念。为了更具体地理解太和，这一节讨论船山所讲的这些相关概念。

首先从阴阳开始，我们知道太和本然之体，主要是指阴阳未分时的状态，而且严格来说，太极阴阳这三者才构成太和本然。但是阴阳作为气的最根本两个类别，具有直观、实质的意义，所以船山直接用阴阳合来讲太和。

在解释《正蒙·太和》第一句时，船山讲道："……阴阳异撰，而其纲缊于太虚之中，合同而不相悖害，浑沦无间，和之至矣。……阴与阳和，气与神和，是谓太和。……"（页16）这是讲阴阳氤氲，合同浑沦，这就是和之至，是太和。另外，解释"阴阳之精互藏其宅"，船山讲"太和之气，阴阳浑合，互相容保其精，得太和之纯粹，故阳非孤阳，阴非寡阴，相函而成质，乃不失其和而久安。"（页54）解释"阴阳合一存乎道"，船山讲"太和所谓道，阴阳具而无倚也。"（页114）也是这个意思。这种太和与阴阳的基本架构，前面已经讲过，下面再看船山的另一条论述，看一下他对阴阳有哪些具体的讲法。

对于横渠讲的"气有阴阳"，船山的解释是：

> 阴阳之实，情才各异，故其致用，功效亦殊，若其以动静、屈伸、聚散分阴阳为言者。又此二气之合而因时以效动，则阳之静屈而散，亦谓之阴，阴之动伸而聚，亦谓之阳。假阴阳之象以名之尔，非气本无阴阳，因动静屈伸聚散而始有也。故直言气有阴阳，以明太虚之中虽无形之可执，而温肃、生杀、清浊之体性俱有于一气之中，同为固

有之实也。（页80）

阴阳二气落实到物象中，那么"情才"都是不同的，所以致用的功效也不同，就像以动静、屈伸、聚散分别了阴阳那样。但是，从阴阳二气之合的角度来说，他们因顺时势而有了动，这样阳变得安静屈蔽而散失，也就是阴了；阴变得运动伸展而凝聚，也就是阳了。所以，在合的角度来看，只是假借阴阳之象而命名为阴阳而已，实际上是阴阳未分判的。[1] 由此可知，并不是说气本然状态时没有阴阳，因为动静、屈伸、聚散而以后才有的。所以，说气有阴阳二气，以此来说明太虚之中虽然无形可见、可执，但是在一气（即未分状态）时已经有了温肃、生杀、清浊的体性，就像一气本身一样的固有真实。这段话具体说明了一气未分与二气已分。准确来说，在太和本然中，有清浊等体性，这也可以说是阴阳之性；然后因为动静而有了阴阳之象；而这样的阴阳之性、阴阳之象都是阴阳，不能说太和本然之中只有阴阳之性，而没有阴阳。

对于从气与神的角度来讨论太和，这是主要的方式，在船山行文中随处可见。这里我们引用几条比较重要的，来看船山对气与神的观点。首先看他解释"一物两体，气也；一故神，两在故不测。两故化，推行于一。此天之所以参也。"

> 细缊太和，合于一气，而阴阳之体具于中矣。
>
> 神者，不可测也，不滞则虚，善变则灵，太和之气，于阴而在，于阳而在。其于人也，含于虚而行于耳目口体肤发之中，皆触之而灵，不能测其所在。
>
> 自太和一气而推之，阴阳之化自此而分。阴中有阳，阳中有阴，原本于太极之一，非阴阳判离，各自孳生其类。故独阴不成，孤阳不生，

---

1 上文讨论太极时也引用过：太极之中，不昧阴阳之象而阴阳未判。（页45）

既生既成，而阴阳又各殊体。其在于人，刚柔相济，义利相裁，道器相需，以成酬酢万变之理，而皆协于一。

自其神而言之则一，自其化而言之则两。神中有化，化不离乎神，则天一而已，而可谓之参。故阳爻奇，一合三于一；阴偶，一分一得二；阳爻具阴，阴爻不能尽有阳也，分则太极不离而离矣。（页46—47）

船山认为一物两体中的一物，就是氤氲太和，[1]两体就是阴阳这两体具于太和之中，而这都是太和本然的一气，这时候还未分的状态。至于一故神，因为太和之气，既能够在阴，又能够在阳，所以不会停滞而虚，非常善变而灵，从而有不可测的神。一故神还是太和本然的状态，从太和一气而推，就有了阴阳的化生。构成万物的阴阳二气，一定是阴中有阳，阳中有阴；因为阴阳都是从太极的一而发出的，所以不会是阴阳相互判离敌对，各自生成自己类别的万物，这就是经常说的独阴不成，孤阳不生。当然，真的生成之后，还是会有阴阳的不同，比如男女；但内在的依然同时有阴阳，所以阴阳还是同时发挥作用。具体来说人的情况，就是刚柔相济，义利相裁，道器相需，以此而成就的酬酢万变之理，就能够协调于一；其原因还是阴阳两端同时发挥作用。

上面讨论了神与化、一与两，而神中有化，化不离神，一中有两，两不离一；因此，天是一个整体，但可以称之谓三。这要从太和之气与阴阳分化之后两种情况来说，而这两者都属于天。太和之气虽然是未分的状态，但也是有清浊等体性，所以是三；阴阳分化之后，虽然各自殊体，但能够相济而协调于一，所以是三。因此，不能认为天是从太和本然的一、阴阳分化之后的二这样来说的三，这样既没有正确理解太和本然、阴阳分化，又是把两个不同阶段混在一起。[2]

1　在解释"易一物而三才"时，船山也讲："一物者，太和氤氲合同之体。"（页274）

2　本文没有直接讨论天，因为天是很泛泛的用词。简单来说，天与太和一样，都是包含所有的最高综合。

再来看一条，这是从气与神本一的角度来讲的。对于"苟健顺、动止、浩然、湛然之得言，皆可名之象尔。"船山解释为：

> 健而动，其发浩然，阳之体性也；顺而止，其情湛然，阴之体性也。清虚之中自有此分致之条理，此仁义礼知之神也，皆可名之为气而著其象。盖气之未分而能变合者即神，自其合一不测而谓之神尔，非气之外有神也。（页82）

在此船山认为，对于太和本然中的健顺、浩然，动止、湛然，分别是阳与阴的体性，而且这是清虚之中就有的条理，同时是人类所有的仁义礼智之神的本源。对于这样的条理、神，实际上可以命名为气，并显著其象；也就是说，神可以是气。反过来，未分时而有变合能力的气也就是神——从其合一而不测的能力来说称之谓神；也就是说，气就是神。这是从两一的角度来看气与神：神分而为健顺，有仁义礼智之神，但因为分化所以是气；气合一而不测，这就是神；这是同一物的不同表现，不是两物。一般认为气是材质、神是能力，两者是平行的同一物。这是从阴阳已分之后的气与神来说的，对太和本然未分时的气与神不能这样理解，而要从两一来理解气与神，两者是纵向的同一物。这样，就完整地理解了不同层面的气与神。

最后来看一条对体与性的讨论，对于"未尝无之谓体，体之谓性。"船山解释为：

> 无则不可为体矣。人有立人之体，百姓日用而不知尔，虽无形迹而非无实；使其无也，则生理以何为体而得存邪？仁之于父子，义之于君臣，用也；用者必有体而后可用，以此体为仁义之性。（页118）

虽然上文讨论到，体与性是比气与神更高的一对范畴；但正因为涵盖广，缺乏直接所指，所以船山讲到的不多。在此船山认为如果无也就不会有体了，比如人就要有真正的存在来作为立人之体，也就是太和之气、之神。虽然这样的气与神无形迹，但是并不是不真实。如果说没有了太和之气、之神，那么生理就没有根据以作为体而存在了。进一步，仁义这样的性，是相对于父子、君臣而有的用。用就要有体才能有用，也就是说要有父子、君臣之体才有了仁义之性。这个意思很明确，就是讲要基于真实的气与神才有体，才有性，而把体寄托于虚无，这是讲不通的。

四、结语

上面对不同概念的进行讨论，他们相互交错在一起，不容易理清。因此，在上述讨论基础上，我们再次简单地描述太和的结构。1. 太虚是太和本然所处的区域，既包含未分的状态，又包含已分的阴阳二气。2. 太极是由太和本然来说的万物本源，而太极之中已经包含了阴阳必有之实，只是还没有显现为阴阳二气。3. 气是所有的体，所以从太和本然到具体万物都是气。它有三种状态：太和本然中的未分状态，太和本然中的阴阳二气状态，在万物中的构成有形万物的状态。4. 神是基于太和本然未分时的合一不测而来，而且能够保持合一状态而无滞碍地运动于阴阳二气、万事万物（化则是从阴阳两体分化来讲的运动），但在未分与已分状态下的神依然有不同。5. 阴阳是气分化后的两种分类，但阴阳二气不是截然分离，两者一直是融合的状态；虽然形成万物后会分化成阴阳殊体，比如男女，但各自内部依然是阴阳融合的。6. 万物是由神与阴阳二气运化而生成的有形之物，虽然是有形有滞，但合一无形的神依然存在于其中。7. 形是从有材质而可感来说的事物属性。象是从无形体可感但有气可以附着来说的气之属性：因为只要可以附着于气就会产生各种表象。8. 某种东西整体上是一，但具体可以有一二三的区分。所具有的合一而无滞的太极或者神，这是一；所具有的阴阳二气所形成的材质，这是二，综合这三者就是三。9. 太和是上述所有的综合。因为气是所有的体，可以顺着气的三种状态来理解太和。在太和本然未分时，它处于太虚中，其内容是太极以及阴阳必有之实，表现为无象的状态，这时候神也是未分的。在阴阳二气已分时，它处于太虚中，其内容是纯然的阴阳二气，表现为有象无形的状态，这时候神具体到二气中。在形成万物时，它处于天地之间，其内容是万事万物，表现为有象有形的状态，这时候神具体到万事万物中。基于太和，船山表达了一种完整的宇宙论。这不仅仅是与人文世界相对应的自然哲学，也不仅仅是从义理上讲的本体论，而是全部涵盖的宇宙模型，人文、义理、知识都是在此基础上建立。虽然，这些问题都有自己的独立性，只是从宇宙论找到依据，但宇宙论的根本意义不容忽视。在文章最后，我们可以选择船山的几个观念，看一下他们与太和的关系。

第一，对于生死，船山认为人生时时受天地之化，所以要顺事之；去世后则正是归于自己的常德，所以就安宁了。具体来说，船山认为人是禀受太和之气、之神而生而成，自然具有正确的道理，所以应该顺畅地做事；而不要去做错误的东西，否则必定混乱。去世后，气与神返归太虚，如果像尧舜那样全而归之，与太和同道，就可以悠久存之；如果像桀纣那样损害殆尽，与太和不同道，就会被太和消解而很快灭失。所以，我们要修德，这样去世时就是归于家而永恒。这种对于生死的论证是很有力度的，既有应该的正确路向，又有实际的警戒方式。

第二，对于虚无，船山从太和本然与具体事物两方面都反对虚无。他首先指出，之所以讲"无"是因为"有"的有限性，但是不能由此只讲"无"。船山讲太和未分状态，实际也是从"有"而追溯得出的，但他坚持未分状态中依然有阴阳固有之实，而不是纯粹的未分。而且，一定不能忽略具体事物，虽然讲虚无本体的学者也可以处理具体事物，但这样两者就有所断裂。毕竟不能从无顺畅地到有，可能"以理限事"那么有的领域自然就不能处理好。

第三，对于性善，船山不从端绪、不从为善的角度来讲性善，而是从完美结果上来讲性善。也就是说，船山跳出人本身，而从太和之气、之神的整体运动过程来讲性善：性善能够最完美地发展太和之气，并且完整地回归太和。所以，他对"天命之谓性"、"继之者善，成之者性"的解释，比一般的解释要复杂很多，这样考虑的范围更广，更有说服力。

文明博弈与全球性"辨异自识"和"文化自觉"

——亨廷顿"文明冲突"说辨正[1]

李清良　夏亚平

摘要：美国著名学者塞缪尔·亨廷顿（Samuel P. Huntington）于 20 世纪 90 年代提出的"文明冲突"说，在国际舆论界和学界引起了相当广泛而强烈的反响，我国学界尤其敏感，已指出了其中不少问题。本文的主要任务是，通过对亨廷顿"文明冲突"说相关内容的辨正，进一步探讨文明博弈的复杂图景，希望能为我们把握全球新趋势、实现"文化自觉"与认同提供一个更富历史感的视域。

关键词：文明冲突；辨异自识；文化自觉；博弈

一、亨廷顿"文明冲突"说的相关问题

在亨廷顿前数年，福山（Francis Fukuyama）提出了"历史终结"论，认为冷战格局的结束意味着意识形态冲突的结束，从而是全球重大政治冲突的结束。[2] 亨廷顿的"文明冲突"说则认为，全球政治冲突并未结束——虽已不再源自意识形态冲突，却可能源自各大文明间的冲突，尤其是伊斯兰文明、儒教文明与西方文明的冲突。因为，全球现代化进程的加深在两

1　本文为国家社科基金一般项目"现代新儒家的本体论探索与'中国现代性设计'研究"（项目编号 10BZX058）的阶段性成果。

2　弗朗西斯·福山：《历史的终结及最后之人》，黄胜强等译，北京：中国社会科学出版社，2003。

个层面上导致了非西方国家的本土化（indigenization）运动：在国家和社会层面，非西方国家的综合实力及国际发言权已有较大提升，对本土文化逐渐恢复了信心，颇欲伸张其权力以重新确定身份，同时对西方民主观念或体制的接受也刺激了本土主义政治运动；在个人层面，现代化进程对传统纽带和社会关系的撕裂使人们深感疏离和失范，导致了很深的认同危机而需要诉诸各文明的宗教。因此，自 20 世纪 80 年代以来，"本土化已成为整个非西方世界的发展日程"。[1] 这样在全球政治格局中，一方面是非西方国家逐渐强烈的本土化诉求，一方面是西方诸国一贯坚持的普世主义姿态，文明间的冲突也就势所难免。

亨廷顿指出，各大文明间的关系已历三个阶段。公元 1500 年之前是第一阶段，各大文明间只是断断续续和有限的"偶遇"（encounters）。从 16 世纪到 20 世纪是第二阶段，西方文明"对所有其他文明进行持续而无敌的单向冲击"并最终独霸世界。到 20 世纪后期则逐渐进入第三阶段即"所有文明间强烈而持续的多向互动阶段"，"全球政治第一次成为多极的和多文明的"，再无一方具有绝对控制地位，"非西方社会不仅根本不是西方创造的历史的客体，而且日益成为它们自己的历史和西方的历史的推动者与塑造者"。他又指出，在后两个阶段，非西方各国对于西方冲击一般会有三种回应方式：一是既反西化也反现代化的拒绝主义，二是既接受现代化也接受西化的基马尔主义，三是接受现代化但反对西化的改良主义。[2]

正如不少学者指出的，亨氏的"文明冲突"说尽管存在这样那样的局限，然而他将文明和文化的博弈纳入国际政治格局的分析中，本身就极具价值和意义。[3] 它意味着，当今国际政治格局无论是所争内容还是所争方式，

1　Samuel P. Huntington, *The clash of civilizations and the remaking of world order*, New York, 1996, pp.76, 94；亨廷顿：《文明的冲突与世界秩序的重建》，周琪等译，第 67—68、91 页，北京：新华出版社，1999。

2　同上，第 33—40、63—71 页。

3　参见王缉思：《文明冲突论的理论基础与现实意义》，王逸舟《国际政治的又一种透视》，徐国琦《亨廷顿及其"文明冲突"论》，李霖、俞正梁《从政治发展到文明冲突》等文，均见王缉思编：《文明与国际政治——中国学者评亨廷顿的文明冲突论》，上海：上海人民出版社，1995。

都已不再局限于简单而直接的物质层面的权力和利益之争，而是扩展为同时包括物质层面和精神层面的各国综合实力尤其是各种文化与文明之"道"的博弈。它也启示我们，对于当今国际政治格局的把握，不能仅从最近几十年来看，而应从各大文明冲突的历史全过程或布罗代尔所说的"长时段"来看。因此，亨氏的"文明冲突"说实为我们准确把握全球整体格局和发展趋势，进一步思考相关问题尤其是中国问题，提供了一个基本的视域和起点。以下辨析，虽然多讲其不足，但不是为了否定其贡献，而是为了深入思考其所提出的问题。

从亨氏上述说法中，我们也可得出与之相反的一些观点。

其一，文明冲突其实不始于今日，而是早已出现了数百年。[1]亨氏对文明关系三阶段的描述恰恰表明，西方文明与其他各大文明之间的剧烈冲突，自 16 世纪以来就已陆续出现，只是在不同阶段表现为不同形态。他所描述的几种"回应"方式，正是非西方文明经历这一冲突历程而进行痛苦回应和艰难反抗的不同阶段，即可大致分为拒绝→改良→全盘西化→改良→复兴等阶段：面对西方文明的强力"冲击"，各大非西方文明首先是完全拒斥，但在前者横扫世界的强势下很快就发现，循此路线根本无法自保；不得已采取改良主义路线，但也很难为西方所容；改而采取完全西化路线，仍不为西方所容；于是只好顶住西方压力返回改良主义路线，极其艰难而有限地坚持固有文明的某些特色并探索自己的现代化道路；最后随着实力的逐步提升，这才出现了"非西方化和本土文化的复兴"，逐渐进入了亨氏所谓"文明冲突"阶段。亨廷顿之所以不愿承认近 500 年来西方文明对非西方文明的强力"冲击"就是文明冲突，只承认到现在才出现冲突，首先是因为之前的冲突在军事和经济方面的实力已悬殊得难以构成对抗性而不必上升为整个"文明"的冲突；同时也因为只有到现在，各大文明的冲突进

---

1 徐国琦：《亨廷顿及其"文明冲突"论》，见王缉思编：《文明与国际政治——中国学者评亨廷顿的文明冲突论》，第 81 页，上海：上海人民出版社，1995。

程才真正"走出了西方"，即西方文明不再拥有绝对控制权并真正受到一些"威胁"。但下面的辨析将表明，亨氏的这些理由都不能成立。质实而言，亨氏所谓"文明冲突"既是"西方中心论"者不顾之前非西方国家被"冲击"实情所看到的"冲突"，也是国际关系学领域坚持传统现实主义理论所看到的"冲突"（详下）。——为了不引起混乱，以下凡加引号的"文明冲突"都是特指亨廷顿所说的当今阶段，非指上述整个文明冲突历程。

其二，文明冲突的主要根源也不是非西方文明的"本土化"，而恰恰是数百年来西方文明的强力扩张与全球性"冲击"。[1]事实上，各大文明从来就是以"本土化"方式即以坚持各自传统的方式自然发展，全因西方文明强力侵入与打压所造成的文明冲突，才使非西方文明的"本土化"进程在不同阶段呈现出不同强度，有些文明甚至还一度中断了这一进程。今日各大文明的"本土化"现象不过是在新形势下表现得空前一致、空前强烈而已。亨廷顿则将非西方文明一向存在的"本土化"现象描述得类似于恩将仇报——因受惠于西方才进入现代化历程，随着现代化进程的加深又转过来复兴本土文化以反抗西方。亨廷顿的这种说法颇有倒果为因的味道。下面的辨析将表明，当今"本土化"现象的总体趋势实是减少或结束之前那种对抗性冲突，使持续了数百年的文明冲突终于能够走向"文明的竞争"。

其三，文明冲突与"意识形态冲突"并非替代关系，而是包含关系。后者不过是前者在特定阶段的表现而已，是在亨氏所谓第二次"改良"阶段中，非西方文明面临西方文明的强力冲击不得已采取的回应方式：借西方非主流的意识形态反抗西方的主流意识形态。虽然如亨氏所说，20世纪各大政治意识形态"都是西方文明的产物"[2]，"意识形态冲突"其实是在西方框架内冲突。但对于非西方国家而言，此中却明显包含了反抗西方（反帝）的成分，正如可以借助源于西方的现代化反抗西化一样。因此"意识

---

1 李霖、俞正梁：《从政治发展到文明冲突》，见王缉思编：《文明与国际政治——中国学者评亨廷顿的文明冲突论》，第364页，上海：上海人民出版社，1995。

2 亨廷顿：《文明的冲突与世界秩序的重建》，第40页，北京：新华出版社，1999。

形态冲突"实是文明冲突的一种表现形态。相应地，在文明冲突的当今阶段，也仍含有来自"意识形态冲突"的成分。中国学者已明确指出，"意识形态冲突"还会"长期延续"并将"主要发生在两个方面：西方国家同社会主义国家之间；原社会主义国家和信奉社会主义学说的第三世界内部"。[1] 美国外交理论界的领军人物之一布热津斯基（Z. Brzezinski）在 2007 年的新著中也说，当前"全球范围的政治觉醒"运动具有"反帝的历史向度，反西方的政治向度，以及日益反美的情感向度"。[2] 这三个向度尤其第一向度显然都是"意识形态冲突"的持存效应。之所以如此，正是因为之前的"意识形态冲突"和现在的"文明冲突"本来就属于同一个文明冲突进程，虽是不同阶段，却有其连续性和交错性。

由此可见，亨廷顿的"文明冲突"说虽然富有卓见，但并不全面和准确。若要真正弄清文明冲突的来龙去脉，就不能局限于他的描述与分析，而应澄清文明冲突历程的复杂图景。

二、文明冲突的复杂图景：文化导向群的博弈

根据亨廷顿的描述，可将数百年来的文明冲突大致分为拒绝→改良→全盘西化→改良→复兴等阶段，不少学者也早已提出了与此类似的模式。这种描述模式的最大问题是无法揭示整个文明冲突历程的复杂图景。其根本原因之一是只以西方文明为主体看问题，无形中将每种文明都视为铁板一块，未能充分考虑到其中的种种复杂情况。

美国著名学者史华慈（Benjamin I. Schwartz）一再指出，各大文明或文化都不是铁板一块的"强势整体"，而是包含多种声音且充满张力的"松

---

1 刘鸣：《对"未来国际政治冲突模式"的几点思考——兼评亨廷顿的"文明冲突论"》；林甦：《〈文明的冲突〉告诉我们什么？》。均见王缉思编：《文明与国际政治——中国学者评亨廷顿的文明冲突论》，上海：上海人民出版社，1995 年。

2 兹比格纽·布热津斯基：《第二次机遇：三位总统与超级大国美国的危机》，陈东晓等译，第 163 页，上海：上海人民出版社，2008。

散整体"或"弱势整体"。每种文明或文化的整体特点，只是其中若干持续经久的"主流文化导向群"（dominant cultural orientations）的特点。其实各大文明或文化包含了多种文化导向，有主流的也有反主流的，即使"主流导向群"也包含分歧而有不同流派，"主流导向群"虽在特定历史阶段取得主流地位，但并不能取消别的导向。之所以不说"结构"而说"导向"，是因为每种导向都只"大体提供一个引导方向"，对人们只有引导作用而非绝对规定。因此，一种文化的各种"文化导向群"其实是对某些共同问题提出的不同答案，或者说，一种文化就是一个 problematiques——包含了许多回答也存在不少共识但无定解而仍在持续对话的共同问题群（学术界常译为"问题性"、"问题结构"、"问题意识"或"问题情境"）。史华慈说："打从所谓'轴心时代'开始各个文明中各种文化导向所导致的并不是含义明确无误的答案、反思或回应，而是彼此共同分享的'问题情境'。……问题，由于涉及人类存在的经验，所以是普适的；但是答案，由于出自于人，所以总是有分歧的。"因此，任何文明或文化都不是"建立在某些固定不变的原则之上封闭的、紧密编织成的、整合得天衣无缝的系统"，而是"远未决定的、不稳定的、相当松散的整体"，"它对于来自外部的各种影响和未来的种种可能是完全敞开的。……其中各种成分都可以分离出来，可以从原有的结构中解脱出来和其他结构组合。它和固定的结构和所谓牵一发而动全身的强势的生物有机观很不一样"。[1]正因如此，每种文化才生生不息而有历史有发展。

根据这一识度再看近代以来各大文明间的冲突历程，就会发现其中实有相当复杂的图景。此处且以中西文明冲突为例略加勾勒。

在西方冲击之前，中国文明与各大文明一样既有主流的即"得势"或"当权在势"的文化导向群（儒家），也有非主流的即"在野"、"弱势"

---

1 参见许纪霖、宋宏编：《史华慈论中国》，新星出版社 2006 年版。特别是其中所收《全球主义意识形态与比较文化研究》（史华慈）、《现代性与跨文化沟通——史华慈教授访谈录》（刘梦溪）、《他给我们留下了什么——史华慈史学思想初探》（林同奇）等文。

的文化导向群（道家、法家、墨家等，还有外来的佛家及其与国内伙伴交融后的"后裔"），它们共同构成了相对稳定又内在紧张的松散整体，虽不断有内部的交互摩荡和外部的文明冲突，但其相对稳定性从未破坏。西方文明侵入之后，它就经历了如下六个阶段。

第一阶段是"完全拒斥"阶段。各大文明都有其悠久历史，故当西方文明最初强势入侵之际都会严加拒斥，甚至极为不屑。但西方文明的强势入侵不容许这个阶段持续太久。

第二阶段是"分化骚乱"阶段。西方文明的强势入侵，对非西方文明"所造成的最大影响就是传统内部的紧张性和激荡性的提高和强化"[1]，即打破了原有的相对稳定性，各种文化导向从相安无事开始上下交疑、相互埋怨，渐渐出现骚动与分化。之前"弱势"、"在野"即并未充分发挥甚至不被注意的文化导向群，逐渐由隐之显、由弱变强，并与某些西方文化导向群里应外合、相互呼应，以"有识"者的身份和拯救文明的姿态一起挑战"当权在势"的文化导向群的权威，攻击其应对新时势的有效性和实效性，而提出自己的应对方略。站在后者的立场看，这种分化与骚乱可谓之"乱贼"与"夷狄"一起造反的局面。[2]

第三阶段是"中体西用"阶段。随着西方压力的日益加强和西方势力的日益渗入，新旧"夷狄"与"乱贼"相互呼应、一起造反的局面也日益严重。"当权在势"的文化导向群虽不至于逊位却已无力平乱，只好招安"乱贼"与"夷狄"，于是原本"弱势"、"在野"者便成为了在其辖下的或大或小的"新贵"，形成了"中体西用"局面。此处所谓"西用"，不能仅理解为新"夷狄"，也包含与之相互呼应的本国旧"夷狄"以及"乱贼"即原本"弱势"、"在野"的文化导向群。对此，我们只要回想中国在洋

---

1 张灏：《烈士精神与批判意识——谭嗣同思想的分析》，第20页，桂林：广西师大出版社，2004。

2 此处所谓"夷狄"（包括"新夷狄"和"旧夷狄"及其"后裔"）是指外来的文化导向群，"乱贼"是指内部"在野"并在一定程度上了解和接受西方文明的文化导向群。此处使用这两个传统术语，是为了描述"主流文化导向群"的立场与感受，并从话语权力角度和历史纵深处突出不同文化导向与特定人群的密不可分。下文亦将以此描述西方文明的当前困局。就笔者本人的立场而言不含任何贬义，读者幸勿误会。

务运动期间的思想状况即可了然。

第四阶段是"西体中用"阶段。成为"新贵"的文化导向群（比如中国的"二西之学"）凭借其应对新时势的有效性与实效性进一步扩展其势力范围，不断将其他文化导向诱入门下，后者亦有感于时局变化而乐附之，自许"识时务"。于是"主流文化导向群"更趋分化与变质，终因内忧外患的进一步加强和"新贵"势力的逐渐扩大与侵逼，节节败退，不断失势，至其领地为"新贵"们"篡夺"殆尽时便只能偏安一隅，进入"西体中用"局面。此所谓"西体"主要是指来自西方现代性的文化导向群，同时也包括依附其势的国内文化导向群；所谓"中用"是指仅能基本坚持其原有精神的文化导向群，因为已失大势和权威，不能不随人俯仰、受人左右，甚至是不由自主、习焉不察。

第五阶段或是"全盘西化"阶段，或是"西体中用"的最低谷即"艰难自持"阶段。随着时势的进一步恶化，曾经当权在势的"旧贵"们将有两种选择。一是"全盘西化"。但此种全面易帜、俯首为臣的路线极易导致更为被动的局面：或是花果飘零，渐渐沦亡；或是虽能苟容于"新朝"却永远只能是"在野"者或"弱势"者，绝无自立尊严。因此若非绝无自存之机，很少选择此种路线，纵使少数精英激于时势而有糊涂的聪明，多数人也会以其健全的直觉或思想的惯性加以抵制。二是较常见的选择，即使压力再大，局势更坏，也仍坚持偏安一隅（思想领地）而绝不完全放弃其自主性。显然，在西方势力的高压下要想维持此种自主性实极艰难，故必跌至"西体中用"的最低谷——"艰难自持"阶段。应当指出，中国尽管出现过"全盘西化"思潮，也出现过"花果飘零"之叹，但整个中华文明从未实际进入过"全盘西化"阶段，最多只处在这种"艰难自持"阶段。之所以得免"全盘西化"之局，首先是因为中华文明有着极其深厚的"效果历史"、极其壮大的根干枝叶，全国上下不可能都有愿望更不可能都有能力一起摆脱固有文明而集体切换到西方文明之中；同时也因进入 20 世纪后整个国际局势起了大变化，其中最主要的就是两次世界大战的爆发和冷战格局的形成，中国遂得稍缓压力且渐有同盟。

第六阶段就是现在的"艰难复兴"阶段。进入这一阶段有赖于全球局势的进一步变化：一方面是西方文明因现代性困境导致其文化导向群日益分化，也开始进入"分化骚乱"阶段（详下）；另一方面则如亨廷顿所说，非西方文明世界通过长期艰苦努力，在军事、经济、政治等方面渐能自立自强。此种自立自强活动一般须同时包括三个方面：一是"任贤用能"且"广访隐逸"，以本土最具活力且最能适应变局的各种文化导向及其托命者作为兴邦骨干；二是"师夷长技"（包括背后的"道"，即全面吸收"当权得势"的西方文明及其他文明之长）且"合纵连横"（建立统一战线），不如此不足以增强其活力、提升其实力；三是"纠偏去奸"而"尊王攘夷"，不断"辨异"而"自识"、"识他"，深切反思并纠正此前的种种偏差与失误。故对之前和当前、国内和国外的各种文化导向群详加审察，有些虽为"忠臣"或"密友"而实足"误国"，有些虽为"乱贼"或"夷狄"而实堪"救世"。必如此辨察而使之各安其位，方能自立且自强、"安内"而"攘外"。曾经"全盘西化"的国族若想翻身"复兴"，更须采取此种方略而加倍努力。

以上粗略勾勒是就整体趋势而言。至于不同个体进入某一阶段的时间当然可以或早或迟，甚至根本就不会进入某些阶段，比如完全可能坚持"中体西用"而绝不认同"西体中用"或"全盘西化"。上述分析也可借助文化人类学的"涵化"（acculturation）理论来说明。

上述复杂图景不仅对文明冲突的整个进程有所丰富和修正，而且强调了文明冲突绝非像亨廷顿所设想的几个封闭系统如坚硬台球般相互碰撞[1]，而是两大甚至多个文明间各种文化导向的相互激荡，有些方面固是相互冲突、有你无我，有些方面却是相见恨晚、一拍即合，而有些方面是始则相仇而斗、继则相悦以解。因此在冲突过程中，既有强势侵入的成分，也有相互呼应的成分，还有变形依附和逐渐交融的成分；其中不仅包含着国内

1　迪特·森格哈斯：《文明内部的冲突与世界秩序》，张文武等译，北京：新华出版社，2004。

外各种文化导向对话语权力的争夺，也包含着被冲击文明的文化导向群不断调整、拓展和变迁，以至进入"复兴"阶段时皆已改头换面；而且所有这些复杂图景又都随着冲突进程的不同而不同。

这种"一往一来"、"相斗相济"的冲突状态，颇似《易传》所谓"相摩""相荡"、"相推""相资"的阴阳大戏，或伽达默尔所谓"来回往复"（Hin und Her；to-and-fro）的人类游戏[1]，它要求从各种交互关系中进行多层次多方面的综合分析与把握。因此无论用西方中心模式还是用国家中心模式描述都显得不够。美国著名汉学家柯文（Paul A. Cohen）曾尖锐批判了美国学界中国近现代史研究的三种模式即"冲击—回应"模式，"传统—现代"模式和"帝国主义"模式，而对逐渐兴起的"中国中心观"深表赞赏和提倡。[2]虽然这种"中国中心观"也不是没有问题，我国学者如罗志田等人对此已提出过批评，弗兰克（Andre Gunder Frank）更特别指出，中西文明冲突不可能独立于整个"世界体系"的结构性互动，以"内部取向"为主的国家中心观只能是见木不见林。[3]但柯氏对于前三种模式的批评却颇有道理，并且也适用于亨廷顿的"文明冲突"说，因为后者正是前两种模式的混合体。本文的描述可佐证和补充柯氏的批评，比如面对西方文明的强大冲击，非西方文明尽管相当被动，却非完全丧失活力的僵石（一如费正清、列文森以及亨廷顿等人描述中西冲突时所描述的）；但其很多回应又确是为势所迫，并非完全主动的选择（一如墨子刻等人描述中西冲突时所设想的）；而且无论被动还是主动，又都随着文明冲突进程的不同而变化，前后所以异识，常是因为"势所必至，理所当然"；换言之，常是势异而非才异或心异才导致了识异。明乎此，乃不致将以前种种主张仅归于个人的主观见识，

1　Hans-Georg Gadamer, Gesammelte Werke, J.C.B. Mohr（Paul Siebeck），Tübingen，1990，Bd.1，S.109. 伽达默尔：《诠释学 I、II：真理与方法》（修订译本），洪汉鼎译，第一卷第146页，北京：商务印书馆，2007。

2　柯文：《在中国发现历史——中国中心观在美国的兴起》，林同奇译，北京：中华书局，2002。并参该书译序。

3　罗志田：《发现在中国的历史——关于中国近代史研究的一点反思》，《北京大学学报》2004年第5期。弗兰克：《白银资本——重视经济全球化中的东方·中文版前言》，刘北成译，第19页，北京：中央编译出版社，2000。

才能平允地对待前人的种种主张，客观地把握今后的发展路向。

更重要的是，由上可见，亨廷顿所说的"文明冲突"，其实正是早已存在的文明冲突的最新阶段，而其准确说法则应是"文明竞争"，即各大文明间实力差距逐渐缩小、从单极"霸权"进入多极"竞争"因而更公平、更正常也更文明。此前的文明冲突过程因为实力悬殊过大，乃是一场完全由西方文明主宰的不公平游戏。根据伽达默尔的看法，游戏者之间若无基本的对等，便不可能出现真正的游戏关系或对话关系，而只是一种完全缺乏"神圣的严肃性"的无趣游戏，只能像医生对病人、法官对疑犯、主体对客体般单向控制与决定，其中的游戏规则非由游戏者共同达成并遵循，而是任由一方随心所欲地制定和破坏；但只有真正的游戏状态才是人类社会乃至整个自然界的基本"运动形式"和"普遍存在状态"，因此人类社会的各种游戏形式从不公到公平、从不等到对等，正是其自然进程和必然趋势，是其自我调整、自我展现（darstellen）和自我构形（gebildet）。[1]据此而言，只有进入文明冲突的现今阶段，人类各大文明间的关系才渐趋正常，才真正进入最富成效的游戏关系和对话关系，一个最能降低冲突破坏力的阶段，而这正是人类社会进行自我调整、自我展现和自我构形的伟大表现。因此，对于现在这个阶段的"文明冲突"，我们实在应额手称庆，而不应如临大敌——无论从非西方文明还是西方文明的健康发展来看都是如此，只有仅从西方文明的昔日霸权来看才不是如此。

但文明冲突的复杂图景远不止此，它还有更宏阔也更实在的一面。

三、文明冲突的实质：综合实力的博弈

各国各文明都有其实力（非指权力）。正如功夫是强是弱只有相互比

---

1 伽达默尔：《诠释学Ⅰ、Ⅱ：真理与方法》（修订译本），第一卷第143-170页，第二卷第308-330页。并参拙文：《论伽达默尔的Gebilde概念及其译名》，《中国诠释学》第9辑（2012年）；《伽达默尔的"历史性"概念释义》，《中国诠释学》第10辑（2013年）。

试才知道，各国各文明的实力也只有在相互对比和交流时才能被彼此意识到，甚至只有在相互竞争、对抗甚至冲突时才能被充分意识到；然而，功夫本身却来自各人平时的修炼，实力本身也源于各自的内部构成。实力呈现与实力构成的区别，是我们讨论问题的基点。

一般情况下，之所以出现文化交流现象，是因为彼此之间具有某些共同需求，而满足这些需求的观念、方式、方法、器具和资源又各有短长，故有必要互通有无、取长补短。当这种交流无法正常进行时才会起冲突——不是通过交换而是通过强力来争夺共同需要的器具和资源。强夺方之所以使用强力，是因为在生产资料、生产技术、组织方式以及文化教育等方面有其优长，因而要么是人多势众，要么是器具强大，要么是组织合理，要么是观念先进，要么是兼具其中数项或全部。因此对于各国实力的构成及其相互关系可从四个方面分析。

其一，一国的实力是指为满足此共同体的内在需求而发展出来的东西。共同体的内在需求有不同层面和方面：既包括个体层面的需求，也包括社会和国家层面的需求；每个层面既包括物质方面（"安身"）的需求，也包括精神方面（"立命"）的需求。为满足所有这些需求而发展出来的实力也必是综合性的即包括不同层面和方面，具体说，包括虚实两层。其中"实的一层"是指满足需求的实践能力、实践方式（包括组织方式）和实际成就。其中"虚的一层"则指由种种文化导向群所构成的观念层，它们并不是空理论、闲言语，而是通过其世界观与价值观来表达和塑造共同体的需求，又通过其实践观传授和发展各种实践能力与实践方式来满足这些需求；每种文化导向的合理性与竞争力就在于能否合理地表达、塑造和满足共同体的实际需求。因此，一国的实力其实与广义的文化具有相同范围，包括世界观、价值观、实践观、实践能力、实践方式（包括组织方式）、实际成就等多种构成要素。

其二，一国实力总是为其共同体的内在需求所推动而不断变化。共同体的需求随其内外处境的变化而不断变化，曾经能够满足需求的实力总会逐渐显得不够，于是或者不断发展其实力以满足或调整需求，或者通过交换以获取所缺所乏，或者凭借已有实力强占别国成就。

其三，各国之间必有某些共同需求，满足这些需求的实力又在某些层面和方面存在差异与差距。差异是指同一层面的不同方面，差距则指高低不同的层面。正是各国实力的差异与差距构成了交流或冲突的重要原因与条件，而交流或争夺的主要内容也是彼此间的实力构成要素，尤其是其中"实的一层"。

其四，一国的需求与实力之间及其实力的两层多面之间，共同构成了一个既相统一又有张力的多层多面结构，同时又与互相接触的其他国家的同样结构构成了一个更大亦更复杂的结构。正是这一复杂结构的各要素之间"相摩""相荡"、"相推""相资"，导致了历史的不断变化与发展，也导致了文明冲突的种种复杂图景。

因此，文化交流与文明冲突[1]，归根到底是各国各文明的实力博弈。各种文化导向群在文明冲突过程中的种种表现与遭遇，都应当放在这个总体图景中来把握。正是这种博弈才呈现出彼此实力在各个层面与方面的差异和差距，同时也推动着彼此实力在各个层面与方面的变化与发展。

正如雅斯贝尔斯的"轴心期"理论所说，世界各大文明最初都是相对独立地兴起和发展，因为彼此处境、问题和需求不尽相同，所以发展方向和进程、特色和强项也不尽相同；相互之间虽有交流和冲突，但最初总是小规模、小范围且时断时续，此即亨廷顿所谓"偶遇"。只有当一种文明的实力发展到足够强大时，才会出现较大规模的文化交流；也只有当一种文明的实力发展到足够强大，其需求又不能通过自身实力和交流来满足而须向外扩张与掠夺时，才会出现文明间的大规模冲突。如上所述，只有到公元16世纪以后，随着西方文明实力的日益强大并四向扩张，全球范围的

---

[1] 本文所谓"文化"与"文明"都是如雷蒙·威廉斯所谓，包括物质、知识、精神各层面的全部生活方式，但采用了亨廷顿特别强调的一项区别："文化"是就单个民族与国家言，"文明"是就若干民族与国家讲。亨廷顿：《文明的冲突与世界秩序的重建》，第24-33页。

文明冲突才逐渐出现并延续至今。而这也导致了空前迅速、持续而广泛的文化交流。强势文明凭借其实力主动进行扩展、渗透与入侵，弱势文明根本无法拒绝而不可避免地被卷入其中，虽然最初常会拒绝和不服，但最终不能不承认强势文明在某些层面和方面的合理性与普遍性，为了改变其被动挨打甚至亡国灭种的局面，便会逐渐由迫不得已的接受转为主动自觉的学习，从而必会出现上述"师夷长技"、"中体西用"、"西体中用"乃至"全盘西化"等现象。总之，正如河水必有高低之势才能流动，文化交流和文明冲突之所以会发生，不只是因为相互接触，更因为在特定历史阶段不同文明实力的差异和差距导致了一种利害攸关甚至生死攸关的流动之势。而这种差异和差距，既包含"实的一层"，也包括"虚的一层"，既包括资源、器具、技艺等实际成就和实践能力的差异和差距，也包括实践方式、组织方式和世界观、价值观、实践观等基本观念的差异和差距。

正因文化交流和文明冲突源于各国各文明之间的实力差异和差距，所以在文化交流中常有"不对称性"现象。尽管这种现象自近代以来如此突出，但直到20世纪下半叶随着文明格局的变化才逐渐引起重视和反思。约瑟夫·奈等人就注意到了国际政治格局中的"不对称性"现象，并将其作为强势方权力的重要来源之一；近年逐渐兴盛的文化间哲学（intercultural philosophy，也译为文化际哲学、跨文化哲学），对此亦颇关注。[1] 在现代文明冲突中，文化交流的"不对称性"至少包括五个层面。

其一，交流地位的不对称。交流格局的形成主要源于强势文明的侵入，因此从一开始就规定了彼此之间不对等的交流地位，强势文明以其强迫力与吸引力牢牢占据了主动与优势，弱势文明则只能处于被动与劣势。

其二，交流意向的不对称。强势文明从一开始就意图通过其强力采用不公平的方式获取最大利益，因此其交流意向实极微弱，更多的是强迫性

---

1 罗伯特·基欧汉、约瑟夫·奈：《权力与相互依赖》（第3版），门洪华译，第114、263页，北京：北京大学出版社，2002；张鼎国：《全球化与文化际理解沟通：诠释学交互方式的适用性探讨》，《中国诠释学》第3辑（2006年）；蒋晓丽、王积龙：《跨文明传播的不对称性》，《中外文化与文论》第13辑（2006年）。

输入与夺取。相反，弱势文明对强势文明则高度敏感和关注，具有强烈的交流意愿（大量输送留学生就是一例）。但弱势文明之间的关注度和交流意愿又相对较弱，可谓"同病"而未必"相怜"。

其三，交流面向的不对称。强势文明对弱势文明主要集中于其所缺乏的资源和器具层面，亦即后者的实际成就，对于其他都无太大兴趣；弱势文明则对强势文明的一切如器具、技术、制度、观念等都感兴趣，都很敏感，并且既可以是与本国相同的，也可以是与本国相异的，但主要集中于最有助于防卫、追赶和反击的方面，过此以往便不甚关心。[1]

其四，交流心态的不对称。强势文明自以为是，自信自大而傲慢，视野开阔但心胸固闭；弱势文明则自卑又自负，既妄自菲薄也妄自尊大，并且往往出现理智与情感的互悖，如对传统常是理智上疏离而情感上认同，对于西方则常是理智上歆羡而情感上怨恨。[2]

其五，交流成果的不对称。强势文明所关心的是单向扩张与控制而非双向交流，故其所得主要是物质利益；弱势文明尽管因心态的不平衡导致接受的片面与歪曲，但在交流意向和面向上却较全面，故其交流成果也远高于强势文明。最突出的表现是，绝大部分非西方国家都较多接受了现代西方文明，由此踏上了程度不一的现代化征程。正因如此，弱势文明和国家才得逐步增强其实力，而最终进入了当今"文明冲突"阶段。

根据前述，交流的不对称性也会随人而异，并且也呈现出阶段性差异，其总体趋势是由弱渐强，再由强渐弱，即在"西体中用"和"全盘西化"阶段最为突出。

由此可见，具有国族界限的不同文化与文明之间，之所以能够而且必然不断越过其界限而相互交流、碰撞乃至冲突，实是源于彼此之间处境（包括国内国外两方面）和需求的差异与变化所导致的实力的差异与

1　关于文化交流面向的简要分析参见王才勇：《文化间性问题论要》，《江西社会科学》2007年第4期。

2　关于文化交流中理智与情感的互悖，参见约瑟夫·列文森：《儒教中国及其现代命运》，郑大华等译，第一卷第二部分，尤其第44-138页，桂林：广西师范大学出版社，2006。

差距。这两个方面又导致了交流的不对称性，交流的不对称性则反过来导致彼此实力的盈虚消长并逐步改变了彼此的处境和需求，最终导致整个文明冲突格局的大变化而呈现新趋势。文明的冲突与交流在其每一阶段，都具体表现为彼此之间在实力上的角力、竞争和交换，强势方凭借其优势强夺弱势方已取得的成就，弱势方则以亏本交易方式获取强势方的实力以摆脱其劣势。一言以蔽之，文明冲突的实质就是彼此之间在各个层面和方面的实力博弈，相互竞争、相互交流也相互转化。不从这个角度来把握文明冲突过程中的文化交流与交融，便会无意中将其视为一种无关于现实的纯观念游戏。

亨廷顿"文明冲突"说的合理之处就在于，强调不能仅从物质利益与物质实力的争夺来把握现代国际关系，而应从物质利益与物质实力都与文化观念不可分离的角度来看问题，从而应从各大文明间的实力博弈来看问题。但如不少学者指出的，他的失误在于将这种实力博弈仅仅看成是相互冲突，而未能注意到它同时也是相互交流。根据以上分析，如果不注意到冲突中的交流尤其是不对称交流，不仅无法解释种种复杂现象，也无法解释此一冲突过程何以会有不同发展阶段并最终进入了当今这一阶段；换言之，如果只有冲突没有交流，各大文明间的博弈便无实力的消长变化可言，也根本无发展过程可言。

不过，这并不是亨廷顿一人的问题，也是整个国际关系学领域传统现实主义理论的问题。此派理论一直是该领域的主流理论，它对国际关系的基本诠释模式就是各国的权力—利益冲突。不过，到20世纪80年代后随着新现实主义尤其是新自由主义的兴盛，传统现实主义已明显不占上风。[1]亨廷顿注意到文明与文化因素对国际关系的重大影响，这是对传统现实主义理论的重要突破；但他对冲突的形式和性质的看法却仍然"是个彻头彻

---

1 参见詹姆斯·多尔蒂、小罗伯特·普法尔兹格拉夫：《争论中的国际关系理论》（第五版），阎学通、陈寒溪等译，世界知识出版社2003年版。简要分析参见秦亚青：《西方国际关系学：知识谱系与理论发展》，《外交学院学报》2003年第3期。

尾的传统现实主义者"——"在他的思想里,文化—文明冲突和权力—利益冲突一样,不是东风压倒西风,就是西风压倒东风,没有融合或调和的余地;要占上风,唯有依赖经济和军事实力作后盾"。[1]下文将表明,正是这种观念从根本上导致了他对于当今"文明冲突"的误判。

有些学者在批评亨廷顿时,不论历史阶段,不讲实力博弈及变化,仅以观念交流融合为主线,亦恐反为亨氏所笑。实则只有承认冲突的可能性,所谓交流融合才有意义,更何况交流融合并非无本之木或一厢情愿,而正是对抗冲突发展到一定阶段的结果。

四、"本土化":从对抗走向对话的"辨异自识"与"文化自觉"

现在最重要的问题是,现阶段的"文明冲突"是否仍是传统的冲突形式以致将导致大规模"文明间的战争"?亨廷顿对此虽非绝对肯定,但其回答却显然可以概括为"很可能如此"——这正是其"文明冲突"说的主旨所在。他得出这一结论的根据就是当前空前强劲的"本土化"现象。因此,此中的关键实在于弄清这种"本土化"现象的实质及其发展趋势。显然,这个问题也包括了对全球化境域下各国学术发展趋势的判断。所以辨析亨氏的这一观点,也等于思考我们将会如何从事"本土化"(在中国就是"中国化")的学术研究。

如前所述,"本土化"之所以"成为整个非西方世界的发展日程",根源就在于非西方各国随着综合实力的提升,逐渐恢复了对其固有文化与文明的信心。此种"本土化"现象虽在各大非西方文明中一直存在,但在今日却呈现出不同于以往的四大特点。其一,就整体性而言,从前因受西方冲击的时间不一、程度不一,非西方文明各国的"本土化"实是各自为

1　王缉思:《文明冲突论的理论基础与现实意义》,见王缉思编:《文明与国际政治——中国学者评亨廷顿的文明冲突论》,第193-199页,上海:上海人民出版社,1995。

政，零零星星，并未构成一个同时性的整体景观；现在却空前一致，共同汇成全球大势。其二，就广泛性而言，之前多是非西方国家讲"本土化"，现在则连西方国家或发达国家（如日本）也越来越多地参与其中，各种批判现代性、强调文化多元与差异的后现代理论，及对"西方中心"观、"文化霸权"和"文化帝国主义"的批判理论，恰恰首先由西方学者不断提出，而为"本土化"现象提供了相当强大的理论支持和启示。从这个角度看，当今的"本土化"实是一种全球性现象。其三，就总体趋势而言，从前是由强渐弱，如今则是日益加强。从前讲"本土化"多处守势，往往被视为保守与落后，参与人员尤其是真正了解西学者越来越少，现在讲"本土化"则多取攻势，常是高调出场，连了解西学者也越来越多地参与其中甚至起着引领作用。其四，就最终目的而言，从前讲"本土化"是为了"走进西方，走进现代"，现在则是为了"走出西方控制，走出现代性困境"。之前虽以"本土化"反抗西方霸权，但常将西化与现代化混同，故对现代西方文明成就及其基本观念如科学、民主、平等、自由、进步、革命等等，多视为现代社会的必然趋势，较少深入反思；现在讲"本土化"则既是为了反对和摆脱西方霸权，也是为了反思和走出现代性困境，因此更严格地辨析现代化与西化之别，从而对现代西方文明成就及其基本观念渐持怀疑态度甚至反对立场。显然，此中的关键就在于严辨现代化与西化之别，对此亨氏已将其作为《文明的冲突与世界秩序的重建》第一部分的主题讲得很清楚。由此可见，当今"本土化"现象空前一致、广泛、强烈而深入，其目的实是为了摆脱西方霸权和现代性困境，即针对长期存在的西方霸权欲伸张各文化与文明的正当权利，针对日益加深的现代性困境（包括认同危机）欲重构更为合理的现代化观念。

因此，当今"本土化"现象的实质可以概括为，通过"辨异自识"而实现"文化自觉"。所谓"辨异自识"是指，不再将现代西方文明作为衡量各大文明的普世标准，以致同则欣喜、异则沮弃（视为违背历史必然性而必须剔除的障碍与糟粕），而是在严辨现代化与西化之别的基础上，重新辨析和张扬各大文明有别于西方文明的独特性与异质性，"肯定自己文化的独特性"，"强调各国独特的文化认同"。[1] 显然此种"辨异自识"其实是"重识"、"再识"。所谓"文化自觉"，则指"辨异自识"的最终目的是依据自身文化与文明重新确定文化认同，并探索出一条更适合自身也更具合理性、更有效地摆脱现代性困境的现代化道路。正如费孝通晚年一再强调的："文化自觉只是指生活在一定文化中的人对其文化有'自知之明'，明白它的来历，形成过程，所具的特色和它发展的趋向……自知之明是为了加强对文化转型的自主能力，取得决定适应新环境、新时代时文化选择的自主地位。"[2] 空前一致、广泛、强烈而深入的"本土化"现象，从根本上讲，就是指各大文明将空前注重"辨异自识"和"文化自觉"。

应当承认，此种空前高涨的"本土化"现象确会导致一些对抗与冲突。非西方各国长期受气于西方，现在颇想扬眉吐气，翻身做主，从"西风压倒东风"转为"东风压倒西风"，突出的表现是不仅"肯定自己文化的独特性"，还常"强调他们的文化优越于西方文化"。[3] 同时，西方各国内部除了在经济、人口、道德、文化、政治等方面逐渐呈现危机之外，各种长期受压的非主流文化导向，在种族平等和多元文化主义的口号下，也在日益伸张自己的权力，不断对主流文化导向群发起挑战，"西方文化受到了来自西方社会内部集团的挑战"，以致文化认同和社会凝聚力越来越涣散。[4] 学者们已指出，亨廷顿讲"文明冲突"的真正隐忧，正在于深感西方文明不仅在国际层面不断面临安全威胁和利益威胁，而且在内部已经存在"文明冲突"，此种情况在西方中心国家美国尤其严重。这种西方将不西方、国将不国的忧思，不是亨氏一人的危言耸听，而是美国"新悲观主义者"的共识。美

1 亨廷顿：《文明的冲突与世界秩序的重建》，第102、105页，北京：新华出版社，1999。

2 费孝通：《费孝通论文化与文化自觉》，第232-233页，北京：群言出版社，2005。

3 亨廷顿：《文明的冲突与世界秩序的重建》，第102页，北京：新华出版社，1999。

4 同上，第348-356页。

国史学权威小阿瑟·施莱辛格的《美利坚的非合众化》（The Disuniting of American：Reflections on a Multicultural Society）以及布热津斯基的《大失控与大混乱》等书都表达了同样的忧虑。美国学者科斯（James Kurth）在批评亨廷顿时更明确讲到，"真正的富于意义的文明冲突，将不是存在于西方和非西方之间，而是已经发生于西方自身内部，特别是西方的中心国家美国内部"。[1]总之，当今"本土化"现象意味着，恰像当年非西方各国遭受西方冲击时一样，由西方文明控制的世界现在也开始进入"分化骚乱"阶段，"夷狄"与"乱贼"相互呼应、一起造反的局面将日益严峻。面对此种局面，西方各国为了维持其权力和利益，自然要实行种种遏制与打压，这就进一步加深了对抗与冲突的可能性。就此而言，亨廷顿的观察其实相当敏锐。

但仅有敏锐的观察尚不足以形成准确的判断。事实上，西方国家已越来越意识到，客观形势的发展已使其强力遏制与打压的做法代价太大，必将两败俱伤，鱼死网破，恰如面对滚滚洪流已经无法采用堵塞之术。从约瑟夫·奈提出"软实力"说较能被美国政界、学界尤其是军界接受来看，西方各国只会越来越远离以前单边主义的强硬策略。而非西方国家欲独霸天下、强行对抗的做法，出于以下理由，也绝不会持续太久。

根据上述，当今"本土化"现象正是非西方各国在综合实力上渐能自立自强而欲进一步自立自强的表现。各国各文明正是随着现代化进程的加深，在综合实力上有了极大提升，才既使权力伸张成为可能，又使观念重构更显必要——只有通过重构一整套观念，才能以更适合自身也更合理的方式进一步加深现代化建设而提升实力。换言之，各国各文明的"本土化"现象与其进行实力建设和发展的现代化进程乃是同步甚至同构的。正是这一点，从根本上决定了全球性的"本土化"现象虽将进

---

1 参见王缉思主编：《文明与国际政治——中国学者评亨廷顿的文明冲突论》，第44-49、204页，上海：上海人民出版社，1995。李慎之：《二十一世纪的忧思》，《读书》1996年第4期；《数量优势下的恐惧——评亨廷顿第三篇关于文明冲突论的文章》，《太平洋学报》1997年第2期。

一步扩大与加深，但其总体趋势却不像亨廷顿等人所判断的那样悲观。其故略说有二。

其一，实力差距是遏制"本土化"走向大规模对抗与冲突的根本保障。在未能找到更好的办法既实现现代化又避免现代性困境之前，非西方各国的实力纵然再有提升，也很难在整体上超过早着先鞭的西方世界尤其是美国。在这种局面下，小的冲突固难避免，大规模的冲突则几无可能，"只要西方大国拥有坚强的军事、经济力量，不管是伊拉克、伊朗还是利比亚，都不敢在国际上轻举妄动，这种威慑力能确保西方不与发展中国家发生严重的军事冲突"。[1] 至于西方各国内部的"文明冲突"，虽将继续导致其动荡与骚乱，但不足以导致非西方国家乘虚而入。考虑到尚无一国的文明成就真能有效地避免现代性困境而为西方各国视为更胜一筹，里应外合的可能性极为微小，面临外部冲突时，内部不和会立即中止，转为一致对外。目前非西方各国虽在积极探索更适合自己的现代化道路，但一日不比整个现代西方文明更合理，就一日不会具有向西方文明挑起大规模冲突的实力。在此后的历史进程中，假如终有一国确实找到了一条更合理因而也更具普遍性的现代化道路，则必是建立一种更高级的文明形态，在国际关系上当不会停留于传统的争权夺利层面，其文明成就必为各国人民衷心认同并将根据各自情况加以效仿，大规模的冲突更不会发生。

其二，当今"本土化"现象的实质既是"辨异自识"与"文化自觉"，则必内在地包含了"交融识他"、"重异贵同"。"辨异自识"与"文化自觉"既是基于实力的已经提升，也是为了实力的更好提升。在今天及可见的将来，各国各文明为了提升其实力，绝不可能另起炉灶，根本反对和拒斥现代化；而只能依靠各国各文明的智慧，探索更合理的现代化道路。

1　刘鸣：《对"未来国际政治冲突模式"的几点思考——兼评亨廷顿的"文明冲突论"》，《社会科学》1994 年第 10 期。

为此，非西方文明各国在客观上尚需更深更广地学习作为现代化渊源与大宗的西方文明，"不但要学透它这样做的原理，还要建立它得以这样做的环境和条件"[1]；只有通过充分学习西方经验并汲取其教训，才可能既深得现代化之"道"，又找到克服现代性困境之途。与此相应，非西方各国的"辨异自识"即对固有文明与文化资源的重新发现与认同，事实上也只能以深识西方文明为基础，绝不可能无的放矢、漫无目的地发现与认同，正如亨廷顿所说："惟当我们了解我们所不是的甚至我们所反对的人，我们才了解自己。"[2]因此，"辨异自识"与"文化自觉"不仅内在地包含了"交融识他"，也内在地包含了"重异贵同"——"重异"是重视各大文明的不同处境、观念与诉求，"贵同"是重视各大文明的智慧、经验与教训，以反思和解决共同面临的现代性困境。因此如费孝通所说，作为"自知之明"的"文化自觉"，既非简单地"复旧"，也非"全盘西化"或"全盘他化"，而是"在认识自己的文化、理解所接触到的多种文化的基础上"，"在这个正在形成中的多元文化的世界里确立自己的位置，然后经过自主的适应，和其他文化一起，取长补短，共同建立一个有共同认可的基本秩序和一套各种文化都能和平共处、各抒所长、联手发展的共处守则"，亦即"各美其美，美人之美，美美与共，天下大同"。[3]日益加深的经济和信息全球化趋势，只会使得这种"交融识他"和"重异贵同"的势头越来越强劲。

从哲学诠释学看，"辨异自识"与"文化自觉"之所以辩证而内在地包含了"交融识他"和"重异贵同"，其故有二。第一，每一个导致"自识"和"自觉"的视域，都非现成而独立，必须通过相互突显即"识他"才得

1　李慎之：《中国应取什么样的风范——致朱光烈先生书》，《现代传播》1997年第1期。

2　Samuel P. Huntington, *The clash of civilizations and the remaking of world order*, pp.27、67-68；亨廷顿：《文明的冲突与世界秩序的重建》，第6、57-58页，北京：新华出版社，1999。此处译文略有改动。

3　费孝通：《费孝通论文化与文化自觉》，第232-233页，北京：群言出版社，2005。

构成和定型。[1]若无"识他"而"辨异",必无"自识"和"自觉"。第二,正如伽达默尔所说"人类此在的历史运动性在于,其所拥有的立足点从不是绝对固定的,因而其视域也从不会是真正封闭的"[2],不同文化与文明之间虽然颇多差异,但人类的特点恰恰在于从不局限于自己的视域,而是在相互对比和辨别中见贤思齐,见不贤而内自省,主动吸收对方的长处、反思自己的缺陷,从而实现某种视域交融、达成某些共识。简言之,人类的"辨异"不可避免地要指向"交融"和"求同","自识"和"自觉"的过程既是发现自己的过程,也是发现他者并扩展自己的过程。

正因如此,作为"辨异自识"与"文化自觉"的"本土化"现象的扩大与加深,只会使各国从情绪性对抗走向清明平和的对话,从恶性冲突走向良性竞争,从彼此轻视与排斥走向相互尊重与交融。简言之,更广更深的相互辨异恰可导致更广更深的相互理解、尊重与交融,从根本上减少而不是增多对抗与冲突。人们之间的冲突,常是因为只顾自己的观念与想法,根本不考虑对方的欲求与感受。若是双方互有较多了解,纵使暂时不能达成共识,亦可清楚自己的行动将会导致对方何种反应。更何况,各大文明间恰是因为存在差异才出现交流,越是认识到彼此的差异,越能导致相互交流、交融与扩展。各大文明都各有优胜之处与自得之长,越是深入地辨异,越能意识到彼此的博大精深,因而也越能导致相互尊重与崇敬。各以所长相轻所短者,常是因为未能深识对方也未能深识自己,而是局限于自己,固定于已有,既不"重异"亦不"辨异"。从整体看,人类总是在"辨异自识"也总是在"交融识他",真正的"文化自觉"总是既"重异"亦"贵同",围绕着某些共同主题不断产生和彰显差异,又不断寻求和达成相互理解与共识。今天全球各国都在进一

1　伽达默尔:《诠释学 I、II：真理与方法》（修订译本）,第一卷页 415-416,北京：商务印书馆,2007。

2　Hans-Georg Gadamer, Gesammelte Werke, Bd.1, S.309；伽达默尔:《诠释学 I、II：真理与方法》（修订译本）,第一卷页 413-414。译文略有改动。

步加强现代化建设，也都在深入思考如何解决现代性困境，经济与信息的全球化趋势也日益强劲；各国事实上已无法通过简单地反对西方文明以拒斥现代化或跳出其困境，而是进入了罗素所谓"相依为命，存亡与共"（all must live or all must die）的境况[1]，这种总是包含着"交融识他"、"重异贵同"的"辨异自识"和"文化自觉"就更显必要，更显迫切。所以严格讲，亨廷顿使用"本土化"一词并不准确，容易使人误会这是一种只局限自己、只注重差异的现象。本文之所以要用"辨异自识"和"文化自觉"来界定其实质，即为此故。

笔者在《从"软实力"到"文明之道"和"文明国家"——约瑟夫·奈"软实力"说辨正》中已指出，现在各国事实上已无法仅仅停留于经济与军事实力的竞争，而是逐渐走向"文明实力"尤其是作为其核心的"文明之道"的竞争。这种竞争形式是文明的而非野蛮的，是良性对话式的而非恶性冲突式的，其胜出不是靠强力征服他人，而是如中国麻将牌一般看谁最能理顺内外关系从而最先达到和谐圆满境界——"和牌"[2]，此即老子所谓"自胜者强"。从整个文明冲突的全过程来看，现阶段的"文明冲突"其实应说为"文明的竞争"，是各大文明和整个人类社会经过反复对抗、冲突、调整与磨合，逐渐从"相仇相害"走向"相资相济"，从对抗冲突走向相对和谐与平衡，进入伽达默尔所谓的真正游戏状态。无论人类社会还是整个自然界，冲突都只能以达成相对和谐与平衡的状态而结束，一如张载所说："有象斯有对，对必反其为；有反斯有仇，仇必和而解。"（《正蒙·太和》）。

亨廷顿之所以悲观地看待"本土化"现象，实是因为他从传统现实主义理论出发，惯以"冲突"眼光看待国际关系。但这种眼光既低估了西方文明的实力与成就，也低估了其他文明的判断力，归根到底是低估了人类

1　Bertrand Russell, *Power, A new social analysis*，Routledge Classics 2004, p.22；罗素：《权力论——一个新的社会分析》，靳建国译，第 22 页，北京：东方出版社，1998。译文已改动。

2　参见陈明：《儒者之维》，第 128-129 页，北京：北京大学出版社，2004。

本身的理性与智慧，以及整个人类历史和人类社会的自我调整能力。

换个角度看，亨氏说法的重要意义正在于提醒人们，强调各种文化与文明间的差异性与独特性固然重要且必要，但如果过分固执于此种差异性与独特性，就只会走向相互对抗与冲突。避免此局的唯一途径是通过不断的对话、交流与协商，努力实现相互理解，达成各种共识。正如亨氏所说，"在可见的将来，不会有普世的文明，有的只是一个包含不同文明的世界，而其中的每一个文明都得学习与其他文明共处"，"我所期望的是，我唤起人们对文明冲突的危险性的注意，将有助于促进整个世界上'文明的对话'"。[1]这项任务虽久已启动，却远未完成。之前的"非对称性现象"，既导致了西方各国对于各大文明的认识不深不广，也导致了非西方各国在交流意向上的急功近利和交流心态上的自卑自负，故对西方文明及其他文明的理解也远远谈不上深广。所以，为了避免"文明的冲突"，不仅西方各国会空前广泛而深入地了解非西方文明，非西方各国亦将更深入地了解西方文明及其他文明。"从较长远的观点来看，人类不同文化间彼此交流互动的进程实际上才刚刚开始。"[2]

总之，当今全球性"本土化"现象的实质是"辨异自识"与"文化自觉"，它内在地包含"交融识他"和"重异贵同"，其根本目的则是为了探索出更为合理的"文明之道"，以更好地进行现代化建设和有效地摆脱现代性困境，因此其发展趋势必是从情绪性对抗走向清明平和的对话，从恶性冲突走向良性竞争，从彼此轻视与排斥走向相互尊重与交融。据此，这种"自识"与"自觉"实是任重而道远——不仅是一个极为艰巨繁难的过程，也是一项既发现自我也扩展自我、既认同固有文明也全面领受其他文明并以整个人类前途为终极关怀的历史重任。它在客观上要求我们从事"本土化"

1　亨廷顿：《文明的冲突？》，余国良译，《二十一世纪》第 19 期（1993 年）；《文明的冲突与世界秩序的重建》，《中文版前言》，第 3 页，北京：新华出版社，1999。

2　史华慈：《史华慈、林毓生对话录》。引自林毓生：《思想与人物》，第 464 页，台北：联经事业出版公司，1983。译文据该书页 465 所附英文略有改动。

学术研究与建设时，必须加倍"谦虚谨慎，戒骄戒躁"，而切忌虚骄横霸、妄自尊大。[1]否则，就可能只是自限自小、自暴自弃，既不足以言"自觉"，更不足以言识势。古哲不言乎："不自见，故明；不自是，故彰；不自伐，故有功；不自矜，故长。夫唯不争，故天下莫能与之争。"（《老子》第22章）

---

1 参见李慎之：《辨同异 合东西》，《瞭望周刊》1993年第11期、12期；《中国应取什么样的风范——致朱光烈先生书》，《现代传播》1997年第1期。

奥古斯丁论婚姻圣事

——兼谈基督教对罗马婚姻家庭传统的改变

孙帅

摘要：为了回应晚期古代基督教的极端禁欲主义，奥古斯丁提出了"婚姻三好"学说，认为婚姻之好表现为"生育"、"忠贞"与"圣事"。本文旨在分析何谓婚姻圣事，以及它如何彻底解构了古罗马的古典婚姻传统。根据奥古斯丁，作为一种圣事，个体之间的婚姻象征了基督与教会的结合，且绝对不可解除，虽然夫妻一方可以因对方通奸而提出离婚。婚姻之所以不可解除，是因为夫妻结合的实质乃在于自我与上帝的结合，是因为自我与上帝的结合不可解除。一旦被还原为自我与上帝的关系，基督教婚姻就成了"被解放"出古典共同体的、去自然的个体在基督之中创造出的团契，既不同于带着家庭身份的个体在家庭中建立的结合（罗马婚姻），也不同于两个原子个人彼此之间缔结的契约（现代婚姻）。

关键词：奥古斯丁；婚姻；圣事；家庭

4 世纪 90 年代，晚期古代的基督教世界发生一场以禁欲与婚姻为焦点的约维尼安争论事件（Jovinianist Controversy），争论双方分别是以哲罗姆、安布罗斯、西里西乌（Siricius）为代表的禁欲主义者，和以修士约维尼安（Jovinian）为代表的反禁欲主义者。当时禁欲主义几乎已成为拉丁教会的官方意识形态，这意味着一个人节制性欲的程度决定其在教会中的等级地位，从高到低依次是童贞者、寡妇、成家者。[1]随着这种贬低婚姻的主张越来越接近摩尼教和禁戒派（Encratites）异端，反禁欲主义者的阵营也逐渐壮大起来，约维尼安就是其中最突出的一位。他认为，经过洗礼的基督徒在天国将得到同样的奖赏，童贞和婚姻之间没有本质区别，不影响一个人最终的拯救。虽然约维尼安很快（393 年）被安布罗斯和西里西乌谴责为异端，这场争论却远未就此结束。401 年，希波主教奥古斯丁参与到这场余温未散的争论中，此时他已不再像早期那样将婚姻视为堕落的产物，而认为婚姻是上帝创造的结果。为了阐述这种新的婚姻思想，他首先写出了影响深远的《论婚姻之好》（De bono coniugali）。[2]从内容上看，此书所针对的与其说是约维尼安这位"基督教的伊壁鸠鲁"[3]，不如说是被约维尼安称为"反自然的教义"[4]的禁欲主义。

　　为了从根本上确立婚姻的地位，奥古斯丁将夫妻的结合理解为一种自然的"团契"（societas）。《论婚姻之好》写道："人类自然的团契的最初纽带（prima itaque naturalis humanae societatis copula vir et uxor est）是夫妻"；[5]在有朽的处境下，夫妻"是人类最初的团契"（prima est humani generis in ista mortalitate societas）。[6]毫无疑问，在用 societas 一词界定婚姻时，

1　Peter Brown, The Body and Society: Men, Women, and Sexuality Renunciation in Early Christianity, New York: Columbia University Press, 2008, p. 395.

2　奥古斯丁在《回顾》中谈到《论婚姻之好》时说，被谴责之后的约维尼安在罗马的影响依然很大，导致有些修女竟愿意结婚，因而他觉得有必要尽全力反对这种"秘密传播的流毒"。Augustine, Retractationes, 2.22.1, in J. P. Migne ed. Patrologiae Cursus Completus. Series Latina, Paris: Migne, 1844-1864（以下简写为 PL）, vol. 32, p. 639.

3　Jerome, Adversus Jovinianum, 1.1, in PL, vol. 23, p. 221.

4　Jerome, Adversus Jovinianum, 1.41, p. 282. 奥古斯丁写作《论婚姻之好》，目的主要在于回应哲罗姆对婚姻的攻击，从而重新确立婚姻的地位。参见 Robert Markus, "Augustine's Confessions and the Controversy with Julian of Eclanum: Manicheism Revisited", in B. Bruning, M. Lamberigts and J. van Houtem, eds., Collectanea Augustiniana: Mélanges T. J. van Bavel 2, Leuven: Leuven University Press, 1990, pp. 913—925。

5　Augustine, De bono coniugali, 1.1, in PL, vol. 40, p. 373.

6　Augustine, De bono coniugali, 6.6, p. 377.

奥古斯丁受到了西塞罗等罗马作家的影响。[1]需要注意的是，根据罗马传统，婚姻发生在男方的家庭中，就是说，婚姻的缔结必须依托于一个既有的家庭，而不意味着一个新家庭的诞生。可是，当奥古斯丁将夫妇关系表述为"最初的团契"时，他是继承了古罗马婚姻传统呢，抑或是由此开创了一种全新的基督教婚姻传统？本文对婚姻圣事的研究正是为了回答这个问题。

一、婚姻作为圣事

在奥古斯丁看来，作为一种自然的团契，婚姻本身就是好的。这表现为三个方面，即忠贞（fides）、生育（proles）与圣事（sacramentum）：

> 婚姻之好有三点：忠贞、生育、圣事。忠贞，是指在婚姻的纽带之外，男女双方都不能与别人同床。生育，是指要带着爱生育后代，善意地抚养他们，充满宗教性地（religiose）教育他们。圣事，是指婚姻不能被拆散和解散，而一旦被解散，夫妻双方都不得再婚。[2]

在基督教之前，生育与忠贞早已被罗马人视为婚姻的重要功能，但明确将婚姻与圣事联系起来的做法却是希波主教的独创；而且在他这里，无论"生育"还是"忠贞"，都只有从"圣事"出发才能得到理解。奥古斯丁认为，对旧约里的先祖来说，生育是一种神圣的职责和"必然性"（necessitas），[3]所以当时才实行一夫多妻制：这是为了表明"生育的自然"（fecunditatis natura），[4]换言之，是为了给上帝之城（civitas Dei）生育出

---

1 Cicero, De Officiis, 1.54, Geneva: Apud Samvelem de Tovrnes, 1688, pp. 33-34. 关于这一点，可参见 Susan Treggiari, Roman Marriage: Iusti Coniuges from the Time of Cicero to the Time of Ulpian, Oxford: Oxford University Press, 1991, p. 250。

2 Augustine, De Genesi ad litteram, 9.7.12, in PL, vol. 34, p. 397.

3 Augustine, De nuptiis et concupiscentia, 1.13.14, in PL, vol. 44, p. 422.

4 Augustine, De nuptiis et concupiscentia, 1.9.10, p. 419.

足够多的"公民"，为了基督能够通过生育而道成肉身。可是如今，由于构成上帝之城的人数已经够多了，由于基督已经到来，生育的"必然性"便不复存在。所以从理论上讲，现在人们已经没必要再结婚生子，虽然生育本身仍是婚姻三好之一。既然如此，人为什么还要结婚呢？

在奥古斯丁看来，基督道成肉身后，人们之所以还会结婚，只是因为无法节制原罪带来的肉欲（concupiscentia carnis），只是为了用婚姻限制肉欲这一"犯罪的欲望"（peccandi desideria）[1]。但尽管"不节制"是夫妻结成婚姻团契的原因，"节制"却不能成为他们解除婚姻的理由。奥古斯丁说，

> 虽然人们由于肉欲的统治（dominante concupiscentia）而结合在一起，但他们后来若是征服了肉欲，也不可以像他们之前可以不聚合（colligare）那样，解除婚姻的纽带，因为他们已经成为婚姻的形式所承认（forma nuptiarumprofitetur）的人。[2]

所谓"婚姻的形式"，其实就是指"婚姻圣事"（sacramentumconnubii 或 sacramentum nuptiarum 或 sacramentum matrimonii）。婚姻是一种圣事，一旦缔结便不可解除，即便是为了选择高于婚姻的节制生活。那么，到底什么是婚姻圣事呢？

在拉丁语中，sacramentum 本来是指人们诉讼时缴纳的保证金或士兵入伍时的誓言，[3]经过希腊教父（特别是德尔图良）的使用才逐渐变成一个基督教概念。除了 sacramentum 之外，mysterium 也常用来指圣事：前者侧重指基督教的仪式，后者侧重指基督教的教义奥秘。[4]奥古斯丁用得比较多的

1　Augustine, Contra Iulianum, 4.2.10, in PL, vol. 44, p. 741.

2　Augustine, De bono coniugali, 13.15, p. 384.

3　Adolf Berger, Encyclopedic Dictionary of Roman Law, Philadelphia: The American Philosophical Society, 1953, pp.542-543, 688.

4　Émile Schmitt, Le mariage chrétien dans l'œuvre de saint Augustin. Une théologie baptismale de la vie conjugale, Paris: Études Augustiniennes, 1983, p. 217.

是 sacramentum，但他从来没有对此作出明确的界定。关于"圣事"的含义，西方学者做过一些归纳，[1] 但人们一般还是认为很难对奥古斯丁这里的"圣事"概念做出系统的澄清。[2] "婚姻圣事"同样具有很大的模糊性。正因此，最近几十年学界才会侧重讨论 sacramentum 一词在奥古斯丁著作中的用法、语义及其与圣经的关联，以及希波主教是否用"圣事"概念成功地证明了婚姻的不可解除性。[3]

关于圣事，奥古斯丁曾给出过一个著名的定义：圣事是"神圣的符号"（sacrum signum）。[4] 这个定义表明，圣事一定是"象征"了某个神圣的"事情"，所以才被称为神圣的"符号"。婚姻之所以是一个圣事，就是因为夫妻的结合象征基督与教会的结合。

就圣经而言，《以弗所书》5：31—32 最能证明婚姻是一个圣事："为了这个缘故，人要离开父母，与妻子连合（adhaerebit），二人成为一体（erunt duo in carne una）。这是大圣事（magnum sacramentum），而我是指着基督和教会说的。"[5] 在这段经文中，保罗明确将个体之间的婚姻与基督和教会之间的婚姻勾连起来。后文将会看到，这种勾连恰恰是婚姻圣事的神学基础。《以弗所书》5：31—32 所呼应的是《创世记》2：24："因此，人要离开父母与妻子连合，二人成为一体。"福音书也一再重复《创世记》中的这句话，比如《马太福音》19：5—6："因此，人要离开父母，与妻子连合，二人成为一体。这经你们没有念过吗？既然如此，夫妻不再是两个人，乃是一体的了。所以神配合的，人不可分开。"而在《论婚姻与肉欲》中，

1　Couturier 认为"圣事"在奥古斯丁这里有三个基本含义：仪式、象征和奥秘。Couturier，"'Sacramentum' et 'mysterium' dans l'œuvre de saint Augustin"，Etudes augustiniennes, coll. Théologie vol. 28（1953），pp. 163-332.

2　Schmitt, Le mariage chrétien dans l'œuvre de saint Augustin, p. 217.

3　比如 R. Kuiters，"Saint Augustin et l'indissolubilité du mariage"，Augustiniana, vol. 9（1959），pp. 5-11。

4　奥古斯丁：《上帝之城》（中），10.5，吴飞译，第 34 页，上海：上海三联书店，2008。

5　"大圣事"在和合本中为"极大的奥秘"。

奥古斯丁清楚地向我们展现了上述经文之间的内在联系：

> 使徒说："这是大圣事，而我是指着基督和教会说的。"这句话所针对的，是亚当说的话："因此人要离开父母，与妻子连合，二人成为一体。"而在福音书中，主耶稣提到，这句话是上帝说的；因为，人在预言中先行讲出的话，乃是上帝通过人说的。[1]

可见，婚姻意味着离开父母的两个人"成为一体"，结成一个牢固的团契。作为"神圣的符号"或圣事，这个"成为一体"的婚姻团契象征着基督和教会的结合。基督和教会的结合本身是"大圣事"（magnum sacramentum），个体之间的婚姻则是大圣事的符号。

奥古斯丁认为，不同时代的婚姻制度与大圣事的关系并不一样。在旧约时代，生育的意义大于忠贞，因此才会实行一夫多妻制；而在新约时代，忠贞的意义则大于生育，因此才会实行一夫一妻制，并且忠贞成了婚姻中的核心德性。这种新旧约时代婚姻制度的差异同样适用于婚姻三好中的圣事。奥古斯丁说，"那个时代的多妻制圣事"（sacramentum pluralium nuptiarum）象征"多"（multitudinem），指地上万族都将服从上帝；"我们这个时代的一妻制圣事"（sacramentum nuptiarum singularum）象征"一"（unitatem），指我们所有人将在同一个天上之城中服从上帝。[2] 多与一，分别从两个角度说明了基督和教会所构成的团契：前者指与基督结合在一起的人数目众多，后者指众人都将与基督"一人"结合在一起，由此构成一个"众人合一"的团契。从基督与教会的结合出发，奥古斯丁认为基督徒之间的婚姻是不可解除的。

---

1 Augustine, *De nuptiis et concupiscentia*, 2.4.12, p. 443.

2 Augustine, *De bono coniugali*, 18.21, pp. 387-388.

二、婚姻的不可解除性

奥古斯丁在《论婚姻与肉欲》中谈到"婚姻三好"时说：

> 显然，不仅有产生后代的生育，不仅有以忠贞为纽带的贞节（pudicitia），而且，婚姻的圣事（quoddam sacramentum nuptiarum）还被给予了有信仰的夫妻——正因此，使徒说，"你们作丈夫的，要爱你们的妻子，正如基督爱教会"。无疑，圣事（sacramenti res）是指：通过婚姻结合起来的男女只要活着，就得不分离地坚守在一起；除非由于通奸，否则，一方便不能与另一方分开。而这就是在基督和教会中所保存的，基督和教会只要活着，就绝不因离婚（divortio）而分离，直到永远（in aeternum）。[1]

这段话告诉我们，无论是夫妻的结合，还是基督和教会的结合，都是不可解除的。基于共同的不可解除性，奥古斯丁将教会与基督的结合称为"大圣事"（magnum）；在个体夫妻结成的婚姻中，大圣事表现为一个"小圣事"（minimum）。而婚姻这个小圣事，也是一个"不可分离的结合的圣事"（coniunctionis inseparabilis sacramentum）。[2]婚姻具有不可解除性，这不是指，婚姻永远都不可解除，而是指，只有夫妻一方或双方死亡，婚姻才能被解除。[3]婚姻之所以不可解除，不单单因为它是一个象征大圣事的"符号"（signum），更因为它本身就是一个"事情"（res）：圣"事"（sacramenti res）。

1　Augustine，De nuptiis et concupiscentia，1.10.11，p. 420.

2　Augustine，De nuptiis et concupiscentia，1.21.23，p. 427.

3　罗马法将死亡列为解除婚姻的方式之一。法学家保罗认为，解散（dirimitur）婚姻的方式有：离婚、死亡、俘虏以及其他方式的奴役。Justinian，Digesta，24.2.1（Paulus），in Th. Mommsen，P. Krüger eds. Corpus Iuris Civilis，Berlin：Apud Weidmannos，1872-1895（以下简称 CIC），part II，p. 714.

正如奥古斯丁经常强调的，基督与教会的结合本身相当于婚姻：基督是新郎，教会是新娘。比如，他明确认为《诗篇》45：9—17 说的是教会与基督"缔结灵性的姻缘（spiritali conubio），靠圣爱与他结合"。[1] 离开父母、与妻子连合的人，实际上是在模仿基督，因为基督离开了父母，"与他的妻子（即他的教会）连合"。[2] 由这一点出发，个体之间的婚姻才可能与基督和教会的婚姻关联在一起。一方面，小圣事"象征"大圣事，在这个意义上，我们说个体夫妻的结合是一个"符号"。另一方面，这个符号由于分参它所象征的神圣而成为神圣的，因而才成为一个"圣事"。小圣事像大圣事一样不可解除；就是说，夫妻如果都还活着，便不可解散婚姻："在我们的上帝之城中，自两个人最初的结合起，婚姻的结合便带有某个圣事（quoddam sacramentumgerunt），若非因一方死亡，便不能被解除。"[3] 婚姻的不可解除性并不意味着，夫妻不可以离婚，而意味着，即便离婚后，婚姻的纽带也仍然存在。换句话说，在奥古斯丁这里，离婚只表示夫妻的分离，而不表示婚姻的解除。既然婚姻的纽带还存在，离婚后的人便不可以再婚，否则便是通奸，因为只有解除婚姻的人才可再婚。奥古斯丁的这个主张与古罗马人的婚姻传统有极大的差异。

首先，相比罗马的婚姻法，奥古斯丁大大限制了离婚的可能性，因为他认为，只有在一方通奸的情况下，另一方才可提出离婚。而在罗马历史上，丈夫很早就可以单方面提出离婚，公元 1 世纪之后妻子也可以单方面提出离婚。[4] 就连君士坦丁（Constantine）颁布过的最严厉的一条离婚法令，也未将离婚的合法理由局限于通奸。[5] 至于双方都同意的离婚，则是完全自由

1　奥古斯丁：《上帝之城》（下），17.16.2，吴飞译，第34页，上海：上海三联出版社，2009 年。

2　Augustine, Sermo, 91.7, in PL, vol. 38, p. 570.

3　Augustine, De bono coniugali, 15.17, p. 385.

4　Judith E. Grubbs, Women and the Law in the Roman Empire: A Sourcebook on Marriage, Divorce and Widowhood, London and New York: Routledge, 2002, p. 187.

5　Theodosius, Codex, 3.16.1. Leipzig: Gustav Friedrich Haenel, 1842, pp. 333-335.

的。[1]就算提出离婚的一方未能找到合法理由，也依然可以通过离婚的方式
解除婚姻，只不过会因此承担相应的法律惩罚。其次，更为重要的是，奥
古斯丁从根本上改变了离婚的内涵。根据罗马法，离婚是解除婚姻的首要
方式，表明夫妻从此永远分开。法学家盖尤斯（Gaius）指出，divortium（离婚）
一词要么源自"心智的不和"（diversitate mentium），要么是因为解散婚姻
的两个人从此"各分东西"（diversas partes eunt）。[2]显然，离婚在罗马人
那里侧重指夫妻双方完全分离开来，正如法学家保罗（Paulus）所说的，"若
没有永远分离的意图，就不存在真正的离婚"（non est nisi verum, quod
animo perpetuam constituendi dissensionem fit）。[3]分离就是解除婚姻，因为"在
分离的时候，我们不能说婚姻还在持续"。[4]要言之，在罗马法传统中，离
婚就是解除婚姻。

在奥古斯丁这里，离婚虽然也是指夫妻分离（separare），却并不意味
着婚姻的解除，所以，各分东西的两个人仍旧是夫妻，在对方死之前绝不
可再婚。通奸导致的离婚之所以没有破坏夫妻名分，就是因为婚姻是一个
圣事；虽然各分东西的夫妻不再生活在一起，他们之间那根神秘的纽带却
仍旧牢牢地将他们连结在一起。从401年开始，这一点就不断被奥古斯丁
强调，成为他表述婚姻之不可解除性的主要论点。比如，《论婚姻之好》
写道："婚姻的联合（foedus）一旦建立，就是圣事（sacramenti res），夫
妻的分离并不能将它取消。在丈夫还活着的时候，他抛下（reliquit）的女
人若是再婚，就犯了通奸。"[5]丈夫在抛下通奸的妻子后，也不可再婚，
否则同样算是通奸。如果丈夫通奸，妻子也可以离开，但双方都不可再

---

1 直到查士丁尼时代，双方同意的离婚才受到法律限制。Grubbs, Women and the Law in Roman
　Empire, p. 202; Pency E. Corbett, The Roman Law of Marriage, Oxford: Clarendon Press,
　1930, pp. 243-248.

2 Justinian, Digesta, 24.2.2 pr.（Gaius）, p. 714.

3 Justinian, Digesta, 24.2.3（Paulus）, p. 715.

4 Justinian, Digesta, 24.2.11 pr.（Ulpianus）, p. 716.

5 Augustine, De bono coniugali, 7.6, p. 378.

婚。[1] 在奥古斯丁看来，婚姻的纽带之所以如此牢固（tanta firmitas vinculi coniugalis），只是因为：

> 从人软弱的必朽性中，产生了某种更大的事情的圣事（alicuius rei maioris ex hac infirma mortalitate hominum quoddam sacramentum adhiberetur），即便人们抛弃它（即婚姻的纽带），或想要解除它，它也依然完好无损，并惩罚他们。婚姻的联合（confoederatio）不会由于离婚的介入而被破坏，所以，夫妻就算分离，彼此也是夫妻；离异（repudium）之后，他们若还要与谁结合——不管是丈夫与另一个女人，还是妻子与另一个男人——就与谁犯了通奸。[2]

通奸与离婚虽然损害了婚姻三好，却不能斩断婚姻的纽带，不能破坏夫妻二人之间的团契。所以，只要结为夫妻的两个人尚在人世，"婚姻链条"（iura nuptiarum）就永远存在，因此，彼此分离的他们，比他们再婚后形成的结合，"更是夫妻"（potius sint inter se coniuges）。[3] 奥古斯丁看到，若要使"离开父母"的两个人结成"一体"之婚，就必须借助于圣事观念；而这样一来，婚姻便变成了一个极为抽象而神秘的团契。

三、婚姻与家庭

在罗马法学家眼里，离婚之所以等于永远分离，是因为罗马婚姻在根本上奠基于共同的家庭生活。在进入"夫权"（cum manu）的罗马婚姻模式下，结婚并不意味着妻子和丈夫由此创造一个新的家庭，而只意味着妻

1　Augustine, De bono coniugali, 7.7, p. 378.

2　Augustine, De bono coniugali, 7.7, p. 378-379.

3　Augustine, De nuptiis et concupiscentia, 1.10.11, p. 420.

子脱离父亲的家庭和父权，进入丈夫的家庭，并与丈夫处在同一个父权之下。正因此，妻子在夫家的地位才相当于一个家女（filiafamilias），因为她"进入丈夫的家庭，拥有女儿的身份"（in familiam uiri transibat filiaeque locum optinebat）。[1]婚姻不是创造一个新家，而是在父子相传的家庭中发生的结合。[2]根据罗马法，一个新家庭的创造不是以结婚为前提，而是以家子变为家父长为前提——不管这是因为老家父长的死亡，还是因为家子的被解放（emancipare）。

只有在以父权为基础的、父子相传的家庭中，夫妻才有过婚姻生活的可能性。这一点清楚地反映在罗马法关于婚姻的定义中。在给婚姻下定义的时候，法学家莫德斯提努斯（Modestinus）说，作为男女的结合，婚姻意味着双方"分享全部生活的命运"（consortium omnis vitae）。对生活命运的分享，从一开始就将夫妻置于一个命运共同体（communitas）之中。而这一点也正是查士丁尼《法学阶梯》中的婚姻定义所着重强调的："婚姻是男人和女人的结合，包含密不可分的生活习惯（individuam consuetudinem vitae continens）。"[3]离开了命运共同体中的生活习惯，婚姻便不再可能，而离婚就是指夫妻不再承担同一个命运。所以，即便离婚者没有提出合法的理由，离婚也是可能的，因为双方已经不再在一起过日子，他们的命运已经分开。除了共同的生活和命运之外，再也没有什么可以从根本上维系罗马人的婚姻。

可是，在奥古斯丁这里，从根本上维系婚姻的东西不再是家庭中共同的生活和命运，而变成了抽象的圣事。这绝不意味着，居家过日子对基督徒夫妻而言不重要，而是说，两个人结合在一起的根基不是家庭的自然生活，

---

1 Gaius, Institutiones, 1.111, Eduard Böcking ed., Leipzig: Inpensis Salomonis Hirzeli, 1866, p. 37. 又见 1.114, p. 39; 1.115b, p. 40; 1.136, pp. 50-51.

2 即便根据中国的家庭传统，新家庭产生的标志也不是结婚，而是分家。

3 Justinian, Institutiones, 1.9.1, in CIC, part III, p. 4. 这个定义后来被中世纪教会法学家所采用。参见 Reynolds, Marriage in the Western Church: The Christianization of Marriage during the Patristic &Early Medieval Periods, Leiden, New York and Köln: E.J. Brill, 1994, p. 9, n. 21。

而是自然生活之外的宗教纽带。只有死亡能斩断这根纽带。奥古斯丁也承认，离婚是共同生活的结束，是夫妻的分离，但却不是婚姻的解除。因为，婚姻所依托的已经不再是以自然关系为基础的、古典意义上的家庭"共同体"，而是夫妻二人在上帝之中结成的基督教"团契"。家庭共同体模式下的婚姻必然要求夫妻在一起过日子，而基督教团契模式下的婚姻则奠基于一根神秘的圣事纽带。由于这根纽带的存在，夫妻即便被剥夺了一切自然关系和生活，婚姻也仍旧存在。这样，奥古斯丁借助圣事观念完成了婚姻的去自然化过程，从而将罗马夫妻在家庭中结成的共同体，转变成基督徒夫妻在上帝之中结成的团契。正是从共同体向团契的变化，使因不忠即通奸而离婚的夫妻无法斩断婚姻的纽带。

同样，像没能恪守忠贞之德的夫妻一样，无法生育后代的夫妻也不能摆脱圣事、解除婚姻的纽带。奥古斯丁说，"夫妻团契的纽带（sociale vinculum coniugum）极为牢固，尽管它因生育而缔结（colligetur），却不能因生育而解除。"[1]换言之，如果夫妻由于身体原因而不能生育孩子，婚姻的团契也依然存在，所以他们不能为了生育而离婚或再婚。《论婚姻之好》中的一段话说得一清二楚："即便生育（即，建立婚姻纽带的原因）因明显的不育症而没能实现，婚姻的纽带也依然存在；因此，就算夫妻知道自己不会有孩子，他们也不可以分离，或为了要孩子而与别人结合。"[2]

所以，奥古斯丁的圣事观念直接削弱了生育在古典家庭和城邦共同体中的意义。根据罗马习俗，婚姻的目的是为家庭和城邦生育后代，一旦妻子患有不孕不育的疾病，丈夫完全可以以此为由提出离婚或将其休掉。[3]据

---

1 Augustine，De bono coniugali，7.7，p. 378.

2 Augustine，Debono coniugali，15.17，p. 385.

3 Codex Iustinianus，5.17.10，in CIC，part I，p. 251.

记载，罗马建城以来发生的第一桩离婚案，就是由妻子不育引起的。[1] 通奸玷污了家庭共同体的荣誉，不育阻断了家庭共同体的延续，这二者都是罗马人离婚的正当理由。可是，按照奥古斯丁这里的圣事学说，婚姻既然已经摆脱家庭共同体的视野，变成"离开父母"的两个陌生人之间的抽象团契，夫妻必然要在无法生育后代的情况下继续维持彼此之间的纽带，正如他们之间的关系不会因一方不忠而破裂一样。

综上可见，基于圣事概念，奥古斯丁将婚姻的本质界定为一根不可解除的纽带。即便"婚姻三好"中的生育或忠贞已经被破坏，即便夫妻已经因离婚而终结共同的生活，婚姻的团契也不能被打破。问题在于：到底是什么使婚姻的纽带变得如此牢固？或者，我们可以更直接地问：为什么婚姻是不可解除的？在这个问题上，学界一直没能给出令人信服的说法。有人认为，奥古斯丁只是努力将婚姻关系变得神秘化（mystify）。[2] 也有人认为，他未能成功证明婚姻的不可解除性。[3] 难道真是这样吗？在笔者看来，现有的研究之所以没能澄清婚姻圣事的实质，是因为忽略了自我与上帝之间的关系。

四、大圣事与小圣事

在论述婚姻圣事时，奥古斯丁向我们指出了两个团契：一是个体夫妻之间的团契，二是基督与教会之间的团契。前者是小圣事，后者是大圣事。在我看来，这两个团契能够发生关联的哲学原因在于个体与基督的结合。

1　公元前 231 年，Spurius Carvilius Ruga 因妻子不育而提出离婚。参见 Valerius Maximus, *Factorum ac dictorum memorabilium*, 2.1.4, London: Curante et Imprimente A. J. Valpy, A. M., 1823, p. 233; Aulus Gellius, *Noctes Atticae*, 4.3, Lipsiae: Sumtibus et Typis Caroli Tauchnitii, 1835, pp. 105–106。

2　Reynolds, *Marriage in the Western Church*, p. 299.

3　Kuiters, "Saint Augustin et l'indissolubilité du mariage".

奥古斯丁指出，只有基督徒结成的婚姻才是"圣事"，[1]就是说，只有基督徒之间的婚姻才是与大圣事关联在一起的小圣事。而成为基督徒就是加入教会、变成基督的肢体，与基督结成婚姻的团契。正是自我与基督的团契，将夫妻的团契与基督和教会的团契勾连在一起。如果夫妻都不与基督结合在一起，他们就不是基督徒，他们的婚姻也就不能成为一个圣事。一方面，所有基督徒共同构成了基督的新娘，即教会，他们与基督的婚姻是一个大圣事；另一方面，作为基督的新娘，任何两个基督徒的婚姻都是这个大圣事的一个表现，都是一个小圣事。进言之，教会与基督的婚姻同时发生在基督徒彼此结成的个体婚姻中，因为任何两个基督徒之间的婚姻团契，都意味着自我与上帝的团契、教会与基督的团契。为了理解这一点，我们有必要更详细地考察《论婚姻与肉欲》中的那句话："基督和教会中的大（圣事），在一对夫妻中，就是小（圣事），然而也是不可分离的结合的圣事（quod ergo est in Christo et in Ecclesia magnum, hoc in singulis quibusque viris atque uxoribus minimum, sed tamen coniunctionis inseparabilis sacramentum）。[2]这句话非常清楚地解释了两个圣事之间微妙的统一关系。存在于基督和教会中的"东西"（quod），就是存在于每一对夫妻中的那个"东西"（hoc），只不过，由于团契有大小之别，它才分别被称为大圣事和小圣事。这个共同的"东西"的奥秘就是自我与基督的结合。

所谓教会与基督的结合，不是指，众人先聚合为一个有形的教会，然后再一起与基督结合；而是指，每个人都首先与基督结成团契，然后，所有单独与基督团契在一起的人，共同构成了一个统一而无形的教会。教会能够成为众人合一的团契的根基，恰恰依赖于每个人都先行与基督团契在一起。在现实中，两个基督徒可能是没有任何关系的陌生人，不过，由于都是基督的肢体或新娘，他们彼此之间就已经构成了某种团契，这个团契

1　Augustine, De bono coniugali, 24.32, p. 394-395.

2　Augustine, De nuptiis et concupiscentia, 1.21.23, p. 427.

的纽带其实就是自我与上帝的关联。如此，我们就可以理解，为什么基督教团契不像古典共同体那样要求共同的生活和命运。

同样，两个基督徒若想缔结婚姻的团契，双方也都得首先与基督结合在一起。基督与教会的团契就是基督与每个个体的结合，这个团契本身就发生在每一对夫妻结成的婚姻团契中，就是说，大圣事发生在小圣事中。因此，根据奥古斯丁这里的基督教婚姻理念，夫妻双方都要先与基督结合在一起，然后，两个人在此基础上再结成团契；维持婚姻团契的纽带并不是两个独立个体之间的关系，而是自我与上帝的关系。基督教婚姻不是两个个体单独进行的结合，而是他们在上帝之中进行的结合。奥古斯丁其实已经将这一点透露给我们："有信仰的夫妻无疑是基督的肢体，他们为了生育而男婚女嫁，但是，丈夫不可以抛弃不能生育的妻子，另娶一个能生育的妻子。"[1]

婚姻不可解除的宗教根源在于，夫妻双方都是基督的肢体，都是基督的新娘。就共同的生活而言，夫妻并非不可以分离。奥古斯丁这里的"离婚"就是且仅是指分离或共同生活的结束。但这与婚姻的本质无关，因为，基督教婚姻是夫妻在上帝之中完成的结合。现实生活中各分东西的两个人，仍旧在上帝之中构成一个团契。正如我们已经指出的，古罗马人的婚姻发生在家庭之中，并不因此就创造一个新的家庭；就是说，罗马妻子首先离开父亲的家庭，然后在丈夫的家庭中与之结合。然而，根据奥古斯丁这里的基督教传统，婚姻则意味着夫妻双方首先都离开父母的家庭，变成脱离自然关系的"陌生人"，进而在基督之中结成"成为一体"的婚姻团契：这个团契本身是一个新的家庭。如此，夫妻之伦不仅构成了家庭的开端，还构成了家庭中的主导关系。罗马夫妻在家庭中、带着家庭身份结合在一起，基督徒夫妻则在基督中、带着基督肢体的身份结合在一起；换言之，罗马人得以结成一体之婚的基础是自然家庭，而基督徒得以结成一体之婚的基

---

1 Augustine, *De nuptiis et concupiscentia*, 1.10.11, p. 420.

础是去自然的上帝。

不过问题仍然没有解决。为什么在基督中结成一体之婚的夫妻，不可以解除彼此之间的圣事纽带呢？为了澄清这个问题，我们必须看到自我与上帝的结合是不可解除的。奥古斯丁在讨论到婚姻与洗礼时说：

> 若是有人因犯罪而被革出教会，重生的圣事也依然在他那里；即便永远不与上帝和好，他也不缺少圣事。同样，若是妻子由于通奸的原因而被休，婚姻联合的纽带（vinculo foederis coniugalis）也依然在她那里，即便她永远不与丈夫和好。而如果她的丈夫死了，她就将失去它。然而，即便不与上帝和好，因有罪而被革出教会的人也永远不会缺少重生的圣事，因为上帝永不死。[1]

重生的圣事就是洗礼，即个体与基督结合、成为基督肢体的仪式。奥古斯丁坚持认为，重生的圣事是不可解除的，即便个体因为罪而背弃了上帝。既然婚姻是基督的两个肢体在基督中结成的团契，其本质是自我与上帝的关系，那么，自我与上帝之间的纽带，就是将夫妻团契在一起的纽带，既然前者不可解除，后者也就不可解除。所以，大圣事与小圣事的不可解除性，都要归结为自我与上帝的关系。

需要注意的是，在离婚和再婚的情况下，婚姻圣事的意义就从"联合"变成了"惩罚"。就是说，如果离婚的夫妻还活着，婚姻（quiddam coniugale）就还在他们中间，不过此时它不再表现为"联合的纽带"（vinculum foederis），而是表现为"对罪行的惩罚"（noxam criminis）。[2]奥古斯丁的意思不是指，当夫妻离婚的时候，他们之间不再存在圣事建构出的婚姻关系，而是指，他们的团契以否定的形式表现出来。夫妻分离却又不能再婚的处

1　Augustine, De coniugiis adulterinis, 2.5.4, in PL, vol. 40, p. 473.

2　Augustine, De nuptiis et concupiscentia, 1.10.11, p. 420.

境，表明他们仍旧基于一根抽象的纽带而团契在一起。他们既结合在一起，又处于分离状态，既没有完全结合，也没有完全分离。这种悖谬的状态所反应的，就是背离上帝的个体与上帝之间的关系：

> 同样，一旦使徒的灵魂（anima）离弃其与基督的婚姻（coniugio Christi），她也并未丧失其在重生的水盆中领受的信仰的圣事（sacramentum fidei），虽然她失去了信仰（fide）……不过，那些离弃它（即圣事）的人拥有它，会增加惩罚，而不会带来奖赏（ad cumulum supplicii, non ad meritum praemii）。[1]

由这段话可见，洗礼意味着领受"信仰的圣事"，而信仰的圣事就是基督徒与基督的婚姻。[2]与基督"离婚"的人失去了信仰或忠贞（fide），但不会失去圣事。远离上帝的人并不能摆脱上帝。两个离婚的基督徒就相当于两个与基督离婚的人，他们二人的关系反应了他们每一个人与基督的关系。正如他们的团契奠基于他们每个人与上帝的团契，他们的分离也奠基于每个人与上帝的分离。他们既然没有丧失信仰的圣事，也就不会丧失婚姻的圣事；他们既然被信仰的圣事惩罚，也就被婚姻的圣事惩罚。

在此，婚姻最终被奥古斯丁还原为单个自我与上帝的关系。所谓基督徒结成的一体之婚，既不是"家子"与"家女"在家庭共同体中的结合（罗马），也不是两个原子个人彼此之间缔结的契约（现代），而是两个离开共同体的陌生人在基督之中建立的团契。若要在去自然的基础上缔结婚姻，个体必须首先将自己"投身"到超自然的上帝之中，如此方能创造出夫妻之间的婚姻团契。所以奥古斯丁说："我们要亲近上帝，结成神圣的团契。"[3]

1　Augustine, De nuptiis et concupiscentia, 1.10.11, p. 420.

2　在这个意义上，洗礼就是基督徒与基督的婚礼。奥古斯丁甚至说，教会中的每个节庆（celebratio）都是婚姻的节庆。Augustine, In Epistolam Ioannis, 2.2, in PL, vol. 35, p. 1990.

3　奥古斯丁：《上帝之城》（中），10.6，第35页。上海：生活·读书·新知三联书店，2008.

概言之，奥古斯丁从圣事概念出发，将婚姻理解为两个解放出家庭自然关系的个体与上帝的结合：婚姻团契之所以不可解除，是因为自我和上帝之间的团契不可解除。"离开父母"的两个个体必须先分别与基督"成为一体"，然后再在基督之中彼此"成为一体"，作为团契的婚姻才能最终被建构出来。当用 societas 来界定婚姻时，虽然奥古斯丁受到了西塞罗等罗马作家的影响，但他的圣事婚姻观却从根本上打破了古罗马的婚姻传统。因为在他这里，婚姻不再是两个人在家庭共同体中的结合，而是两个褪去家庭身份的、去自然的"陌生人"在上帝之中的结合。根据罗马传统，婚姻并不被思考为一个新家庭的产生，夫妻关系也不是家庭中的主导关系。根据奥古斯丁，婚姻的团契却意味着两个人在上帝之中创造出一个新的家庭，夫妻关系由此成为家庭伦理秩序得以被建构的开端和基础。而奥古斯丁带来的这个变化，对中世纪社会制度产生了极为深远的影响，甚至以其世俗化的方式，变成现代西方人与中国人思考婚姻家庭问题时所不得不面对的一个根本问题。

中世纪的对话精神
——阿伯拉尔对话伦理学探析[1]

梁玉春

摘要：在中世纪，对话与独白是两种不同的文体，代表着不同的价值取向和理念。与同时代人注重独白的方式不同，阿伯拉尔的伦理学强调对话，主张在不同立场者之间进行平等的交流与沟通，开创了一种宽容的传统。他的对话伦理学以理性为基础，彰显了一种普世的精神，是现代对话伦理学的先驱。

关键词：阿伯拉尔；独白；对话

在西方哲学史上，阿伯拉尔以他的概念论思想而闻名，在十二世纪中期亚里士多德重新回归欧洲之前，他和安瑟伦代表了当时拉丁世界哲学思辨的最高点。阿伯拉尔除了在逻辑学上的伟大成就以外，其伦理学也颇具特色，他的伦理学主张一种对话精神。这种对话精神在当时基督教占统治地位的情况下有着特别重要的意义，主张给不同立场的参与者构建一个平等交流的平台，开创了一种宽容传统，也彰显了一种理性的普世精神。

---

1 本文为梁玉春主持的 2013 年度新疆维吾尔自治区教育厅高校科研计划项目"增强南疆青少年'四个认同'意识研究"（项目编号：XJEDU070112A04）的阶段性成果。本成果获新疆维吾尔自治区普通高等学校人文社会科学重点研究基地——喀什师范学院南疆教育发展研究中心基金资助。

一

在中世纪，对话是与独白相对而言的，对话与独白是两种不同的文本方式，代表着不同的价值取向和理念。如果说在古希腊，柏拉图众多精彩的对话使得对话这种文体声名远播，那么在中世纪，独白则成了人们写作更为常用的方式。

从某种意义上说，独白是中世纪一种特有的文体。中世纪许多哲学家和神学家都著有独白，如奥古斯丁、安瑟伦、圣维克多的雨果、波纳文图拉等。其中奥古斯丁是先驱者，也是非常有影响力的一位。除了他著名的《忏悔录》可以看作是他在上帝面前的独白以外，他还专门著有《独白》一书（也译作为《独语录》）。这篇《独白》表面上采取一问一答的对话形式写成，对话双方分别是奥古斯丁自己和"理性"，但从实质内容而言，它仍然是独白，是奥古斯丁的自问自答。这个作为对话一方的"理性"并非是外在于他的，而就是他自己的思考；作为对话另一方的"奥古斯丁"则代表他内心的怀疑、不安及困惑，"理性"帮助他消除这种内心困惑，一步步引导他去追求上帝。因此这种对话只是形式上的，奥古斯丁在这里正如《忏悔录》中一样，主要是一种自我反省与沉思，他的这种写作方式影响了后来的基督教思想家。

被称为经院哲学之父的安瑟伦是阿伯拉尔的同时代人，他独白式的作品在中世纪影响广泛，也是极具代表性的此类作品。安瑟伦在中世纪最大的贡献在于提出了有关上帝存在的证明，这种证明主要通过《独白》和《宣讲》两本书体现出来，而这两本书都是一种内心的独白。在这方面，他追随了奥古斯丁的传统。他在《独白》的序言中写道："我发现我在这里所做的任何论述没有一样不是与公教会的教父们，尤其是与真福者奥古斯丁的论著相一致的。"[1]安瑟伦不仅思想内容与奥古斯丁相一致，连写作手法

---

1 [意]安瑟伦：《信仰寻求理解——安瑟伦著作选集》，溥林译，第4页，北京：中国人民大学出版社，2005。

也极为相似。《独白》一书是以沉思的方式来探讨上帝存在和本质，在此书的前几章，他提出有关上帝存在的几种证明，之后，他以各种方式来言说有关三位一体的奥秘。但不论如何言说，正如他自己所说的："无论我在此说了些什么，它们都只能看作是一个人独自反思的结果，是他自己同自己进行论辩和探究的结果。"[1]这种描述非常符合独白的特点，独白就是这样一种自我在内心追求的结果。而他另一本著作《宣讲》中，他提到自己之所以写这样一部作品，是将其"作为沉思信仰根据的一个例子，它表明一个人，在静默中同自己的对话，寻找其尚还无知的东西。"[2]，很显然，这只是一种内心的独白。

安瑟伦还有一部影响很大的著作是《上帝何以化身为人》，这部书探讨基督教的核心教义救赎论，以对话形式写成。对话的双方分别是作者和一个名为"博索"的提问者，博索提出疑难，而由安瑟伦来解答，采取的是一问一答的对话形式。但究其内容，不难发现，这仍旧是奥古斯丁的传统。提问者并不是一个真正的挑战者和质疑者，他与回答者遵从同样的教义与逻辑前提，他的思维方式完全是基督教传统的，与回答者处在同一个背景与模式之中。因此，提问者与回答者从逻辑上说仍然只是同一个人的自问自答。

在同类思想家中，值得一提的还有波纳文图拉，他作为十三世纪重要的哲学家与神学家，其《独白》一书的影响也非常大。他在前言中写道"因良心的驱使，我为普通的读者撰写了这书，它是以对话体的方式以质朴的语言讨论圣人们的言论"[3]。对话的一方是"灵魂"，作为"永恒真理的学生"面貌而出现；另一方则是所谓"里面的人"，这个"里面的人"

1　[意]安瑟伦：《信仰寻求理解——安瑟伦著作选集》，溥林译，第5页，北京：中国人民大学出版社，2005。

2　同上，第197页。

3　[意]圣·波纳文图拉：《中世纪的心灵之旅——波纳文图拉神哲学著作选》，溥林译，第54页，北京：华夏出版社，2003。

所说的话则是灵魂的良心所发现来的声音。"灵魂"只是提问，而由"里面的人"来回答，最终"里面的人"引导"灵魂"达到对上帝的喜乐。在这一过程中，"灵魂"作为谦卑的学生，只能聆听智慧的教导，没有任何反驳的余地和可能性。"灵魂"与"里面的人"的位置是明显不平等的，甚至已经有了预设的前提，因此，这两者没有形成任何真正的交锋与冲突，并没有上升到对话的层次。所以，很显然写作的表面形式是对话，但其实仍然是作者心灵内部的一种沉思，是一种心向上帝的旅程。这与奥古斯丁的《独白》非常相似，虽然采取了对话的形式，但双方并没有任何真正的冲突和碰撞，实质上还是一种内心独白。事实上，波纳文图拉也正是十三世纪奥古斯丁主义的最重要代表人物，与托马斯·阿奎那的亚里士多德主义相对应。

独白作为一种在中世纪相当受欢迎的文体，是与当时宗教背景分不开的。在中世纪，人与上帝的关系是生活的核心。人是上帝的创物，两者之间是绝对不平衡的，人只能独自思考与上帝的关系，而不存在与上帝平等交流的任何可能性，这种独白被认为是一种谦卑的，与上帝交流的最好方式。同时，基督教在整个中世纪占据统治地位，其权威性不容置疑，不允许有其他不同思想的挑战。不同的思想流派都要以基督教的思想为中心，任何问题都有预设的标准答案，任何对基督教正统教义和教会标准的质疑都会被看作异端，受到打压和迫害。在这种情况下，真正的对话要进入人们的视野也具有相当的难度。然而独白是带有某种独断性质的方式，这种方式虽然也有理性作为基础，如安瑟伦等人的独白遵从某种理性逻辑，对于从前唯独信仰排斥理性的做法已经有了很大的进步，但他没有意识到理性的普遍性并不能保证单个人理性的完全正确。他只强调自己的个人的理性，他以这种理性为前提，并不关注不同理性者之间也会存在冲突。而单个人理性是有其局限性的，要克服其有限性，达到更高的层次，必须面对他人理性的挑战，即要与他人真正的对话。只有如此，才能从不同的观点中引出新的思想，真正有利于社会文化的活跃和发展，也促成基督教思想本身的发展，而以安瑟伦为代表思想家们并不重视这一点。因此，具有创新意识的思想家们开始寻找对话的方式来表达新的主题，阿伯拉尔正是这种革新思想家的代表。

二

与众多同时代基督教哲学家不同，阿伯拉尔倾向用真正的对话来表达不同的思想。在阿伯拉尔看来，真正的对话不能依赖于任何权威或信仰，其基础是理性。对话不预设任何前提，对话双方可以自由发表任何与主题相关的合理言论。人们可以从这些自由开放的探讨中产生出思想的差异和火花，辩明真理并促进真理的发展。阿伯拉尔在其早期著作《是与否》中就已经构想了对话的双方，将两种不同的观点呈现出来，让读者自己去判断和思考。而真正表现其对话精神则是其伦理学著作——《哲学家、犹太人和基督徒之间的对话》（以下简称《对话》），此书将他成熟的对话思想展现出来。

对话是哲学家、犹太人和基督徒之间进行的。他之所以选择这三种角色进行对话，与当时流行的历史阶段论有关。在中世纪根据基督教的传统，人们通常认为人类历史分为三个时期：第一个时期是从亚当到摩西，称之为自然法时期；第二时期是从摩西到基督的出现，称为成文法时期，也叫旧约时期；第三个时期是从基督直到世界末日的来临，称之为恩典时期。这三个时期分别对应三种人：异教徒、犹太人和基督徒，而这三种人在中世纪一直相互并存，构成了社会的主体。在阿伯拉尔时代，哲学家是异教徒的代表。所以，他选择了这三种人展开一个对话，是考虑到了最大受众人群，使不同信仰的人得到一个共同的平台为自己辩护，形成真正的交锋。

在当时基督教背景下，哲学家和犹太人的思想被看作是异端邪说，讨论他们的学说稍有不当，就会被指责为同情或甚至持有他们的观点而受到谴责。而阿伯拉尔毫不惧怕这一点，他认为，只有实现这些不同领域的对话，才能让人们了解对方的真正观点。首先不要去关心对方的观点是否正确，这是无关紧要的，重要的是让观点以理性的方式展示出来。只有当不同的观点表达出来之后，人们才可以进行各种分析以确定其是否可取。如果不让对方表达自己的观点，那么我们就根本不会知道对方的意思是什么，我们由此而作的一切相关评判都无效的，无法让任何人信服。在《对话》中，最先进行发问的并不是当时占主流地位的基督徒，而是哲学家，因为哲学家只相信自然法与理性；先进行回答的也不是基督徒，而是犹太人。这说明在阿伯拉尔看来，三者拥有相同的话语权力，基督徒并没有绝对的话语权，不同的思想应该得到尊重并得以表达，尤其是这些不占主导的地位思想更加应该获得某种优先的话语权。

阿伯拉尔认为，对话的交锋对于参与各方都能产生积极的作用。当一方的观点错误时，通过对话，参与者可以让对方了解自己的问题在哪里，从而让对方接受自己的观点。犹太人就在哲学家的强有力的论证下，放弃了自己当初的某些偏见，接受了哲学家的观点。虽然他仍然还是坚持旧约的律法主义，但他对于律法的理解已与开始的时候有所不同，并且也不得不接受哲学家相关的批评。同时，每个参与者也因对方的反驳而发现自己的错误，这样错误得以纠正。在哲学家与基督徒对话时，哲学家提出了"所有善人同时具有所有的德性"[1]的观点，当这观点遭到基督徒的驳斥后，他意识到这种观点的荒谬性并放弃了这一观点。即使双方最后仍旧坚持自己的观点，至少在此过程中，每个参与者的观点遇到了挑战，从而更好地梳理了自己的论证。在三者对话中，我们时时可以看到这样的情况，参与者因为对方的论据而不断调整自己的论证，尽量让自己的论证可以经受住各方面的批评。这是一个十分激烈且非常有趣的过程，如果只是自我思考，

---

1 Abelard.*A Dialogue of a Philosopher with a Jew, and a Christian*, trans. Pierre J.Payer. Toronto: Pontifical institute of Mediaeval Studies, 1979: 100.

就不可能有如此开阔的维度。

更为重要的是，在这种交流过程中可以发现双方很多观点的差异事实上只是语言的表述不同，进一步深究下去，两者可以找到共通点，从而达成某种共识，这种共识是沟通的基础。这在哲学家与基督徒的对话中可以更加明显的看出来，真哲学就是真智慧，而"基督就是真智慧"[1]，两者之间虽然有一些观点上的差异，但并没有不可以逾越的鸿沟。两者通过对话，基督徒同意哲学家的某些观点，哲学家也接受了基督教一些核心教义，这说明沟通是完全可能的。

阿伯拉尔不仅在写作内容上坚持用对话来体现思想的开放性，《对话》手稿本身的写作方式就体现了对话开放的精神。《对话》是一部残缺的手稿，在哲学家与基督徒之间对话尚未完成之时就完结了。据克斯特（Constant J.Mews）的考证，这种残缺并不是因为在后来传播过程之中遗失了后面的部分，而是这部手稿本身就是没有完成的。对于未完成的原因，人们有各种猜测。一种观点认为此书写于阿伯拉尔晚年，写作时间不够充分所致；另一种观点认为这是因为阿伯拉尔相关思想尚未成熟，不知道如何将对话进行下去，最后自己也无法以法官的立场给予参与者一个公允的评判[2]。

由于年代久远，这两种猜想并不是没有可能。然而，如果从对话这一特殊文体来看，阿伯拉尔最后并没有就自己的立场作任何说明这一点恰好是对话本身最需要的。任何对话都是应该是无止尽的一个开放过程，以判定一方绝对错误的方式结束对话本身是违背对话精神的。在文中，没有任何明确的暗示说明阿伯拉尔有意要给对话做出一个最后的评判。正如罗斯卡特（Luscombe, D.E.）所言"阿伯拉尔故意给《对话》这样一个

1　Abelard.*A Dialogue of a Philosopher with a Jew, and a Christian*, trans. Pierre J.Payer. Toronto：Pontifical institute of Mediaeval Studies，1979：80.

2　Mews, C.J., and Luscombe, D.E., eds. *Abelard and his Legacy（X）*. Suffolk: St Edmundsbury Press, 2001: 40.

结尾。"[1] "文章缺乏一个固定的结论不是由于超越阿伯拉尔能力控制范围的外在的偶然，而是他思想的特点。"[2] 这正是《是与否》这种写作方式的延伸。阿伯拉尔要借此表达的立场是，在人们都致力于探讨真理的过程时，他自己也不愿意得出一个有关他思想的固定结论，真理总是在途中，而不会有终点。

阿伯拉尔这种对话精神是对古希腊对话精神的继承，从苏格拉底所提倡的对话中可以明显看出这一点。苏格拉底与他人探讨了许多问题，除了一小部分他提出了自己的观点以外，很多都没明确的结论，如"美是什么"这个问题，探讨的结果是"美是难的"，无法定义。但这些并不代表这些对话是没有成效的，恰好相反，在对话的过程之中，双方培养了一种辩证法的精神，将这种精神运用于对真理的探求，我们就会离真理越来越近，虽然不可能完全达到，但至少比独断的方式更加进步。

三

在十一二世纪，除了阿伯拉尔的《对话》以外，其他神学家也有各种各样的对话，如克里斯丁（Gilbert Crispin）的对话，将两者比较更可以看出阿伯拉尔对话的特点。克里斯丁是安瑟伦的学生，他写了《犹太人与基督徒的对话》一书，在十二世纪很受欢迎。这对话围绕基督教的教义问题展开，从表面上看，两者之间形成了某种对抗，犹太人不同意基督教的观点，但正如阿布拉法（Sapir Abulafia）所观察到的，尽管克里斯丁也介绍了一个异教徒以理性来反驳基督教教义的形象，但他不能不通过求助于圣经来为

1　Mews, C.J., and Luscombe, D.E., eds. Abelard and his Legacy（XII）. Suffolk: St Edmundsbury Press, 2001: 109.

2　Mews, C.J., and Luscombe, D.E., eds. Abelard and his Legacy（X）. Suffolk: St Edmundsbury Press, 2001: 42.

自己的论证正名。[1]这与阿伯拉尔排斥圣经的权威，只诉诸理性是不一样的。最后，犹太人失败了，他承认了这个失败并放弃了对话，他的位置后来被一个想要学习的学生代替，这个学生不再提出任何问题，只是向基督徒学习三位一体的真理。从而，对话一开始就预设了基督教教义的正确性，犹太人的反驳只是一种不自量力。这样的对话是为了建立基督教的真理，反对那些不信者的错误，而不是为了真正地去了解其他人的观点。和安瑟伦一样，克里斯丁将不信基督教者都当作是基督教的威胁，这些人即使与基督徒进行对话，也只是为了表明基督教观点的正确性，这样的对话意味着一方面观点正确性的演绎。

阿伯拉尔的对话与克里斯丁等人的对话明显不同。首先，他同情理解基督教的对手，如犹太人及哲学家。阿伯拉尔的犹太人是一个具有智慧和反思精神的评论者形象，与同时代人所塑造的犹太人形象完全不同。基督教自形成起就与犹太教处于某种对立之中，在基督教逐渐壮大起来之后，犹太人的地位就不断下降，一直与基督徒处于不断摩擦之中，由于各种综合因素的影响，"在 12 世纪，并不十分和谐的合作被暴力取代。"[2]因此，在阿伯拉尔时代，犹太人受到了普遍的歧视和迫害。许多同时代神学家认为在历史上犹太人迫害了基督，在当下又过分注重旧约律法，与基督教的信仰完全相背，亵渎上帝，应该给予严厉的惩罚。在这种强大的排犹主义气氛中，阿伯拉尔虽然也不赞同犹太人的某些观点，但他能保持理性的立场，以同情的笔调描述了他们的苦难，客观解释犹太人的思想，给予他们发言的权力，在当时是非常罕见的。而阿伯拉尔笔下的哲学家形象则更值得称颂，哲学家是与基督徒同样智慧且相信上帝的人，他依靠理性而相信上帝；同时，哲学家也不盲目坚持自己的观点而攻击基督教，他从基督教中寻找到智慧。

1　Anna Sapir Abulafia, "Jewish-Chritian Disputations and Twelfth-Century Renaissance," *Journal of Medieval History* 15（1989）: 105-125.

2　[美]朱迪斯·M·本内特、C·沃伦·霍利斯特：《欧洲中世纪史》，杨宁，李韵译，第255页，上海：上海社会科学出版社，2007。

更值得注意的是哲学家的生活节制，品德高尚，比一般信徒更符合基督教的要求。

其次，他对讨论主题的选择也不一样。他不将对话建立在参与者完全敌对的立场上，而是寻求共同点。他在对话中将三方的目标即追求幸福与至善作为共同的基础，而不是如克里斯丁或安瑟伦那样选择道成肉身等基督教所特有的教义。至善与幸福是所有人共同可以通过理性来追求的，而避免基督教道成肉等教义的狭隘性，这样就不会使对话成为一种说教，避免只有基督教才能提供独一无二的论证的场景出现。对话不是关注其他人的错误，而是有共同的目的，这样，讨论既能是参与者观点的实际交流，也正是在交流中才能持续有关伦理基础和善恶本质的论证。

最后，他们的目的也不一样。对于同时代的克里斯丁等人而言，对话常常是为了保证真理的一种技巧，而不是为了从事一种倾听的练习。在《犹太人与基督徒的对话》中，犹太人的角色不过是要带出克里斯丁结论的内在逻辑，而读者在有关真理的追求过程中也分有了同样的逻辑假设。但阿伯拉尔则认为我们不应该执着于自己的立场和知识，应该学会倾听，他引用先哲的话"即使在最荒唐的理论中也混杂着真理"[1]。他主张，即使在现实之中存在很多空泛的论辩和理论，也并不能否定倾听的力量和这种讨论问题的形式。因此，在对话中，他首先要求的不是主动发言，而是倾听。对话的能够了解到其他思想的合理性，找到评估不同理论传统的共同基础，这样也让基督徒不再持有僵硬的敌对的态度。单纯地传达给他人还不能被看作是有理性的和有效力的，因为乐于接受他人的传达也属于理性范畴。我们要防止自以为是的危险，不仅要能诉说，也要能倾听。伦理学是一项所有人的共同事业，不依赖于某一种人，犹太人和哲学家的思想都有可取之处。因此，对话没有一开始就把参与者限定在一个特定的理解上，而是

---

1 Abelard.A Dialogue of a Philosopher with a Jew, and a Christian, trans. Pierre J.Payer. Toronto: Pontifical institute of Mediaeval Studies, 1979: 23.

向不同的原则敞开。

四

在历史上，阿伯拉尔的对话被看作是一种知识宽容的诉求。"阿伯拉尔在西方被认为是宽容事业的先锋。"[1]阿伯拉尔通过对话提醒他的观众，宽容以理性为基础，在异教徒的智慧和基督教的传统中都可以发现。当然，受时代的局限，阿伯拉尔在他的作品中没有明确关注过在社会中不同观点群体的权力问题，他与安瑟伦一样，认为基督教教义有一个理性的框架，比某些其他教派思想更优越，他本人并不是完全中立的将所有不同的伦理思想赋予同样的价值。然而与安瑟伦等人不同的是，他认为，犹太人的伦理规定、哲学家依赖的自然法与基督徒的爱本质是一样的，伦理学的哲学反思最终与基督教对至善的反思是和谐的。不同的人在宗教上持有不同的观点，并不妨碍他们在伦理学上的真知灼见，大家完全可以在道德伦理中达到某种一致，从而和谐共处。

当然，阿伯拉尔的兴趣并不只是提供一种宽容的理论，更重要的是他认为，理性的对话是探索真理必要的，而智慧的本质在于探索的精神，妨碍我们探索的是宗教的教条主义。伦理学的至善是所有智慧的终点，失去对话这样一种追求真理的方式，我们将陷入独断主义的泥潭，远离至善。因此，阿伯拉尔的对话真正体现了对话的实质和精神，建立起了中世纪的对话伦理学。

对于当今社会而言，不同文明的冲突时隐时现，有进一步深化的倾向，人类伦理价值观呈现多元化的形式，我们必须面对各种差异；同时人类也应该在这种差异的基础上求同存异，就某些普遍规范达成共识，限制那些

1　Mews, C.J., and Luscombe, D.E., eds. Abelard and his Legacy（Ⅹ）. Suffolk: St Edmundsbury Press, 2001: 25.

破坏性的价值观念，应对人类的共同问题。因此，以哈贝马斯和阿佩尔为代表的现代哲学家，试图在不同伦理文化参与者沟通交流的前提下，建构一种宏观的对话伦理学。在这方面，对话伦理学的基本思想与精神无疑在阿伯拉尔的对话中已经有迹可循，他提供了如何处理基督教价值观与其他价值观交流与沟通的典范，阿伯拉尔的工作对现代对话伦理学有着重要启示作用和借鉴意义。

读书与评论

关于自由问题的通信[1]

2012 年 12 月 20 日，赵广明致梁涛、韩星、赵法生、杨春梅、陈明等：

最近偶然知道了段正元，一个被遗忘的名字。没想到上世纪初还有这么一位重要的民间大儒，尤其是他的道德形而上学思想，参透儒道两家道德思想的精义，极为深刻。那个时代，很多人都在尝试重新理解和反思传统，现代新儒家特别是牟宗三借助西方哲学对儒家心性之学做了很精深的思考，而段正元作为民间儒学的代表，以他自己的方式达到了同样的高度。但是，无论是学院精英还是民间儒者，很多人还依然没有走出儒家内圣外王的老路，现代思想表明，不能指望道德内圣开出外王，这是两个不同的秩序系统，服从不同的法则，没有直接的自然因果关系。

段夫子的"道"和"德"是在形而上的层面上讲的，按照这种道德，绝对可以内圣开出外王，因为他把内外全都统一起来了，他的内外秩序都服从同一个道德，或者说这种道德意味着人的内在秩序和外在秩序都应该是道德的，但问题是，这个"道"和"德"是在形而上的意义上讲的，是在终极意义上讲的，能不能落实？如何落实？这是问题的关键。以前我和

---

1 通信主要是我与梁涛、赵法生、杨春梅、陈明、刘庚子、成官泯诸友及傅永军老师之间关于自由问题的讨论。主要涉及如何理解自由精神与自由主义，争论体现了对自由和传统进行哲学理解与政治理解的不同。有一点体会颇深：当今儒界，中国的各种马克思主义—唯物主义—历史主义者，中国的自由主义者，虽然为中国开出的药方大为不同甚至根本不同，但却遵循相同的思维方式。现实，现实，太现实了。就像一个人有三种面相，但面相后面还是那同一个人。这种思维方式表现为经验本位和实用主义，表现为对人性和精神世界的蔑视或忽视，倾向于对人类的精神传统和思想遗产做简单、功利、粗暴的处理。意识不到外在经验秩序和内在精神秩序之间的先验与有机联系。政治不仅是一种现实的制度设计与技术安排，更应该是与人的人性，即先验本性之间的某种相应与协调。人性和精神的世界深不可测，作为其先验本性的自由，以及与此同在的普遍的理念法则或秩序，构成了人性自我确立的架构，借助这种架构，传统与习俗澄显出自己独特的风格，由此，整个现实与政治的世界，成为这深不可测的海洋上漂浮的冰山。

梁涛兄通信时有个不严肃的说法："内圣外王是扯淡，心性政制两条线。修得万年弥勒佛，还需自由与人权。"为什么呢？因为段夫子这个道德，或者圣人所说的道德，如果你把它落实，那绝对是内圣外王。但是，现实上不可能，因为内圣与外王乃是两种不同的秩序，一个是自由的，一个是自然的，一个服从自由的因果性、必然性，一个服从自然的因果性、必然性，是两个界域，彼此不搭界，互相不可能开出来；而要将二者统一或协调起来，需要太多的现实条件和体制保障乃至于历史运气才有可能，这类似于柏拉图的"哲学王"。所以中国传统道德和传统政治的问题，可归结为内在秩序和外在秩序如何建立的问题。

内在秩序和外在秩序如何建立？首先肯定是从传统里面找资源，儒家的道德形而上学、道家的形而上学都是非常根本的东西，但是同时应该看到传统道德思想的局限。对传统的"道"与"德"，段夫子有独到精准的理解，道德之间，是体与用、虚与实、无与有、隐与显的关系，有差别但又是统一、同一的。但是，大家现在谈论道德的时候，往往忽略了道—德之间一个最重要的东西或维度。在道德的这个显和隐中间有个非常致命的环节，我们始终把握不住，往往把它忽略，而我们的圣人们却把握得很好。当年孟子和告子谈性善性恶的时候，已经明确了这一点。告子谈性，谈的是自然之性，无所谓善恶；孟子言性，是基于人的自由本性。"自由"是道、德之间、之中、之内最核心最根本的那个环节。这个环节圣人道出来了，但是世人不明。如果这个"自由"的维度不出来，善恶不要谈。牟宗三其实把这个环节谈得很透，他是从西方哲学特别是从康德哲学那里学来的。这是西方哲学的基本理路。"自由"才是人之为人的根本，如果没有这个根本，无所谓善恶。为什么？换到段夫子这儿，可以说，"道"澄显出来，就是世界，就是万物，就是"德"。但是对一棵草，一朵花来说，他不需要这个"自由"，道生万物，是个自然，但道生人类，既是自然，更是自由，人之为人的本质，在于他是个自由者，人能弘道，他是通过自己的自由而得道而有德而为人而为仁的，必须强调自由维度在道德中的首要性和根本性。自由是人性善恶的前提。

人之为人，如果说你有"德"，必须是通过你的"自由"，这个"德"才能出来。没有这个环节，那就是自然万物，就是土石、植物或者动物，或者山川日月星辰，它无所谓善恶。只有人才有善恶，因为只有人是自由的；只有自由者才能选择，选择向善或作恶，才能对自己的选择和作为负责；换言之，人必须为自己的作为负责，因为你是自由的，自由是你无法逃避的本性。自由也是谁都拿不走的东西，是人最后的东西，绝对的东西，任何外在的权力都剥夺不了、剥夺不尽。康德还有个深刻的说法，先验自由是人绝对的无条件的自发性本性，以区别自然因果的无尽链条的枷锁。自由意味着人的自因，人的自我立法，即自律与自治，自我确立最高的、普遍的道德法则，出乎、合乎此法则则善，违背此法则或不出乎此法则则不善，则恶。孟子告子性善性恶之辨，实际上是各说自话，因为他们是在两个不同层面言说：一个是在道德哲学的层面，在自由的层面谈问题，谈人性的善恶，谈应然，谈人的本质可能性；另一个是在自然的层面来谈人性善恶，从自然的层面则无所谓善恶。人必须自由了才有善恶，善恶是第二位的，人的自由是第一位的。伊甸园里的原罪，其中隐匿的真理，就是人的自由的开显，自由意味着对自然的违背与超离。

这个自由维度在我们的先圣前贤那里也很明晰，可能后来几千年，这个维度不需要太强调，华夏社会就可以长治久安，这个民族就可以非常稳定地延续。但是现代社会不一样了，因为有了真正的对手、比较和挑战：西方人因其自由精神而崛起而强盛。因此有必要在"道"与"德"之间，在人之为人最根本的环节来强调、焕发、确立我们的自由。此前参加杜维明先生的北京大学世界伦理中心成立大会，我当时的疑问是，为什么只谈伦理，不谈道德呢？弘扬伦理，这只是强调了一个层面，而且主要是一个经验现象层面，更根本的是我们这个文化传统后面那个道德形而上学的精义，那个纯粹的精神世界，那才是真正的根基，一切伦理道德和宗教信仰的根基。而只要谈那个精义，就必须谈自由。在弘扬我们传统的时候，应该更多把握一下这个关键的环节。如果缺失这个环节，缺失自由精神，而只是讲忠、孝、礼、义等等，将难以触动人心灵深处那个最内在、最根基、最神秘的东西，难以真正立于生命与文化的根基命脉，道德、文化、社会也都将难以真正自足自立于当今世界。现在必须把人性中那个最精华最深邃的生命精神阐发出来，在这个前提下再去考虑怎么按照各自不同的法则建立内在秩序、建立外在秩序，内圣和外王这两个不同的领域在这个前提下才可能协调起来。

2012 年 12 月 25 日，梁涛致赵广明等：

芬格莱特《孔子：即凡而圣》一书中关于十字路（西方）和通天路（中国，我的发挥）有助于理解我们最近围绕自由问题的讨论，我回头将材料发给大家。感谢广明将问题引向深入，但他以西释中的思路还是不能接受的，儒学需要打开一个自由的维度，但不是邯郸学步，走西方的老路，而是从自身的逻辑、理路中走出自由之路。中西间的对话、学习、借鉴是必要的，尤其是深入到思想深处的核心问题的比较、沟通，但不能简单将西方的理念移植到儒学中。我们恐怕首先要搞明白"是什么"，然后才能决定"怎么办"！

我仔细想想，站在中西比较的角度，最核心的问题恐怕还不是自由的问题，而是人的问题，是中西哲人对人之为人的具体思考。西方哲人强调人的理性，突出人的自主（autonomy），故必然走向自由，每个人都可以通过理性实现自己的自由。但儒家哲人认为，"仁者，人也；和而言之，道也。"人之为人在于仁，而仁是古代先哲已经开辟好的道路，我们每个人都走在这个道路上，所谓自由只能是对道的完善、弘扬、光大，"人能弘道，非道弘人"，自由只能是行进在道上的自由。仁就是一条道，一条无限延伸的通天大道，芬格莱特说儒家是一条"没有十字路口的大道"，确乎哉！

至于广明在周日席明纳上提到的康德说明自由的例子：面对入侵的大

敌，你可以抵抗，也可以投降，你是绝对自由的，只要你敢于承担责任。在儒家看来，这恐怕是非常"扯"的。在《孟子》中有一个例子，与此类似：外寇入侵，曾子、子思做了不同的选择，曾子撤退了，而子思留下来抵抗。对此，孟子是从时宜进行说明的，最后对两人都做了肯定："曾子、子思同道"。故对这样的问题，在儒家看来，最多算是实践智慧的问题，是个时宜的问题，与自由不自由没什么关系。可见，中西哲人的差异，不能不说是大矣。

2012 年 12 月 25 日，赵广明回复梁涛等：

梁涛兄说得很精辟。需要说明的是，康德关于自由的例子是一种普遍性语境，即从哲学上解释人无论怎么选择，都逃避不了其责任和担当，由此澄显人的自由本性。换言之，绝对的自由意味着绝对的责任。曾子和子思的选择，是具体的语境，他们根据具体的情况做出了不同的选择，这是他们的自由，但从效果和评价看，尤其从道义看，他们看似不同的选择却有着同样的效果。康德与曾思之间，是从不同的语境表达了相同的意思：自由和责任是人之通性。

另外，由责任看自由，只是康德或西方自由思想的一个方面，是自由在道德层面的重要表达，同时应该看到，自由乃是西方哲学理解人与世界本性的契机和根基。撇开所谓唯物主义一脉，由苏格拉底、柏拉图所开创的西方哲学与精神传统中，"道"不是绝然外在的存在，"道"不是纯粹外在于我、外在于我的自由的，而是需经自由才能澄显、才能通达、且才能与我息息相关的；惟自由的精神，才能继之者善，成之者性。"自由之道"，对这个说法孟子们应该不会太反感吧。

2013 年 1 月 8 日，赵广明回复梁涛、陈明、赵法生、杨春梅等：

多谢梁涛兄提供了一个西、孔对观的经典文本。这本小书涉及到西、孔哲学层面最核心的一些问题，值得专门研讨。

芬格莱特内在地道出了西方哲学的核心考量，窃以为，作为西方哲学、西方宗教思想乃至于西方文明之根基的这种核心考量，在《斐多篇》这篇篇幅不大的柏拉图对话中已经被经典地澄显出来，这就是两千年后尼采在《超善恶》的序言中恶毒地揭示的真相：从古到今人类犯下的最严重、最持久、最危险的错误，是柏拉图干的，因为他发明了纯粹精神和善的理念。

苏格拉底是在对死亡的思考中发明纯粹精神和善的理念的。死亡倒逼出了人之为人最终的东西，因为任何礼仪秩序，人世间一切的一切都绝不可能替代一个人去面对死亡。你只能自己面对死亡，自己的死亡。在自己的死亡面前，人得是他自己，人只能是他自己，作为纯粹精神，作为灵魂的自己。苏格拉底的意思是，我只能靠我纯粹的精神、我的灵魂，面对死亡、超越死亡，在这种死亡意识和对死亡的超越努力中，我确证自己、成为自己，不死的自己。因此对灵魂、精神的自我关切，成为人格、自由、自己最内在最根本的且是先验的根基。这种思路穿越希腊、基督教、近现代西方精神，一直到现象学，生生不息。这是一切自由思想的根基，是西方文明的灵魂。

芬格莱特的孔子，提供了另外一个针锋相对的版本，按照这个版本，礼（仪）成为人性价值与尊严的终极根据与意义，甚至是作为人之"真性情"、"真情实感"的"仁"（冯友兰）的意义之所在……若据此，窃以为，主张"圣人积思虑习伪故以生礼义而起法度"（《性恶》）的荀子，倒更符合夫子之道，而主张"心—性—天"一气贯通的孟子，以及主张人人"皆知自性自灵自完自足"（王栋）的阳明们，更像别子为宗。

灵魂、自己、自由，这些人之为人的最基本的本分，谁能遮蔽得了、抹煞得了、剥夺得了？但事实如此，史实如此……那么，什么语境、什么原因导致了这种明目张胆的遮蔽与剥夺？

芬格莱特站在西方的立场，对夫子礼仪之道这种公共性的家国秩序一往情深，但他的立场代替不了我的立场。他把夫子之道誉之为"一条没有十字路口的大道"，但这条看似省却了自由选择之烦之苦的大道并不能彻底抹煞自由和选择，他只是不让你做别的选择，而是替你做了选择，然后带领你、领导你走在这条金光大道上……

我们需要灵魂，神圣的不可侵犯的灵魂，自己的灵魂。

2013 年 2 月 8 日赵广明致邱永辉、陈明、赵法生、梁涛、杨春梅等：

邱老师：

遵示刚去影院看了《云图》。堪称西方人生命思考的经典。不过对于国人的经验性思维模式，无疑是很大的考验，会感觉很费脑子，就像当年的《骇客帝国》，在刺激的影像之后，是西方人对生命和精神世界绵延不绝的哲学思考。

前几天好友聚会，因自由问题争得面红耳赤口沫四溅，也说不通，而《云图》把自由表达得入木万分。

苏格拉底把西方意义上的哲学，界定为回忆。回忆什么？回忆生命中的一切，过去的一切，现在的一切，甚至是未来的一切。回忆自己的前世、今生、来世。回忆，使记忆成为可能，使自然的无限延续呈现出来，更主要的是，回忆使灵魂之间的无限延续、连续关系成为可能，精神在这种回忆的连续中成为永恒性的存在，因为灵魂在回忆中可能超越一般的经验和自然及其因果链条，而看见超绝的理念！神圣的不朽的永恒的理念！曾经相遇过曾经同在过的理念，灵魂因而和理念一起、一样永恒不朽。这是灵魂的超越自然的权利，是灵魂的自由。自由就是人之不同于自然的仅仅属人的本性。对"不可动摇的自然秩序"说不的权力，对一切权力说不的权力，可以为善也可以为恶的权力。在每一份因自由而可能的善和恶中，生命趋于永恒。

克隆人没有自由意志，不是纯种的人，这种人没有回忆。没有回忆的人是有限的片断的生命，这片断起于被制造（被克隆）终于被毁灭，回忆无力穿越这界限。但即使是这种没有自由意志的亚人，也会因为爱而暂时摆脱自然的秩序暴力，开出自由之花。

　　影片中看似因果业报轮回的地球，最终被作为地球上生命之终极真理的自由和爱超越。

　　自由之爱，地球上的奇葩，把古往今来的每一份精神汇聚成永恒不朽的生命之海。

　　顺祝新春快乐！

2013 年 3 月 7 日，赵法生致赵广明、梁涛等：

诸位师友：

　　发去一篇小文，原题《自由的真谛》，略经删节后以《自由是一种宽容的生活态度》为题发表于 2013 年 3 月 5 号的《中国青年报》。文章代表了我近年对自由和宗教自由问题的一些反思，请赐教。

　　顺颂

　　春安！

赵法生

自由的真谛

　　我曾经长时间的探寻自由的真谛，那个裴多菲宁愿用爱情加生命合起来去交换的东西。我在德国古典哲学的晦涩的文辞中追踪过它，我向英国经验主义大师请教过它，我在俄罗斯文学那令人回肠荡气的长篇巨制中检点过它，然而，我越是苦苦的叩问它，它就越是向我发出斯芬克斯一般的微笑。直到有一天，一次不期而遇的邂逅揭开了它的谜底。

　　最近，应邀参加吉隆坡一个由当地华侨主办的传统文化研讨会，我的发言题目是孔子的信仰问题，听众是清一色的华人侨胞。这是我非常熟悉的一个题目，讲起来也是得心应手，尽管题目本身具有较浓厚的理论色彩，听众席上却是一片静穆，作为一个演讲者，我本能地感到听众已经听懂了。

然而，接下来一幕表明，某些听众领悟的程度还不止于此。

演讲完毕是茶歇。我倒了一杯茶，举起了茶杯，却发现一队扇形的人群正向我走来。他们大约有十来个人的样子，清一色地黄袍加身，只是款式和装饰有所不同。由于服装的醒目，加以走起来整齐有序，在熙熙攘攘的大厅里格外引人注意。最前面的一位尤其醒目，他戴着一顶黄蓝相间的高帽，如同一顶巍峨的王冠。众人护持着他，分列两厢，犹如众星拱月一般。他来到我面前，递给我一张名片，我匆匆扫了一眼，上面的头衔是"某某道世界联合会无上法王"，我尚未清醒过来，他已经开口宣示，说是"本驾乃天界玄玄上人下凡，奉天承运，布施八方，欲建地上天国，好令众生回向，并将下界有功圣贤册封加入封神榜"云云，并特别说明"本驾暂具肉身之体"。法王？奉天承运？下临凡界？众生回向？肉身？这些词儿依次灌入我的耳中，引起的过电一般的感觉。在我当今的乡下老家，一个农民碰上他的邻居有一天胆敢自称"法王"下凡，会毫不犹豫使出胡屠户对付其乘龙快婿的手段，用巴掌让他明白他是谁。但我知道这是什么地方。我使劲睁大眼睛，努力想搞清眼前发生的事情。又有几位护法分别递上名片，称赞了我的演讲，并递给我一张图文并茂的宣传页。此刻，我心里有一种想转身逃离的冲动，但我克制着自己，勉强与他们寒暄几句，也不知道自己究竟在说什么，显现出孩子一般地迷惑与惶恐。但法王似乎并不介意，随着他一声"退下"，一队人马转眼之间翩然离去。

回到房间，与几位同事翻看法王的宣传页，更是乐不可支。原来这是来自台湾的一个民间宗教组织，宣传页上介绍了他们的信仰和教义，大概不出儒释道三教的范围，主要劝人在世行善，死后往生佛国。更逗的是，该教派组织了一次亡灵选秀活动，有幸胜出的几位阴间美女还给人间写来回信，其中一位讲述了她在世时一切依赖老公，馋吃懒做，不求上进，以及彼岸世界聆听法音之后的转变。大家笑得泪都流出来了。对我们这些在"文革"的无神论氛围中长大，中年以后又在市场经济的漩涡中打拼的大陆人，还有比这更逗的吗？

然而，擦去了笑出来的泪水，我忽然心有所动。他们真有那么可笑吗？换个角度，他们会不会对我的大惊小怪更感到不可思议？在此后的几天考察中，我又屡屡与法王和他的护法们遭遇，发现这些"牛鬼蛇神"不仅神经完全正常，而且礼数周全，颇有君子风范。通过交谈了解到，这种以劝善为目的的民间宗教组织在台湾地区和东南亚华人社会中比比皆是，只要不违背法律，有人信你就行。

我忽然觉出自己的浅陋无知了。那个被庄子嘲笑的井底之蛙，不就是我么？我把自己的那点可怜见识当作全世界，视之为判断真理的唯一标准，反过来将与之不同的一切统统视为异端，其实我才是真正的异端，最令人可笑的不正是我自己吗？

我由此领悟到自由的真谛。近代以来的中国人多将自由领会为我行我素，那其实是自由的表象。自由首先是将自己从根深蒂固的我执中解放出来，承认一切阶级异己分子存在的权利。自由在其根本意义上是自我与他者之间权利的界定，自由首先是让他者自由，并在此前提下获得自身的解放与自由。只要每个人不再把他者当成异己，他自己才会免于被视作异己。从本质上，自由是一种哲学理念和人生态度，体现为单个主体对于一切具有异己性质的他者的宽容与尊重，落实为保护所有个体权利的法权体系。"我不同意你的观点，但我誓死捍卫你说话的权利"，这一句看上去与自由不相干的话，却是道出了自由的真谛。

因此，一个不宽容的社会注定没有自由。自由，注定在自我与他者的关系中被界定。我们只有让别人自由，才能获得自身的自由；我只有让别人成为他自己，我才有可能成为我自己。英吉利国王颁布的宪政法令解放的不止是农奴和异教徒，还有国王本人。

因此，当孔子说出"己所不欲，勿施于人"时，他已经领悟了自由；当我们的先祖说出"天无私覆，地无私载"的时候，他们已经接近了自由。当然，如何将精神上的自由实现为法权体系，是中国文化始终没有解决的问题。

自由，不是空洞的口号。它不在政治家的嘴上，不在电视文告里，甚至也不在哲学家的沉思中。它就平民百姓的生活态度，是一个社会对于异己事物的接纳和尊重，是"异己"们之间因彼此宽容而产生的广阔生活空间，这空间提供了阳光、水分、土壤，提供了精神生命所需要的一切营养元素，使文明之花得以绽放，使个性化的生命茁壮成长。

2013 年 3 月 7 日，赵广明回复赵法生等：

法生兄在用一种新的精神澄显儒家思想，很有意义。

宽容、理解、尊重，是自由精神的重要内容，有了这种精神，夫子就不会轻易命令小子们动不动就鸣鼓而攻之。儒家忠恕之道，是儒家最重要的精神遗产，但忠恕之间的差异，在今天看来有明确的必要。己所不欲，勿施于人，很好，这是自由所要求的；但己欲立而立人，己欲达而达人，则有干涉他人自由之嫌。

"自由首先是让他者自由，并在此前提下获得自身的解放与自由……我们只有让别人自由，才能获得自身的自由；我只有让别人成为他自己，我才有可能成为我自己。"

上述说法值得商榷，试想，如果自己尚未浸透自由精神，如何"让""使"别人自由？自己不能证明 1+1 等于 2，如何教会别人证明 1+1 等于 2？自由首先并根本上是人真正回到自己、立于自己、成为自己，某种意义上的自在、独立、自因、自性，这是自由的两个根本含义之一；自由根本含义之二，是自由者自律于某种具有普遍意义的道德法则。所以，自由精神压根儿与我行我素与任意任性不类，它着重的是人的独立自在和自律，这是通过哲学这种路径才好澄显的生命的根基与绝对价值。

一点儿谬见，请批评！

赵广明

2013 年 3 月 9 日，赵法生回复赵广明等：

广明兄对于自由涵义的揭示与讨论很有必要，有些问题略陈管见，以资切磋。

1. 你提到了自由的两种根本涵义，其一是"自由首先并根本上是人真正回到自己、立于自己、成为自己"，诚然，回到自己、立于自己和成为自己是自由的基础内涵之一，但未必是全部，甚至不一定是其中最本质和最重要的内涵。一个人只是回到自己、立于自己和成为自己就自由了吗？未必，否则连一块石头都可以宣称它是自由的。所谓的自己究竟是什么，其实是需要阐明的。

2. 其二是"自由者自律于某种具有普遍意义的道德法则"，这自然是康德的自由观。这种自由观是将人与自然作对照，并在此一对照中凸显了人对于铁一般自然因果的超越，这是康德道德哲学的关键。但这只是自由的义项之一，它专指道德自由，是将人与自然对比得出的自由定义。但人除了与自然的关系，还有人与人的关系，人与上帝的关系，与财产的关系，等等。这些内涵，都是康德的自由观所无法统摄的。它无法解释政治哲学、社会学、法学、心理学的自由概念，因为将它作为自由的根本涵义之一，尚需斟酌。它似乎是有关自由的一个特定含义，这一涵义与其他各个学科中自由的定义的关系，尚需解读。

3. 哲学是一种本原性反思，但是，如果自由有两个根本涵义，到底哪个才是真根本呢？

4. 我所说的"自由首先是让他者自由，并在此前提下获得自身的解放与自由……我们只有让别人自由，才能获得自身的自由；我只有让别人成为他自己，我才有可能成为我自己"，主要是指政治自由。不同于康德从人与自然的区分来界定自由，我这是从人与人的关系来界定自由。这同样是必要的。人之所以成为人，不仅是因为他与自然的关系，而且是因为他与他人的关系，由后一方面产生了作为权利的自由观念，不仅从哲学反思的意义上不能忽视，从重构政道的角度尤其为当今大陆学者所应关注和强调。人不仅因为他对于自然因果律的超越而成为人，还因为人对于人权利的界定和彼此的宽容而成为人。因此，此一维度，在我看来，是对于自由的哲学反思的必不可少的重要维度之一。

5. 自由一词，一百年以来是国人搞得最为混乱的概念，不仅不同专业的知识人之间各说自话，知识界和民众之间的理解也往往互不搭界，其不良后果不仅仅是理论上的，因为这一概念一直是中国社会近代转型的旗帜之一。因此，我赞同对于自由一词进行深入的哲学思辨，但这种思辨应该是深入、切实、明晰和有概括力的。兄等精研西方哲学的学者对此应该有更大的贡献。

6. 兄对于儒家忠恕之道的理解似乎值得商榷之处，你说"忠恕之间的差异，在今天看来有明确的必要。己所不欲，勿施于人，很好，这是自由所要求的；但己欲立而立人，己欲达而达人，则有干涉他人自由之嫌。""己欲立而立人，己欲达而达人"，朱熹注为"以己及人，仁者之心也"，可谓为深得本旨，也就是说，孔子此言讲的是仁者的爱心，近似于耶稣说的爱你的邻居，其中的立和达都是仁爱的体现，立者不倒而达者不穷，是一般意义上的助人，并无干涉或强迫之意，历代注家亦无有作此解释者，望兄留意焉。孔子说"己所不欲，勿施于人"，却不说"己所欲施于人"，其间的差异不容忽视，后者才合于干涉自由之定义。子贡问夫子"有一言可以终身行之者乎？"，夫子回答的一个字"恕"，这同样是值得思考的。

7. 儒道都不乏宽容，孔子也不认为他的道是唯一和绝对的，道并行而不害，万物并育而不相害，以及万物各尽其性，这些都渗透着自由的精神。老夫子不但不向老子宣战，反而去问礼；隐者骂孔子"四体不勤，五谷不分"，他听说了不但不生气，反而让子路跑回去请教，这都是可爱可敬的。但是，这并不意味着儒家早就有了西方哲学那样的自由知识体系，而且，如何建立起合乎此种宽容和自由的政治制度，是孔子没有解决，也是当今中国深爱自由的人们所当努力的。

区区感想，仅供参考而已。

即颂

研祺

赵法生

2013年3月9日，赵广明回复赵法生等：

法生兄所论甚好，我稍作补充吧：

1. 若石头有识有智有意志，我相信它一定会明白回到和成为石头自己、自身，从而成为一块自由的石头，在这个石头的世界上是何等的重要。

2. 康德的自由思想是西方哲学关于自由最经典的表达之一，同时应该明确，这是他对西方自苏格拉底以来之自由精神传统的独特发挥和阐释，是他的创造，但他代表一个传统，这一传统以自己的方式总是把自己置于存在或生存的深渊之侧，在这种对生命无可逃避的境遇反思中理解自由的价值，在此，自由成为必须。对于我们的传统，有很好的对观作用，其中之细微，容择机再谈。

3. 关于康德的自然概念，应该有充分的了解。康德的自然，是一个包容了整个自然和社会和宇宙的整体，即整个被称为显象界的世界，即服从由知性范畴所立法的整个因果世界，可以说，开天辟地地老天荒的一切的一切，都在这个自然概念之中，无所逃其外……这个自然中天、地、人、物什么都不缺……唯独缺一样东西，那就是你所说的，与自然不同的自由这么个东西。可见自由在这个宇宙间多么的弥足珍贵啊！！！康德在这个意义上给出了他的第一个自由定义：先验自由乃是人之绝对的自发性！！！也就是说，自由作为人的绝对本性，是绝对地无条件地，不受那无所不在的自然显象必然链条约束，横空出世，标识出人的绝对存在品格和价值，而且，这种绝对自发性的自由，作为自由的因果性，可以开启自然显象的因果序列。在先验自由（即针对自然的自由）的基础上，康德提出实践的自由，对于康德，实践的，即因自由而可能的，实践理性即自由理性。实践的自由是指具备自由本性可能性的人与人之间的关系，这种关系既关乎自然的因果性，也应该或更应该立足自由的因果性，根本旨趣是立足自由而寻求自由与自然协调的至善。由此，康德宣示了人（每一个人），在这个关系世界中的人，不仅是手段，更应该是目的；人是目的的概念（人不仅是人际社会中的目的，也是整个自然世界中的终极目的），是对人之自由本性和权利的至高肯定。康德以这种哲学的形而上的方式，实现了对道德和政治的本质性奠基，为一切人性权利奠基。

4. 至此，我们明确了自然与自由的对立；同时康德以至善概念重新定局：因为至善意味着自由与自然在更高的层面应该统一、同一！这是判断力批判的伟大意义所在。我把这种因自由而可能的自由与自然的同一所致的更高的自然，融会了自由与自然的自然，叫做理念的自然，即因自由而可能的自然。

5. 自由的两个根本含义是自由之为自律的关键，是一个问题的两个方面，因为自自由精神从苏格拉底哲学开启之时起，精神的自由与作为世界之神圣秩序之最高秩序之普遍性秩序标识的善的理念，先天就是一体同在的，这保证了善在个体与整体中的同时存在，换言之，只有自由者能够通向神圣之道，自由是唯一的路径，具有普遍性的善仅仅向自由者澄显。这是西方哲学自古及今的基本理路和理念。

6. 以赛亚·伯林帮助我们厘清了消极自由与积极自由的区别，消极自由看似保守，但道出了自由的底线和可贵，尤其当积极自由有干涉他者消极自由之嫌时。

君子和而不同，这种争论无疑意义巨大，尤其当我们意识到伟大的传统应该主要是存在于未来而非过去之时；尤其当我们意识到只有把一种新的生命精神赋予已经远去的传统才能使其亘古常新之时。

辛苦各位的眼球！

祝春日快乐！

赵广明

2013年4月11日，刘庚子回复大家

1. 对自由可以，事实上也是做多层次、多项度的理解；

2. 但对自由最主要的理解必定是政治（及法）理论（其抽象端为政治哲学）的，即它是针对政治权力（公共权力）、霸权暴力侵害个人权利（生命权、财产权、自由权）而生的，它是要铲除霸权暴力，以宪政法治限制政治权力，保障个人权利，让人们的在现实中不可分割之肉体—精神于时空中的活动拥有实际的自由；

3. 在极权—全权社会讲生活方式的自由、精神意志的自由是苍白无力且奢侈的，因为极权剥夺了你几乎所有自由的空间与时间，你只有无奈的"自由"，逃跑的意志，自杀或大无畏抗争的自由意志，还有无数受难却又混沌不知根由的民众。

4. 在后极权时代，环境宽松了一些，而此时讲自由是宽容的生活方式，黑格尔辩证法式的给他人自由自己才自由则多半是小资—中产的"撒娇"（王连其语），正能量极其有限。

5. 当下对自由的"反思"，"意志""自由"地指向不同的方面，这里有不同学术背景的线索，亦有利益的考量。柏拉图—德国哲学式对自由之"哲学反思"自有其哲学学术的意义，然于社会历史中多半是哲学家的思维游戏—自我把玩的玩艺（它对德国的自由事业就没起什么正面作用，远不如洪堡、韦伯、弗莱堡学派）。在现实中则是安全且有点利可图的。希望这种对"自由意志"的研究能在政治哲学的基础问题——人性、人之为人、人的超验宗教性、人的尊严、人的价值意义等问题上与古典自由主义理论有所勾连，沿着康德（自由主义者）走出康德，对继续夯实基础理论有所助益。

6. 人是观念的动物。今日之中国人对当今世界人之为人、人的尊严、人的权利、人的自由、道德等观念以及对政治权力实质有一个了解、觉醒、认同，最终达成共识建立自由保障制度的过程。

刘庚子

2013 年 4 月 11 日，赵广明回复大家

我在人大、清华、山大三次报告的核心，就是想把学界对自由精神的理解引向根基处，这种根基是由哲学理解所确立的，是西方哲学随苏格拉底之死而诞生所诞生的，其要义，是通过对死亡的自觉意识，由死亡的绝对不可取代，而倒逼和确立人的精神和自我不可取代的绝对性，这一点经历基督教思想，被西方哲学特别是近现代哲学一再阐发，构成人的自由以及自由与自然既否定又同一关系的最核心底蕴。等择机整理出来，再与大家检讨。西方自由主义的产生有数百年的现实机缘，而这种自由精神则是西方精神 2000 多年来的灵魂，尽管现实千差万错，但精神不死，并在合宜处绽放。

广明

2013 年 4 月 11 日，刘庚子回复大家

赞成法生自由是人与人的关系，在社会政治理论中莫把自由搞成不幸与必然自然的对立或超越。广明这里我理解你是把自由理解为人性之自然，在现实不自由时则为人性之应然一本然之回复，这都好。自由之观念在西方是历史形成确立的，在当下中国则要成为公众基于现实的价值认定。

刘庚子

2013 年 4 月 11 日赵广明回复大家

不存在自然人性的自由，自由恰是基于对自然和自然人性的否定才开始的，是人的第二自然，其根本在于对自己存在和价值的非自然性超经验性的自觉意识。这种绝对自由的维度对于西方哲学传统是基本的维度，对于任何具有道德形而上学维度的文明也是必须的维度。因为有了自由，才有道德善恶。自由的要义，在于对经验自然说不的基础上，思考并谋求与自然（即康德所言的自然，即整个经验自然、知识、社会历史的世界整体）的更好的和谐关系，在这种现实关系中，自由是自然的终极目的，自然本身、自然内在的目的。所谓目的，即存在的根基。故

哲学的自由关乎自然和个己，但从来落在关系之中。这一点我已在通信中说的很明白了。

广明

2013年4月12号刘庚子回复大家

把广明理解错了。依然绝对的康德，绝对的"主体性"！是从康德（或广明的）独自的、非常识的概念出发还是从体验、常识出发？要否定了经验自然和自然人性后重造高级人类？所以要问，哪个"西方传统"？抽去了"自然人性"还是人吗？抹去了"经验自然"还有自然？若不肯（断）定自由出自人性（价值判断！），自由何以是必须的、最高的价值？讲一个由"绝对理念"支配自然（隐含自由）最终演化到自由的宿命故事有什么正面的意义呢？自由与主体确立、理性自觉、理性能力是何关联？"有了自由才有道德善恶"句中的自由是何意思？指确立理性主体吗？若是，则与自然法传统、保守主义传统相悖，也就不会有古典自由主义的自由。凭什么断定无自由（的观念）是"自然"的？而自由是"非自然性超越性的自觉意识"？自由为什么不可以是人生命原出的？自由的观念为什么不是来自人生命的直接体（经）验？若不是，为何生命权与自由权并列？自由非得经过（柏拉图—德国）哲学的"反思"才能达成？并以此证明哲学有用？

刘庚子

2013年4月12日，赵广明回复大家

不能以抽象教条的马克思主义来代替西方哲学传统，不能把古典自由主义抽象独断地分离于西方精神传统。

康德，作为西方哲学传统的经典表达，可以上接希腊—基督教传统、融合近代理性启蒙传统、开启现代传统，同时也是西方自由思想的经典表达，我们且以康德为例。

对自然的否定，不可被绝对教条地理解，而是在道德动机或道德形而上学的层面才有价值，正是在这个层面，自由对自然经验说不，对一切概念霸权和经验权力说不，对死亡所代表的自然的绝对否定性说不，对一切外在权力说不，对一切因果必然性说不。由此而确立人的绝对自由价值和品格。也正是有了这种自由品格，责任才出来，只有自由者才能承担道德责任，善与恶的责任。这是真正道德的善恶。你要为自己的行为负责任，因为你是自由的。

但在自由通过对自然的否定而绝对自发性地登上道德舞台之前，哲学已经对自然（即整个经验世界）有了充分的观照。没有谁会在所有的层面否定摒弃自然。批判哲学的"批判"，首先是要分辨、检讨人的各种能力的能与不能，分辨检讨其界限，岂能一概而论？康德替西方哲学与精神传统全面审慎地做了这个工作。人的感性、想象力、知性、理性乃至于判断力、情感等等都找到了自己合宜的位置和权能，这些能力共同构筑成人的有机协调的整体性的能力，我称之为人的理性整体。强调这种不同能力之间的整体性至关重要，这意味着人的生命的整体性不可被教条独断地分割。康德先验哲学的基本理路，是谋求先验法则与自然之间的建构性或调节性关系，以此确立经验自然的普遍性和稳定性，从而拯救自然经验，保证经验自然。这是对自然的否定还是肯定？！简言之，先验哲学是在人的某种能力中寻求不来自经验但对经验有效的先验性秩序与法则，并使这种秩序法则在这种能力所面对的自然范围内发挥作用，而不可越界。

康德是在完成对自然经验的先验建构后，即在实现知性概念对自然经验的立法后，即完成对经验自然世界的先验建构后，即保证了整个经验自然的、可以知识的、整个现实世界的存在后，才让自由登上批判哲学的历史舞台的，因为这时自由与实践理性的地盘和位置和意义才得以明确和确立。自由意味着这个世界中不同的东西和价值，人之为人更本真的东西，但，自由有自己的地盘，她并不否定经验的地盘，他们各有自己的位置、权限、界限。而且，自由的崇高使命，是在这种分别的基础上谋求与自然的更高的和谐。

生命是一个自由与自然的有机整体，自由是其根基与目的。对西方哲学的精神传统来说，自由与精神的绝对性往往因对死亡之绝对性的意识而来，对此苏格拉底、耶稣、黑格尔等有充分的澄显，而康德的否定性界说与此一类。

大家尚在春梦之中，硝烟已经弥漫并散尽。

广明

2013年4月12日赵广明回复大家

"自由为什么不可以是人生命原出的？自由的观念为什么不是来自人生命的直接体（经）验？若不是，为何生命权与自由权并列？自由非得经过（柏拉图—德国）哲学的'反思'才能达成？并以此证明哲学有用？"

——对庚子兄的这个说法需要补充：自由不能理解为人的直接的自然本性，因为自由意味着人之为人的另外意义上的本性，人的精神与价值本性，人格本性，哲学本性；因为自由不可能自然遗传，不是物理学生理学的存在，而是自我意识与精神的存在，是需要自我争取和社会争取的存在。但可以说人生而自由，自由是人的天赋权利；因为，不自由，不是人。生命权和自由权并列，可以理解为，自由和生命一样重要，就是生命本身。

广明

2013年4月13日，傅永军回复赵广明

庚子和广明对自由的理解并没有矛盾，不过是视域差异。

广明所讲的自由，是一种哲学意义上的自由，是就纯粹的人来讲的，执着于理想性，具有典范意义，是哲学家理念意义上的理想的人所具有的一种应然状态，它代表了以神的代言人说话的"哲学家"在纯净状态中对走入历史终结状态的而成为"神的人"的最后期盼，是哲学家在有限状态

中对无限的思想向往。

庚子所说的自由是身处世俗世界中，过一种平凡生活的常人所追求的现实生活状态。常人区别于哲学家，不将追求纯净和理想作为自己的生活目标，常人是从自己生命的自然本性和生活的现实中真真切切感受到自己的自由被妨碍（主要是各种威权因素所使然），并因为感受到威权对自由的剥夺，所以愈发感觉到用自己的自由保护自己应该享受的基本权利、生存的尊严及其追求简单的世俗幸福的可贵，因此，对常人来说，重要的是生活中的自由，而不是精神的自由，特别不是那种与自己的日常生活没有直接关系的无人身的终极自由。日常生活中的自由根基于人的生命自然，是生活自身的哲学赐予。一种形而上学的超越意义解释，会使得对自由的这种常识性理解变得玄妙起来，并使得自由的落实只能借助精神的自我实现。可能会事与愿违，因为，如此一来，最终得到保护的是精神贵族精神生活的自由，而日常生活中的自由因素则受到形而上学的轻蔑。

因此，我担心的是，若不能将两种自由分开，就会造成对基于自然人性之自由的伤害。实际上，西方传统对此一直保持警惕。想一想康德关于构成与范导，历史经验与历史理念相区别的思想，想一想康德始终强调的划界以防止越位的警告。康德只是将人作为纯粹的人所最终实现的自由，理解为典范的自由，是一种历史目的论下人类欲实现的最终目标，而这个目标的实现则意味着"人的历史的终结"，"成神之人"的历史的开端（尽管康德没明确说，但可以如此理解）。可惜的是，世俗的人如果没有"基因变异"，能够成为神吗？"神人"不是只能观念性地存在吗？因而，超越的自由始终是一个理想的乌托邦，它的意义仅仅限于引领和榜样，是批评现实的标准，但绝非能够实现的目标。

结论：让上帝的归上帝，恺撒的归恺撒。从理想上说，我们真的希望能够呼吸到纯净的空气，但我们却只能现实地在有污染的空气中生活！

有感而发，笑而言道。

傅永军

2013年4月13日赵广明回复大家

敬爱的傅老师好：非常感谢您的发声和指正！您永远是一如既往地深刻。

但，从您的深刻中，我读到了不同的东西。就像迪奥多若讲"身"，《大学》讲"身"（朱东华语），尼采讲"身"（der Leib），那本是一个身心、灵肉合一的生命之身，而我们非要把它理解为一个被分离的"身"。哲学的精神，讲的就是这个完整的生命，自由与自然本然、应然合一的生命，怎好把"哲学"径直抽离到绝对化的纯粹精神中去？

康德论纯粹自由与自然的关系，根本上是通过"至善"概念来界定的，在这种界定中，其纯粹哲学、道德哲学、宗教哲学和社会历史哲学逐渐澄显出来，至善乃是上述种种哲学的形式原则。至善，即谋求在人的现实存在（包括个己与群体与自然界）中如何实现自由与自然的协调相配关系，因为只有这种协调关系，才能使人真正是人。但康德明言，这种关系的实现，要求灵魂不死上帝降临才成。但康德的本意，不是要求上帝降临来外在保证人之为人的至善，而是说，我（们）怎么做，才能在自己及人际及人物关系中实现这种协调，且在这种协调中如沐神圣。

人不可能成神，因此不用担心人的历史的终结，因为至善永远是人现实的可能性，而不可能是人绝对的现实性。但人可以像"神"，就像蛇对亚当说的，吃了善恶智慧之果（即自由之果），你们不见得会死，因为一旦食之，你们就会像神那样能知善恶，像神那样自由了！

敬爱的傅老师，对我来说，哲学与康德之路是从您那里开始的。但请不要把我的哲学之路引向三界之外。呵呵。上帝的必须且只能归上帝，但上帝本来就是一个哲学的崇高隐喻。自由是人的崇高理念，但这个理念不是超越与超验的，而是先验的 transzendental，多么好的一个词啊……不来自经验但对经验普遍必然地有效、使经验成为可能……这里面有康德何等狡黠的智慧，谁能在其之外，谁又能将其置之度外？

恳请傅老师批评！

兹云其雨，祝春日万事好！

广明敬礼

2013 年 4 月 14 日，周日，傅永军回复赵广明

广明：

你好！

首先澄清，我所谓分开两种自由不是分割两种自由，而是划界与定位，延续的是康德惯用思路，也是有效思路。只有将不同自由的使用范围、目标追求、有效性实现方式以及合法的自我证成等厘分得当，才不会出现康德所说越界的非法使用。某种意义上说，哲学上的争论及误解多起源于界限的混淆及使用概念的理解差异。

我并不否认纯粹的自由及其意义，以及神对人的意义，我始终从哲学角度给予高度重视。但是，我不赞成的是将纯粹自由理解为在人的现实生活中能够落实的价值观念。纯粹自由具有应然的状态，是在哲学的形而上学意义上，实现有限的个体达于至善的形式条件。谈论的架构是先天与后天、经验与先验以及超越与内在，不会具体地进入人的历史性存在。也就是说，诠释学所指出的康德理性的"主观化"倾向是存在的。这决定了，纯粹自由的意义是校正与批判的，是典范引领性的。在现实生活中，没有人能够实现先验自由。如果越界使用，追求在现实生活中落实自律性的纯粹自由，波普尔所说的自由的恐怖及极权主义的宰制，并非危言耸听。

纯粹自由不能在现实生活中落实，并不否认它的意义。它的价值如康德所言：至善在现实中很难达成，但却是人类理性生活的目标，它使人类谦逊而具有自我反思精神，引导人类不断克服自身他律之恶而逐渐接近人类存在的至善目的。尽管这充满了基督教历史主义和达尔文进化论色彩，但我认为这对解释人类生存的价值是解释力最容易被接受的理论。

所以，我还是主张区分两种自由。从现实出发，我们选择基于人的自然本性的自由，从理想性上，我们选择基于人的理性的纯粹自由。我们在

现实生活中落实前一种自由，而后一种自由构成前一种自由的哲学基础。

感谢你引发了我的这番思考。与你交流总有收益。

请批评。

顺祝时祉！

永军

2013 年 4 月 14 日，赵广明回复大家

傅老师好：

昨天信发出后，我对自己进行了深刻的反思和批判，并向朋友保证要沉默一段时间……但面对您尖锐的问题，我想再补充几句。

您看到了哲学争论的根源，即界限不清，误解不断。我深有同感。

"我还是主张区分两种自由。从现实出发，我们选择基于人的自然本性的自由，从理想性上，我们选择基于人的理性的纯粹自由。我们在现实生活中落实前一种自由，而后一种自由构成前一种自由的哲学基础。"

对您的上述论断，我有不同看法。我坚持认为，对于康德，乃至于对于西方哲学传统中的自由精神而言，不存在"基于人的自然本性的自由"，这一点在前面的通信里已经说的不少。自由作为人的某种人性，就起源与表现而言，不是物理—生理—心理的自然，而是某种非自然的本性。

康德区分了两种自由，即先验的自由与实践的自由。这两种自由根本上是一个自由，其区别不在自由本身，而在其出现的场合、场域、领域，在其不同的应用。

在完成了先验演绎而确立普遍必然的经验世界后，康德开始正式界定自由，以解释自然因果性的开端问题，即不同于因果之经验自然且能开启自然因果序列的绝对的自发性，这种自发性即先验自由的本意。因此，先验自由是基于对自然的否定而开始的，它要标明的是人的自因、自我根据、自律的哲学本性，也是人性的要义。这可以理解为人之为人的天赋与必然，当然是主观的必然，自由的必然。

而实践自由，乃是这自由的实践理性的运用或表达，自由还是那个自由，但言说的领域变了。但康德的说辞很有意思：何谓实践的？"凡是通过自由而可能的东西，都是实践的"因此，自由根本是一个自由，差别在于"实践的自由是自然原因的一种，也就是理性在规定意志方面的一种因果性。而先验的自由却要求这种理性本身（就其开始一个序列的因果性而言）不依赖于感官世界的一切规定性原因，并且就此而言看起来与自然规律，从而与一切可能的经验相抵触，从而依然是一个问题"。

可见，先验自由仅仅是以否定自然的方式标识出自由或人性的某种绝对自性，但康德随即声明，自由不仅要说不，还要去肯定地行动，一切自由根本上都是实践的，实践自由意味着自由对意志的因果规定性，正是通过这种规定性，纯粹的自由与整个自然世界、经验世界、现实世界内在而先验地联系在一起，这是康德为自由与自然之关系提供的第一个也是最基本的通道（我希望把情感及情感启蒙或情感自由，以及理智启蒙，也纳入这一通道，完成自由与自然的完整联结，而判断力批判表明康德对此不会不支持）。至善的诉求由此而来。在这种诉求中，自由没有自我分裂，而是始终如一，自因、自律、自我根据的主体本性或形式性原则在道德、历史、政治、审美等等一应领域都具有立法作用，不曾削弱。而傅老师所担心的自由的恐怖，可能正来自于这种立法作用的削弱或丧失。因为自由的自律，不仅坚持了人的主体性，同时也谋求与自然内在有机的协调。

首先宣示自由的绝对性（自然的界限）——然后阐发自由之道德的崇高与辉煌（这种基于纯粹自由和绝对道德律的道德世界，不是一般的伦理道德，而是人与人类的底蕴与高度的象征）——最后，这绝对的自由与道德又归于至善（自由与自然协调的至善，自由的界限）——自由，自律于自己、自律于自然的自由……康德一步一步勾勒出人类的整体命运。

自由，因对自然的否定性意识而来，因对死亡所体现出的绝对否定性的意识而来，自由对人是一种绝对性，人因之而为人。但，自由对自然的否定，根本上是人的自我否定，人类思想的战场永远在人自身之中。自我否定是自由的本性，这种否定没有导致自由的分裂，而是把自由自我超越到自然更幽深的精神中去。自由自我克服自我超越到更高的自然中去。这是尼采自由精神的要义。

我相信，在自由的精神中我与傅老师会跨越一切误解与分歧！

祝傅老师身心愉快，酒不及醉！

广明敬礼

2013 年 4 月 15 日陈明回复赵广明

广明：

你们的讨论虽然不懂，但我还是看得津津有味，甚至有些兴奋，因为社会和学界给人的印象太庸俗甚至堕落。但感觉到你思想家气质的同时，觉得你很有点书呆。与法生的讨论，我倾向法生但不便发声。跟老傅，我觉得可以这样说。

区分基于理想思考和人性需要的两种自由，实际就是对哲学和政治学论域里的自由给予同样尊重，对两个学科给予同样关注。

你是做什么就像什么甚至就成为什么，但把自己本身似乎遗忘了，还振振有词：理念、意识是更深刻本根的存在。古典主义、精英意识、思辨方法，很叫人着迷，是更高的理想。但必须意识到它并非日常现实，更不是当务之急。自由民主公平正义的追求，还是从日常经验的感受和需要出发历史地建构比较稳妥。柏拉图、康德之后，建议摸一摸苏格兰思想。还有美国的实用主义、普通法等，细琢磨还真有大智慧。儒家传统里这些思想的影子都有，但都未能得到充分彰显。可做的事真的很多，但应先找到努力的方向。

愿以此共勉。

陈明

2013 年 4 月 15 赵广明回复陈明

陈明，这是理解问题，是否切实感受到哲学思想之精神的分野。庚子是纠缠于古典自由主义，而不知溯其根其源，傅老师看似康德，实际上更多是从康德之后，特别是黑格尔—马克思—哈贝马斯之经验历史主义和政治学进路来把握，法生则基本是儒家的思路。而纠缠于中国传统经验理性和现实关怀，如儒界之诸生，由于理路逻辑不清，加之动机复杂，则问题更为严重。

中国学界的问题，是太多现实关怀和经验本位，而忘却人性本身的分辨、探寻、确立，乃是现实变革的精神和灵魂，而这种探寻从来都是现实的而非超验的。没有这种思想维度和力量，一个民族的学术思想总是在表面纠缠不休，而不能既思辨又切实地澄显可生长的思想和现实。

中国的自由主义特别重视英美经验现实传统，很有意义，但不解其精神，而将其抽象绝离于西方精神传统，实在无奈。年前我向大家特别是国学界朋友力荐欧克肖特的《政治思想史》，这是中国自由主义者最信奉的一个系统：英美的，经验主义的，保守的自由主义的最新重镇，但看看他的哲学、他的政治学和自由主义，就会知道他与希腊以来的整个传统，与纯粹精神，与经验，与传统，与现实的关系。

群发中，三分之一会反对，我理解并尊重；三分之一会支持我；三分之一会看不懂。我最希望的，是希望反对我的三分之一能够理解我在说什么，也能够理解自己在说什么。比方说，谈康德的人真正去看看康德，特别是仔细读一下判断力批判，明白它在整个西方精神传统和政治历史传统中的意义。学界的特点，是从各种二手三手四手论文和言谈中寻找发现发明问题，而不去真正面对经典和自己，也就是不去直面人类的精神和问题本身。

至于中国传统中是否有自由等等，以儒界的思维很难理解我的用意。我其实不针对任何传统，而是宣示一种哲学的精神，即，自由作为人的绝对性，是人的先验本性，换言之，是人就该自由，不自由，岂是人？从人类学上讲，从意识到自我意识的进展，就是自由意识和自由精神的过程。

至于这种先验是否成为了经验的立法者，需要自觉。自觉意识到自己的先验自由，自觉实现这种先验自由。

我几次谈到要为传统，孔夫子的传统寻找或提供一种新的精神氛围和气象，就有这个意思在内。

广明

2013 年 4 月 17 日成官泯回复大家

大概过了一遍关于"自由"讨论，私下觉得，把"自由"区分为"哲学的"与"非哲学的—世俗的"二意，似乎不能澄清问题。

大约不是"视域差异"，倒有可能是时代差异，或视域大小之异。

古典的 aleutheria，拉丁的 libertas，如何在今天为 liberal 接手？这是西方人的历史，是现在西方人或者可以想或者可以不想的事。

这所谓"自由"是否和我们相干，这是我们的事。为此我们必须先想西方人的事，西方人的历史。"自由"来自哪里？我们为什么要接手"自由"？

我们不一定和西方人在 DNA 上不同，但是生下来就被"文"化成看起来似乎很不同。

既然我们可以拒绝"自由"，我们当然也可以像西方人那样接手"自由"。问题是，圣人对此保持沉默。

圣人保持沉默之处，或许是出于圣人的无知，或许是出于圣人的智慧。——天知道。

成官泯

2013 年 4 月 18 日赵广明回复大家

官泯：

东土圣人们到底怎么想的，并非无迹可循。

1. "夫自由一言，真中国历古圣贤之所深畏，而从未尝立以为教者也"，这是严复 1895 年《直报》之直言。

2. 《明儒学案》记阳明弟子王栋论师之道，言人人皆"自性自灵，自完自足"，径澄人的自由本性。

3. 牟宗三借康德之理，明断孟子—宋明一路之道德形而上学，明确自由是其根本。

4. 庄子更不用说了。但必须说的是，国人多以逍遥定庄生之自由，只知其境界，未解未澄其精神与生命力度，使其自由精神千年蒙蔽于虚无缥缈无何有之乡，从尼采复庄子，是一途。

在黄土高坡，什么都难，但最难的可能是"哲学"。

广明

2013 年 4 月 21 日赵广明回复大家

作为英美当代自由主义——保守主义最重要的哲学家和政治思想家，迈克尔·欧克肖特（Michael Oakeshott，1901—1990）的有关说法很有意义，有助于对自由、自然及政治思想史的理解，从其《政治思想史》中摘引几句：

"具体说来，就是自由人（eleutheros）和自由（eleutheria）对希腊人来说意味着什么？……狄俄尼索斯被赋予了 eleutheros 的头衔……'自由'在这里指的是'不受束缚'。"

"自由并不是一种'自然状态'；它是一种获得的状态。酒是一个显著的'解放者'；但是不是存在比这更有意义的'解放'呢？"

"那么，人类自由的象征，就是人们赖以挣脱自然必然性束缚的技能的力量……在商议、选择和行动的过程中，人是'自由的'……使他们类似于神的那种自由。"

"'自由人'是集会地（agora）之人；因为只有在那里，在政治活动中，商议和行动才有可能，而这样的商议和行动，正是免于自然必然性的本质之所在。城邦生活就是'自由的'生活。一个人之所以是自由的，因为他是个公民。"

"亚里士多德说，每个人都属于两个世界。他属于'自然的'世界，即家庭的生物学的被自然必然性所支配的私人世界。他还属于集会地的公共世界，这里的政治生活，为其提供了自由的机会。"

"希腊人把'自由'跟一个民主的城邦联系在一起。"

"人们认为，不管一个城邦的政体是什么，它都应该提供'自由'的条件，而这种自由，是那些对城邦生活一无所知的人，比如波斯人和埃及人绝不可能享受到的。因此，希腊人看来，'被统治'（引注：希腊人的协商政治意义上的统治，而非强权与暴力的统治）与'自由'之间并不存在任何对立。Arche（引注：一般译为始基，尤其是希腊哲学中，但在希腊生活中一个主要含义指统治）和 eleutheria 彼此对应，相辅相成。"

"按照他们的理解，对立存在于'自由'与听命于一位暴君或者是处在一个家庭奴隶的位置之间。"

此书对哲学研究、儒家研究、中国自由主义者、中国政治关切者甚有助益，再次推荐。

广明

作为方法的"生命本原"论和生命体验美学

——读陈伯海《回归生命本原》、《生命体验与审美超越》

刘涵之

一

陈伯海先生治文学史、古典诗学史多年，著述颇丰。在学术工作的晚期和生命的晚年，他似乎"衰年变法"，从文学研究转向哲学研究、美学研究，最近由商务印书馆和北京三联书店分别刊行的《回归生命本原》、《生命体验与审美超越》两书就是这一转向的结果。关于转向的直接原因，陈先生在《生命体验与审美超越》一书的后记里有过清楚的表述："1995 年底，卸脱了行政职务，稍有闲暇，得以有计划地来安排读书生活。到正式退休并结束手头承接的国家科研项目后，立意不再申报新的课题，用全副精力投入理论学习，以期从根底上弄清楚一些积之已久的悬疑。经过一个阶段的努力，广泛涉猎中外古今的相关典籍，确感到有所收获，但也随之而引起一系列的新问题，其中最突出的有两个：一是哲学和美学这两门学科的未来前景如何，再一是当代中国哲学与美学的发展取向怎样，二者都属于'命运攸关'的大问题，眼下却充满着变数，不能不叫人深感惶惑。"[1]说哲学、美学两门学科未来前景尤其是中国哲学与美学其发展走向是"'命运攸关'的大问题"并非是指它们相对于陈先生以前从事的文学史、古典诗学史这

---

1 陈伯海：《生命体验与审美超越》，第202页，北京：生活·读书·新知三联书店，2012。

样的学科对象来说更"命运攸关"一些，而是指哲学、美学研究的理论品格决定了这两大学科生命力所在，以哲学、美学学科发展的问题期待为参照标准，文学史、古典诗学史的研究最终可能走向理论解决并回馈于哲学、美学学科的发展，即陈先生所说的"从根底上弄清楚一些积之已久的悬疑"。倘若哲学、美学研究无能代替文学史、古典诗学史研究以期回答陈先生几十年学术研究"积之已久的悬疑"，显然在理论的角度以求释惑解疑就没有太多必要，也不会有陈先生以经验例证"任何一种文学现象，若要真正从道理上阐释清楚，最终必然要追索到美学以至哲学观念上来"。[1]如此说来，陈先生的转向其实不是非要显示对以往研究领域的告别不可，更为内在的也许是陈先生敏感到传统的文史研究寻求突破最终将取决于理论的突破，没有基于对哲学、美学涉及"根底"一类问题的敏感，也就决不会有陈先生在退休之余，在文学史、古典诗学史研究之后（不是之余）着重探讨那些属于哲学、美学研究领域的前沿问题——换句话说，陈先生的主动选择原本就是对自己积数十年研究的文史之学的总结，这个总结是文学史、古典诗学史研究的纵深发展，是接着文史研究而起的深层次的理论研究。

具体落实到《回归生命本原》、《生命体验与审美超越》两书，前者探讨哲学发展的前沿问题，后者探讨美学发展的前沿问题，陈先生因文学史、古典诗学史生发的鲜明理论追求意识和对学科发展的殷殷关切自然赋予他的写作某种特有的现实针对性，这一特征为纯粹以理论探索为旨趣或者注重高屋建瓴地建构理论体系的哲学、美学著述少见。表面上看，《回归生命本原》、《生命体验与审美超越》两书都关涉"生命"问题，陈先生谈形上之思和生命本原之关系、谈生命体验和审美超越之关系意在拈出作为问题的"生命"，将它视为牵一发动万机的本原性问题贯穿到对人类生存意义与价值的剖析与理解之中，其中所包含的天道、人道、天人关系等一系列命题和生命哲学自身的理论预设差不多形成彼此呼应的格局，实际上

1　陈伯海：《生命体验与审美超越》，第202页，北京：生活·读书·新知三联书店，2012。

对"生命"问题的探询表现出的反思能力则又将传统的形上之思推置到现实语境，它已不再仅仅表现为对传统形而上学的历史检视，它是因现实语境而生的理论关怀，与其说它勾连历史、回溯历史不如说它直面当下。陈先生在分析前述的哲学、美学发展走向两大问题时指出："自前一个问题而言，'形而上学的终结'似乎已成了学界的共识，但'终结'之后的哲学与美学学科又将呈现怎样的风貌？是随'形而上学'一起'终结'，一切没落，抑或干脆抛掉自身固有的'形上'维度，一力向着'形下'的层面倾斜呢？在后一种姿态下，哲学和美学固然也能生存下去，比如说，哲学肩负起思想方法及语言分析的职能，美学集中审美心理和艺术符号的研讨，不过这样一来，哲学与美学中原本体现人的'终极关怀'的超越性精神追求，也就荡然无存了。人，不能没有'终极关怀'，失落了'终极关怀'，生活世界的内容便为各种实用功利性需求所填满，这正是现代社会里的信仰失坠、道德失范并产生种种精神危机的突出表征。而'终极关怀'除寄托于宗教、道德、政治之类信仰外，还必须借助哲思与审美，故剥离了'形上'思考的哲学和美学，作为成熟的学科终究是不完整也不够格的。"[1]按照陈先生的理解，惟有重返"形上"传统，哲学和美学才有资格直面当下的种种精神危机，重构"体现人的'终极关怀'"的精神版图，哲学和美学没有必要自降身份坠入"形下"的迷障，沉入经验主义式的科学话语的迷思。在"形而上学"终结处，哲学和美学重启传统其实不只着意于开创新的传统，更注重的是从传统"形上之思"寻找解决新问题、应对新危机的方法，哲学和美学所悬的问题不但反映了学科发展的风貌而且还决定其凝聚社会信念、社会力量的路径，而那些排斥"终极关怀"没有担当的只求"生存下去"的哲学、美学研究则标志着学科的没落。陈先生的担忧并非危言耸听，陈先生所忧虑的哲学、美学学科发展的歧路正在一点点转变得清晰，曾几何时人们纷纷把目光投向那些反"形上"维度、反美学的话题，以为哲学、

---

1 陈伯海：《生命体验与审美超越》，第202页，北京：生活·读书·新知三联书店，2012。

美学研究既然标举"反"的旗帜就可以获得新的研究方法、开拓新的研究领域，结果看似时髦的话题其实并没有奠定新时期哲学、美学研究的根基，相反暴露问题的程度远远超过其关注问题的程度。说白了即使那些反"形上"维度、反美学的话题以美轮美奂的面目吸人眼球，难免给人留下哲学、美学研究虚热的假象。从这个角度上说，陈先生写作《回归生命本原》、《生命体验与审美超越》两书乃是抱有相当清醒的使命意识、时代意识，是一份沉甸甸的有关哲学、美学发展问题的答卷。

陈先生坦言同时写作的《回归生命本原》、《生命体验与审美超越》可以当作一部书的上、下篇看待，这一提示向我们勾勒了两书的成书线索，同时也意味着两书所关注问题的彼此含纳，与其说两书的标题都涉及到"生命"这一关键词，毋宁说两书的逻辑起点存在一致性。就两书的逻辑起点的一致性而言，《回归生命本原》一书所讨论的"生命本原"问题其实对"形而上学"的主、客体两分及其二元对立思维持批判、清理的态度，在后形而上学视野中，可以说哲学关注不关注生命问题和如何关注生命问题决定了作为建构型思维的哲学的可能景观："传统形而上学作为由人的终极关怀所引发的终极思考，本有其存在的合理性，但由于找错了思考目标，采用了不合适的思考方式，终于不能避免被'终结'的命运。为此，只有调整思考目标，转换思考方式，才能保证人的终极思考得以继续进行。那么，这调整的与转换的方向又该如何来把握呢？一言以蔽之，便是抛弃实体主义本原观，转向生成论（或曰生命论）的根本理念，即不再考虑以哪个实体充当世界的本根，却要将整个世界的本当如是理解为一个自我生成与自我发展着的无始无终的活动过程，这其实也就是宇宙生命的演化历程。而在这宇宙生命的总体洪流之中，各个小生命迭代兴替，继续相承，使自然界处处洋溢生机，时时弥漫生趣。人依存于自然生命，又通过其实践活动创造着自觉生命，更凭借其自觉生命来反观与体认那自然生命的本原，以实现自身向着自由生命境界的升华。于此看来，回归生命本原，在回归中达成精神上的自我超越，以开启自由解放的生命新境界，实乃体现当今时代人们的终极关爱的必由之路，亦便是对于重建'形上之思'以至整个哲学思维的可能性问题的一个简要回答了。"哲学走向本原生命之思或者说哲学重新走向本原生命之思，这是传统形而上学终结之后建构新的哲学思维致使其获得生命力的一个努力方向，它虽不是唯一的解决方案，却依然显示了其历久弥新的鲜活性和针对性，"'形上之思'既以流动不居的生命进程作为自己的目标，其终极指向便不可能得到凝定，乃要随着世界的变化而经常地发生变化，故而'终极真理'不复存在，生命的意义也会不断更新，在这种情况之下，终极思考之不得'终极'，亦是注定的了。人的终极关怀永无止息，其终极思考决无止境，而终极目标断无定解，于是哲学永远行进在途中，这或可说是'形上之思'的'天命'之所寄存。"[1]

陈先生强调终极关怀，强调"人的终极关怀永无止息"，乃是希望看到生命的终极关怀是重过程不重结果的自然形成的生命意义不断被证实的过程，而强调"终极思考决无止境"又是希望看到哲学之思不断更新、不断突破，"哲学永远行进在途中"的非僵化局面。在这里，哲学所思考的对象的鲜活决定了哲学所思的鲜活。当然强调终极关怀不是去否定"现实关怀"，"人有现实关怀，亦有终极关怀。现实关怀所涉及的，多属个体生命密切凭附其中的具体生活环境；而终极关怀的指向，则常要归之于世界的整体、宇宙生命和人类生命的本原。"[2]终极关怀相对现实关怀的优势在于，它虽然与现实关怀一体相连，却完全能超越具体生活环境中"有限生命与实际经验"的片断性、世俗性，在一个更高的、更整合的世界达致对生命本原的超越性把握，它无疑可以归属为"形上"对"形下"的克服、扬弃。这也是我们在前文说《回归生命本原》、《生命体验与审美超越》两书理论起点坚持惟有重返"形上"传统，哲学和美学才有资格直面当下

1　陈伯海：《回归生命本原》，第 17 页，北京：商务印书馆，2012。

2　同上，第 15 页。

的种种精神危机的主要原因。

在《生命体验与审美超越》一书中，"生命本原"和审美超越的对接显示了陈先生对具体的"形上"克服"形下"方式的剖析。这种剖析一方面验证了陈先生《回归生命本原》一书提出的设想，"厘清'形上'与'形下'的界限，把握它们之间一体而又两分的关系，既反对旧形而上学的二元对立观，亦不流于用单纯的现实关怀来吞没人的终极关怀，确系重建'形上之思'的一大关节。"[1]另一方面，它则力图排斥"独断"论，坚持从体验的角度来恢复思和存在的关系，即"我们立足于这个世界，生存于这个世界，只有对世界存在的本原方式有了切实的领悟，方能找到人（包括个体自我）在这个世界上应有的位置，以及人自身应有的生存方式，这也就是意义世界的建构了。"[2]生命体验源于对个体生存的体验，它据于经验又形塑着生命的形上之思，借此形上之思"通过举一反三、推己及物的方式，逐步越出自身生命的限界，以领会大千世界的各种生命旋律，以进入宇宙生命的本原。"[3]从汉语学界对"体验"一词的使用来说，它既有肯定经验层面的知识、技能之形成方式的内涵，又有对心理活动的情感性评价，还有与德语 Erlebnis 重叠的部分，即能够"用以标示那种立足于人的感性生命，而又能穿越现象世界的障蔽，以锲入对象内在的本真境界的独特的精神活动及其所产生的心理效应。"[4]"生命本原"本质上是对生命本原的体验，生命体验本质上是对生命本原的体验，围绕"生命本原"问题，体验总是指向对生命的"形上"之思——对生命本原的思。在对具体的生命活动的观察、思考当中，生命体验虽然不时刻指向纯粹的精神感悟，却是以精神生命的规律活动为标志，因而个体的人的生命体验通常会从对个体生命的体验上升到对更为普遍性的生命本原的体验，从个别性中生发出生命体验的一般

1　陈伯海：《回归生命本原》，第15页，北京：商务印书馆，2012。

2　同上，第14页。

3　同上，第16页。

4　陈伯海：《生命体验与审美超越》，第37页，北京：生活·读书·新知三联书店，2012。

性内容来，生命体验如此，审美体验亦如此。可以想象要是离开个体的生命体验，侈谈生命本原该是多么荒唐；可以想象要是离开生命本原的体验，侈谈审美超越该是多么荒唐。

二

不宜将《回归生命本原》一书看作简单地汲取中国传统养料尤其是"天"、"人"概念来编织生命本原的"形上之思"的哲学框架以面对现实语境中的"形而上"终结诸问题。回归《回归生命本原》一书的"天道"、"人道"、"天人"三篇分别阐述生命本原的形上之思的三个维度。首先，在本原问题方面，"天"和"本原"形成掣肘点，"由于人在整个宇宙之中总只是有限的存在，他所开创的'属人世界'（即'人化的自然'）永远只能是大自然的'本然世界'（指本来意义上的自然界，实即整全的世界，包括'人化的自然'和未经人化的自然界在内）的一小部分，故一味拘限于从人的认知活动或生存活动来看问题，必然会导致'物自体'的不可知甚至不必知，从而将'本原'悬搁起来或干脆予以消解。而消除了'本原'，也就从根底上消解了人生意义的凭证，一切所谓'生存意志'、'强力意志'、'先验自我'、'自由选择'等鼓吹，都只能成为漂浮于空中的随意姿态，因为没有'本原'作为它们的生成基础，这不能不说是当代世界精神危机的一个突出的征兆。所以，谈论知识世界和人的生活世界，都不能脱离大自然的本然世界，也只有从这包裹着人的世界并与人的世界联成一体的本然世界着眼，才能找到一条进入哲学本原观的通道，以揭示世界本真的存在方式与存在理由，进而为人自身的存在确立根据。"[1]从"本然世界着眼"意味对"本然世界"、"天"的奠基性作用的承认，"本然世界"作为"生命本原"的生成基础显示了思考"本原"问题的最终指向——世界统一于本原，本原即"本然

1　陈伯海：《回归生命本原》，第47页，北京：商务印书馆，2012。

世界"。"本然世界"乃具象和抽象的统一体，生命本原、世界的存在都须结合到在"本然世界"的生成基础作用上得到理解，于是，探询生命本原相应地转化为对"本然世界"的探询。"本然世界"流转不定意味着生命本原的"流转不定"，"本然世界"的生生不息意味生命本原的生生不息。中国传统哲学的"天道"概念启发我们，只有抓住自然大化"和实生物"的运行规律不放，探询"本然世界"与"生命本原"之间的关系才会有突破口。不管儒家倡导的"人和"、"中和"观还是道家发扬的"天和"、"太和"观，中国传统哲学相较于西方文化的分立、斗争学说，其特点在于着力把握"天道"范围之下个体与个体的和谐、均衡发展，并以此维系"不同而和"、"和而不同"、"和故能生"、"'和'贵在用"的实践原则。在中国历史上，这些原则的合理贯彻运用助益着源远流长的文明传统发扬光大，中国文明作为世界几大文明体系中唯一不曾中断传统发展的文明应当可在此得到解释。陈先生以理论化的术语这样表明："无数个个体生命汇聚为生命的总体流程，这就是生生不息的大化流行。作为宇宙生命的'大化'，是凭借新陈迭代的生命传递而得以无穷衍生的，又是通过各层次、各类型的人及各个体生命之间的交互作用而得到无限展开的，所以其呈现于无尽的时空之中，并非一片混沌，乃能形成断续相间的有序合成。这正是为什么'大化'会充当巨型的生态动力场，并源源不绝地创生新的生命形态以衍续'生生之流'的缘由。'大化'的恒久存在是'和实生物'原理的最好证明。"[1]

其次，构成生命问题的中心乃是对"人"、"人道"的解释。人在宇宙中的位置这一哲学命题最富有启发意义的莫过于，人必须将自身置于"本然世界"并反思人与外在世界的关系。人之认识自身、认识外在世界有赖于人借助工具作为中介来展开，人的能动性、主体性亦由此确立。"学界通常将人所使用的工具区分为物化形态的工具（如生产工具）和符号形态的工具（如人际交往所使用的语言、文字、图腾、乐舞、习俗、礼仪以及

1　陈伯海：《回归生命本原》，第 86-87 页，北京：商务印书馆，2012。

各种社会行为规范与思想文化范式等）两大类，其实任何工具都必须兼有物化与符号两重性能（符号本身即含有物化的一面，如语言必须以语音为载体），或者说，任何工具自身都成为兼具物化形态并指代主体需求与能力的某种符号，运用时，符号与符号联成系统，而人在其实践中，便是通过这各式各样的工具—符号系统来同外在世界打交道的。"[1]在人的生命活动过程，符号化的工具的使用构成其重要内容，它包括人为满足功利性目的为满足自身生存的需要的劳动实践，同时还包括超越一般物质活动的精神生活，其中超越性的精神追求最能体现人的生命活动的圆成。如果说，"生存活动在本底上属于人的自然生命存在，实践活动更多地体现出人的自觉生命性能，那么，超越性精神追求便明白地昭示着人的自由生命的取向。"[2]人的超越性精神追求关涉人的生命的终极寄托，关涉生命本原与"本然世界"关系的最终确定，人只有站到"终极关怀"的立场，生命的价值、尊严才会成为更为切实持久的人生议题得以关注。人突破自身的局限、突破生存的束缚，由必然不断走向自由往往最大程度地证实人融入整个世界突破"物"与"我"的界限的可能。在这一自觉融入世界由有限走向无限的过程，"对象不再是有限的对象，主体也不再是有限的自我，个体生命与整体生命互联互通、交感共振，个人体认到自己从属并归本于这无限的生命源头，在这一情境下，主客二分的态势自然消解，不复存在。我们的先人将这种境界称之为'天人合一'，引为哲思、审美与信仰的极致，这也便是人的终极关怀之所在了。"[3]

由此看来，终极关怀实谓人生境界的实然。人生境界具有高低之别，它通过生存、实践、超越环环相扣的生命活动之链得到反映，安于物质的生活它也许只图生存的快乐，而安于精神的生活，它追求的却是价值的实

1　陈伯海：《回归生命本原》，第 102-103 页，北京：商务印书馆，2012。

2　同上，第 105 页。

3　同上，第 107 页。

现和享受。人由不成熟走向成熟，由不完善走向完善，由不完美走向完美，其实原本是境界由低到高的达成。人的生命活动离开对境界的追求，则人势必与动物无异。就超越性的追求而言，至美、至善、至真绝不是高悬于人的生命活动的异己之物、异己存在，相反它是与人的终极关怀息息相关的人生要义，是人获得自由的表现。人的生命活动不秉承至美、至善、至真的原则，则无境界可言。当然强调至美、至善、至真的人生要义，不是漠视人的生命活动由生存——实践——超越上升过程的现实功利性一面，现实功利性和超越性之间并非判然有别，"人的终极关怀同他的现实功利需求又是相互有联系的。现实功利满足的有限性，促使人们去尝试从事面向无限的超越；而超越境界的实现，使自我生命的活力得到感发，又可重新投之于现实世界的生存与实践的斗争之中。"[1]超越性对现实性的克服说明生存、实践、超越环环相扣的辩证发展，人正是在螺旋上升的生命活动中日益完善自身，从而日益完善所置身的世界。

再次，对"天人"关系的重新思考证成本原问题的发展态势。如果说对"天"、"人"的看法本是《回归生命本原》"天道篇"、"人道篇"的主要内容，那么"天人篇"则重点阐述重新建构"天人"关系的可能。无疑，这种可能带有预示性地指出生命哲学的努力方向。陈先生认为无论是西方传统的"天人相分"哲学资源还是中国传统的"天人合一"哲学资源都不能单独助益现代语境中的生命哲学的自我圆成。西方哲学"天人相分"说视天、人为对立的二元，人克天、人定胜天的惯性思维与理性主义、人类中心主义互为因果，其负面影响累累，这从日益恶化的生态危机可略窥一斑。中国哲学"天人合一"说则视"天"为至高无上的主宰者，唯天为大、以人应天的惯性思维抹杀了人的主观能动性、创造性，常常落入以己徇众和宿命主义的泥淖。已有的中西哲学的发展传统表明，重新思考"天人"关系需要树立扬长避短的原则，真正汲取对方有益的资源，以便将中

---

1 陈伯海：《回归生命本原》，第149页，北京：商务印书馆，2012。

国传统的"天人合一"哲学观改造为适应现代社会发展趋势同时能利于后形而上学视野中的"形上之思"哲学的重建。完美的人与自然、天与人的关系往往表现为："在成全自然中实现自我，在聆听自然中确证自我，在改造自然中重构自我，在回归自然中超越自我"，这说明"人与自然的互补互动关系，既非绝对的'天人合一'，亦非绝对的'天人相分'，乃是既相分而又相合的对立统一关系。"[1]

在中国传统中，"天"、"人"、"天人"蕴含的丰富思想大体反映出古人形而上之思的智慧，荦荦大端的思维世界，因此亮显出民族风采，民族心性亦因此被涵养、被塑造。中国式的生命哲学饱含着这个民族特定的生存智慧、实践智慧，然而面对"形上之思"终结的哲学发展，它不能完全能够继续保持其稳步前进的步伐，一般来说，特殊的理论形态乃是对特殊的社会实践的总结，中国哲学亦不例外。陈先生对中国"天人合一"思想的清理生动地告诉我们无法做到以不变的理论来应对瞬息万变的外部世界——实际上，在对待传统思想方面，我们宁愿持开放的心态激活它而不愿意以保守的态度封存它。陈先生从生命哲学的角度提出的"形上之思"的新建构创造性地转换古代的"天"、"人"、"天人"等概念，并合理地与西方哲学进行对接，陈先生以为这是解决哲学发展"命运攸关"的大问题的一种方案。在这中方案的整体框架内，陈先生特别改造了"天人合一"思想，引入康德理性主义哲学"人是目的"说，证之其"人为自然立法"、"自然向人生成"的思想，这样就为创造性地激活了"天人合一"思想赋予现代意识。从传统哲学当中发掘合乎时代潮流的理念。陈先生这样描述重新思考"天人关系"所获得的现代启示："自有人类之前，自然作为本然世界，一直是默默无言地自我运行着的，其内在的合目的性与合规律性从未得到任何揭示。人类出现之后，自然世界方有了一个解读者，那就是'人'。人是自然的唯一的解读者，因为人有灵性。动物，尤其是高级动物，在其

---

[1] 陈伯海：《回归生命本原》，第182页，北京：商务印书馆，2012。

本能式的反应之外，也能对周围环境产生某种原意识的感受，甚至出现意识的萌芽，但动物不会具有'世界观'，即形成对世界的整体关照与把握，这唯有人。人不仅以其实践活动改造着自然，以其经验认知和科学认知理解着自然，即使对于那作为本原世界的宇宙生生之流，因其具有无限开放的整全性能，人不可能以之为自身实践或认知的直接对象，却也还可以将其充当'思'的对象，即凭借超越性的'形上之思'对它作出体认与领悟。一句话，正因为有了人，自然的本相才得以开显（当然仍要通过人的感官与思维形态的折射），其所深藏的奥秘才得到揭示，其所蕴含的丰富意义才有了多方面的阐发与实现。人也正因为能解读自然，所以才能更新自然，以至在本然世界的基础上创建第二自然——'人化的自然'。……有鉴于天人之间的张力植根于人自身的二重性存在，协调天人关系便不得不以求得人的自觉生命与自然生命的统一为前提。如何能牢牢地立足于自然生命的根基，以此为本原来积极地开启自觉生命，更时时关注由自觉生命返归于自然生命，如此循环往复，方有可能进入真正的自由生命，这或许也就是哲思所要达致的终极关怀之所在了"。[1]陈先生重思"天人合一"哲学观，一个最大的突破莫过于，它看到"天人合一"如果一味强调"天"的主宰性、强调"天"之余"人"的优势所在，而不在这一关系内部强调二者之间的互动，则"天人合一"终究是"以人合天"，弱化甚至取消人对这一关系的贡献，人是构成这一关系不可或缺的维度，在这一环节离开对"人"的重要性的肯定则没有"天人合一"可言，在"天人合一"关系得以成立的条件下，探询人自身的可取可为途径，既是对本原生命的重新肯定，也是对"天人合一"关系的新理解。而这自然应当视为"生生之流"得以衍续的哲学式解读。

1　陈伯海：《回归生命本原》，第183-184页，北京：商务印书馆，2012。

三

在《中国诗学之现代观》一书的"导言"中，陈先生提出"生命诗学"的概念："古老中国文明，就其精神生活的层面而言，经常焕发出一种诗性智慧的光辉，其突出的标志便在于对生命理念的强调和发扬。……作为传统诗性智慧的结晶，中国诗学植根于民族文化土壤的深处，不仅积累丰厚，特色鲜明，亦且自成统系，足具精义。……中国诗学的主导精神……在于它从民族文化母胎里吸取得来的生命本位意识。正是这种生命意识，贯串着它的整个机体，支撑起它的逻辑构架，渗透到它的方方面面，从而形成它独特的民族风采和全人类意义。"[1]并以为中国生命论诗学相对西方诗学而言具备三个特点：中国生命论诗学突出天人合一、群己互渗的生命本体观、中国生命论诗学突出实感与超越相结合的生命活动观、中国生命论诗学突出文辞与质性一体同构的生命形态观。[2]应当说，陈先生对生命诗学到对生命体验美学的当代建构可以理出一条清晰的路线，这从《中国诗学之现代观》到《生命体验与审美超越》的学理基础能见出。生命体验美学是对生命论诗学的哲学总结，生命论诗学的主导精神被抽象化为体验美学的论述架构，因而生命论诗学的特点可以当作考察体验美学的棱镜看待。包括"审美体验的由来与归趋"、"审美活动的主客关系"、"审美活动的身心关系"、"审美价值理念及其存在本原"、"审美向生活世界的回归"等重要问题的论述在内，《生命体验与审美超越》一书对"生命本原"（主要是生命体验）、审美超越两者的对接显示了陈先生对民族诗性智慧的高度重视，中国传统诗性智慧重直觉与感性体验，同时又深蕴生命本位意识的艺术表达，正因为艺术表达的中介作用，诗的命题于此便

1　陈伯海：《中国诗学之现代观》，第1页，上海：上海古籍出版社，2006。

2　同上，第18-20页。

转化为体验与美的命题。陈先生的生命体验美学意在将生命本原视为一个完整自然的最高存在，生命无时无刻不指向对生命本原的体验，因而生命体验美学是不断回溯到对生命本原的探询的美学。陈先生解释审美需要何以可能时，这样认为："人存活于世间，在内外各个因素的交互作用之下，必然会产生喜怒哀乐不得其平的种种感受，它构成了人的现实生命体验，也是审美得以生成的根据"。[1]从需要论出发，审美的发生根源于人对"存活于世间"的人生感受，人因感而发才有了审美活动。至于审美体验在整个生活活动所占据的地位，陈先生这样概括："人的存在应该是多重性的存在，自然生命（温饱、安全、休息、繁衍之类满足生存需要的活动）构成人的存在的底基，社会实践（有目的、有意识地改造世界的活动）标志着人的存在的主导机能，而超越性的精神追求（特指具有终极关怀意向的精神追求）则体现出人的生命活动的自我圆成。……审美作为自由心灵的向往，与哲思、信仰一样都具有一个精神超越的维度，但它植根于人的现实生命活动（生存与实践），从现实生活的切身体验中汲取活生生的感性元素，用为凭借，更经自我转型，将原有的感性体验升华为可供关照的审美意象，从而生成具有超越性的审美体验。"[2]按照陈先生在《回归生命本原》一书所归纳的生活活动"存在—实践—超越"的模式，我们发现审美活动其实贯穿了整个生命活动过程，它既关涉存在、实践领域的功利性需求，也关涉非功利性的超越性需求。实际上它有机地连接了生命活动物质、精神两个维度。由于审美的发生根源于人"存活于世间"的人生感受，其日常性、碎片性的感性体验几乎决定了其鲜活性和生机所在。但这样以日常性、碎片性为主要特征的感性体验毕竟未经提炼或体系化升华为普遍性的精神超越。"审美成其为审美，必须从实践功利性需要中脱化出来，这就是说，要解除对种种实际利害关系的关注，让生命本真状态得以如其本真

---

1 陈伯海：《生命体验与审美超越》，第13页，北京：生活·读书·新知三联书店，2012。

2 同上，第197—198页。

地呈现，于是需要对自身原有的生命体验进行一番再体验。所谓再体验，是指把原有的生命体验转变为自己的生命体验对象，在重加品味的过程中予以新的体认，略去那些暂时的、浮表的因素，保存并加深其本真的内涵，以求上升到对生命内在意义的领悟上来。这种从原有生命体验向审美体验的转化，或者叫做从生命体验到体验生命，便形成为审美超越之路，亦可称之为生命体验的自我超越。而经过这一超越，审美的人摆脱了自身原有的实用功利眼界的拘限，始有可能从主客分立或狭隘自我的束缚下解放出来，以自己的心去感应他人的心，以内在的生命去沟通外界的生命，并在这一往返交流与感通之中，使自己的生命洋溢生气、充满活力，其心灵世界也会不断得到开拓与升华。"[1] 称审美活动为精神性超越是因为这一活动过程涵盖了从生命体验到体验生命的完成，它存精去芜，不断复归人的本真状态，不断复归生命的本原，惟其如此，审美体验才可称得上精神超越。审美活动的符号系统运作、审美与自由、审美与道德，以及审美与人性表现都可被提升到精神超越的层面来审视。审美体验是一种全面又综合的生命体验，它渗透到生命活动的每一个细节，在在证实人诗意地栖居的无限可能。

关于生命体验何以生成审美，陈先生认为与其从认知的角度不如从情感活动的角度来揭示人感应他人、沟通外界的"心物交感"规律，审美孕育于生命活动的"心物交感"，在心物交感过程，人的心灵从来不是封闭自守的，交感愈深，心灵开放程度愈高，这种交感好比人际交往的"对话"。通常一个"对话"的实现需要对话双方遵循平等、自愿的原则，在考虑对话情境、对话可能效果的前提下，充分含纳对方的意见或者说"以自己的心去感应他人的心"才成为可能。"心物交感"的这种"对话"通过情感的双向流动，从而推动感应主体对他者、外在世界的感知，进而达致心物一体的美学胜境。一个缺乏这种感知的人，不会有审美体验的产生，不会

1　陈伯海：《生命体验与审美超越》，第13页，北京：生活·读书·新知三联书店，2012。

有对体验的体验和再思，更不会有从事艺术创造的冲动。正因为看重心物交感的情感主导作用，陈先生才以断语式的口吻总结："只有体验才是感性生命之所系，其中固自不乏认知的成分，然皆已渗透着情感，深藏着爱欲，显形为活生生的生活感受，从而体现出人的内在生命的祈向，这便是审美和艺术活动的直接缘起。"[1]

当然指出情感在审美体验活动中的主导作用并不意味这是解释审美体验精神结构的一种一劳永逸的方法。审美体验固然牵涉情感活动，但不是所有情感活动都与审美和艺术活动息息相关。通常的美学著作对这一问题要么语焉不详，要么简单地区别审美性情感活动和非审美性情感活动，好像复杂的情感活动真的能判然有别地区分为两种情感来。陈先生没有否定非审美情感的存在，但他兴趣点不在从区别两类情感的角度去考察心物交感及其情感特征。陈先生在论述身体参与审美活动的全过程时指出，身体履行主导着审美活动的职责，"是当之无愧的审美主体。以往我们习惯于拿'心物交感'来概括审美体验的成因，其实除'心物交感'外，还有一个'身心合一'的向量，必须把两个方面结合起来，对审美人生才能有较完全的认识。"[2]将身体提到审美活动的主导力量的高度即是承认身体、身体的表征因素在参与审美活动的主导作用——其一，所谓的审美超越性原本是源自于身体的精神需要、源自身体的有限性对无限性的渴望，审美主体借身体自身而起的"形上"维度才得以建立；其二，身体兼顾自然性、社会性和超越性的功能，三者共同参与审美主体的构成。正因为"身心合一"在审美体验形成过程占据重要地位，我们可以尝试得出这样的结论：审美体验活动的主导性情感一方面促成"心物交感"，一方面促成审美主体的"身心合一"。换句话说，只有审美主体的身心内在和谐，才会有审美主体的情感主导审美体验活动可言。

1　陈伯海：《生命体验与审美超越》，第40页，北京：生活·读书·新知三联书店，2012。

2　同上，第82页。

　　陈先生对身体美学的成果的吸收显示了他不偏废于审美主体"身心"的某一方面，当他用"'肉身'也能'证道'"做章标题来阐述审美活动中的身心关系时，他明显照顾到这一实质：审美活动的具体展开必须落实到个体生命包括身体、心灵在内的需要及围绕着必然体现在存在—实践—超越各环节的生命活动。审美主体的身体表达作为推进生命体验、体验生命的动力，它诉诸身体的形式但又不仅着眼于肉体层面的需要，这样肯定"身心合一"实际上是肯定体验过程主客体统一关系的建立、肯定这一关系建构重主体的"身心合一"之于审美主客体"天人合一"关系的保障。审美主客体关系本质上是"生命与生命之间的关系"，它排斥"一般的主客、心物之间的分立对峙"。[1]没有审美主体自身对"身心合一"的认识，也就不会有审美活动与对象化的生命的感通、交流，更遑论"天人合一"关系的圆成。

　　"'天人合一'作为审美活动及其主客体关系的基本规定性，可以启发我们一条思路，即：美在'天人合一'，而美感则在'天人合一'原则下的感通心理效应。"[2]美感的生发源于审美主体对"天人合一"原则的心理感通，既然"美在'天人合一'"，那么对"天人合一"原则的心理感通则称得上对美的体验的感悟。当我们说"天人合一"是人的生命活动的趋向时，我们也可以说对美的体验感悟的程度决定了人的生命活动的趋向的程度。这也许是陈先生《生命体验与审美超越》一书从"生命体验"立论解释审美何以成就精神超越的原因。

四

　　无疑，陈先生主张"回归生命本原"，其应对当代中国哲学发展的"'命

1　陈伯海：《生命体验与审美超越》，第70页，北京：生活·读书·新知三联书店，2012。

2　同上，第71页。

运攸关'的大问题"而建构的生命哲学意在从中西哲学的汇通中找寻到一条具有中国人生命理念、情趣的哲学发展之路，他提出的中国生命论诗学尤其是生命体验美学自有一以贯之的生命哲学。陈先生看重传统文化体现出来的生命智慧、生命本位意识，却不主张复归到传统路径。实际上，构成"天人合一"思想主要方面的天道性理难免踏空和残缺，难免消泯自身的魅力和价值。这也反证了陈先生利用传统哲学概念倡导重建"形而上之思"、倡导生命体验与审美超越的意义所在。无论在《回归生命本原》还是在《生命体验与审美超越》中，陈先生都注意汲取西方近现代哲学、美学已有的经验，陈先生的生命哲学、生命体验美学是综合中西文化所长形成的哲学、美学，在反思传统哲学生命观的基础上，陈先生改造"天人合一"说，主张从生命本原以及通常表现为日常生活的美学体验的层面来探询"天"、"人"、"天人"关系等天道性理的具体落实。值得注意的是，陈先生在主张"回归生命本原"时，其生命哲学观虽着意在人自身的精神超越，但他并不过分强调个体人格心性的完善，以及个体生命根底的道德本性的实现的优越性，依照存在—实践—精神三个层面划分的标准，人的生命活动从来不局限于某一个领域，"回归生命本原"说没有将"存在—实践"层面的生命活动排除在外，这样便保障了生命哲学的社会属性，生命哲学既关涉"形上论"也关涉社会存在于具体社会实践。陈先生在《回归生命本原》的结语部分认为"存在—实践—精神"三个层面所代表的自然境界、实践功利境界和天地境界三重境界的生命活动"总合起来形成为自由精神演化的逻辑结构"，[1]"自由与生命密切关联，缘于自由植根于生命活动自身的结构与功能之中，它不是外加于生命的指标，实乃是生命本性的显现。"[2]生命活动的本质在于对必然性的克服，理想的生命活动不会陷于存在之累、实践之累，更不会陷于超越之累。生命哲学讲自由，不是

---

[1] 陈伯海：《回归生命本原》，第 270 页，北京：商务印书馆，2012。

[2] 同上，第 271 页。

假设存有一个远离外在世界的生命活动、不是假设它至高至上，用其精神超越性去遮蔽、代替一切外在世界，它实乃源于本然世界，又复归于本然世界。这大概是陈先生用"万类霜天竞自由"来标举生命哲学之旨归的原因吧。

在本文的开头，我们指出陈先生自己继数十年文学史、古典诗学史研究之后主动选择哲学、美学研究。我们不能说理论化的哲学、美学研究是对通常表现为对具体作家创作、创作现象、诗学思想进行研究的文学史、古典诗学史的超越，但是如果缺乏文学史研究、诗学研究的仔细梳理，缺乏对内蕴于文学史、诗学史中的生命理念、生命本位意识的长久体悟，特别是对民族传统的诗性智慧的持续关切，陈先生恐怕难有兴趣以"生命本原"为旗帜重建"形上论"和生命体验美学。陈先生《回归生命本原》、《生命体验与审美超越》两书的写作即使不例证这样的效果："任何一种文学现象，若要真正从道理上阐释清楚，最终必然要追索到美学以至哲学观念上来"，他的努力也能告诫我们把"生命本原"和生命体验美学作为方法，面对哲学和美学学科的发展危机，在后形而上学的时空重倡"形上"之思它的价值所在。

追求道与学的合一

——读朱汉民教授《书院精神与儒家教育》

殷慧

　　人能弘道，非道弘人。岳麓书院的发展史，浓缩了一批批致力于求道、传道的中国知识人的读书身影。他们集思想创新和授业解惑于一身，宋有张栻、朱熹，明有王阳明、吴道行，清有王文清、罗典、欧阳厚均，这些耳熟能详的思想家、教育家实现了书院精神与儒家教育的高度统一，成为书院文化链条上不可或缺的一环。朱汉民教授善继先贤之志，善述先贤之事，是现代版的将道的研究和学的弘扬紧密结合在一起的教育家。早在三十年前，他就将岳麓书院的现代复兴作为终身事业，一方面深入宋明理学和湖湘学术研究，学术成就斐然；另一方面主持院务管理工作十五年余，书院焕然一新。现在的岳麓书院已成为当代中国国学研究和传播的重要基地，创建的"岳麓书院模式"也被誉为新时期书院复兴与建设的典型。

　　朱汉民教授多年从事书院文化与儒家教育研究，曾经著有《岳麓书院史略》(合著)、《湖湘学派与岳麓书院》、《长江流域的书院》(合著)、《中国德育思想研究》(合著)、《中华文化通志·智育志》、《儒家人文教育的审视》、《中国书院文化简史》等专著，主编丛刊《中国书院》。最近出版的《书院精神与儒家教育》(华东师范大学出版社，2013年版)汇集了朱汉民教授多年来关于书院精神、书院制度及其儒家教育的众多思考，既有传统儒学教育精髓的探究，又有现代教育的反思，精彩纷呈，体裁不一。

这将为当代书院研究与建设、儒学及其传统文化研究贡献一份宝贵的资料。

在有关书院文化的论著中，朱汉民教授认为，书院精神集中体现在价值关怀与知识追求的统一。这是因为，一方面，书院求道的价值关怀体现出对人格理想和社会理想的追求，但这种人文关怀是建立在知识理性的基础之上；另一方面，书院的知识追求不是为知识而知识，学术创新总是以探求儒家之道的价值关怀为目的的。"士志于道"，创办和主持书院的士人将儒家的"道"作为追求目标。儒家士人之"道"的追求是分为两个相互关联的层面：其一，以"道"修身，完善自我人格，即所谓"格物、致知、正心、诚意、修身"；其二，以"道"治世，完善社会秩序，即所谓的"齐家、治国、平天下"。书院学者认为儒家对"道"的追求首先是个体自我的道德完善，并且在个体自我道德完善的基础上，实现全社会的完善。因此，书院学者们往往将这种自我道德完善的人文追求与经邦济世的社会关切结合在一起。朱汉民教授坚持从士人文化来理解书院精神：一方面，儒家士人总是把书院看成是独立研究学问的安身立命之所，书院从萌芽之日起，就和士人"独善其身"的生活道路联系在一起；另一方面，士人们又在书院中表达出强烈的关切社会、建功立业的愿望，总是将书院与"兼善天下"的治平之路联系在一起。因此，他认为书院成为儒家士人文化的标志，是儒家人文精神的象征。无论是书院的外在环境、建筑形式，还是其内在宗旨、教育目标，均鲜明地体现了儒家士人的价值观念、人生理想与生活情趣。

与书院的核心精神相适应，朱汉民教授特别强调理学与书院的一体化对理学史与书院史发展的意义。他认为理学作为一种新兴的学术思潮，需要有一种能够从事学术创新的研究基地；理学家们有一套独特的教育理念，更要借助于书院实施。理学学者于官学之外别建书院，标榜新的教育宗旨，以补充官学教育的不足。而从书院的角度来看，学术自由和创新的活力则来源于对理学的诠释。书院成为宋代以后新儒家学者探讨高深学问的地方，也是深入理学探讨的重要场所。理学和书院的结合不仅使新儒学获得发展的依托，而且也使书院获得了新的发展空间，书院因之转型为新儒学的研究和传播基地，创新和传播高深学问是书院作为中国古代大学的最典型标志之一。

通过对书院文化、思想、精神的深入思考，朱汉民教授进一步思索儒家人文教育的宗旨、目标、特征及其内涵。他对"儒"的起源作了历史学的分析，追溯了儒与教育之间的原始关系；通过对"儒"的职能作社会学分析，揭示了儒家学派为什么会以教育为中心来建立自己的思想体系，儒家文化为什么会以教育作为立国、救世的根本。他对中国传统智育也有独到的研究。他通过探讨儒家教育中"道"、"学"、"术"三者各自的特点与三者的关系，使人们进一步深入了解儒家人文教育和智育的特色。

所有历史的追溯与探讨，并非仅仅为了理清学术与教育之间的密切关系，而是基于更深层次的焦虑——为传统文化和现代教育寻求转化与突破，为实现中华文化的伟大复兴提供借鉴与资源。从书中，我们不难看出朱汉民教授念兹在兹、津津乐道的书院理想仍在于能够为当今中国教育、文化的发展寻求良方。尽管其对书院的发展始终处于恐惧戒慎的状态，对其未来的发展也并不乐观，但还是坚持"讲下去，才能出大师"。这一发人深省的话语，既道出了教育与人才培养之间的深厚关系，同时也凝聚了作者的儒家人文教育理想：只有在教育的行动中，才能实现道与学的统一。

东方有大美

——原始儒家道家哲学之光

张宏斌

　　今天来看方东美先生的思想，大概会有两种印象，一是不合时宜，一是如此前卫。不合时宜在于方东美之于中国传统文化，尤其是儒家思想的观点与新儒家主流派不同轨，如此前卫则在于方东美对于中国文化的理解，尤其是哲学史的梳理与今日学界时髦的复归原典的路子颇多合辙。前者的不合时宜可以标明两点，一是方东美的时代背景，或者说理论动因；二是方东美与其他新儒家观点的不同处。

　　先来看方东美先生所处的时代。自鸦片战争以来，西方列强对中国鲸吞、蚕食不断，中华民族遭受了前所未有的危机。为图富民强国，师夷长技以制夷的理路粉墨登场，然而甲午海战的失败使之以变革器物以抵御西方的梦想破灭，戊戌变法的失败使之以变革政治制度来强国的想法付诸灰烬。人们开始渐渐意识到，真正的威胁也许是来自文化方面的。求自存、图强大是整个民族的共识，而克服危机的最终方向导向了文化。危机克服的本质是什么？对自己本民族的文化究竟如何看待？这是一个问题的两个方面，前者可以看做是西方历经工业化，或者说完成现代化后的强大优势对中华民族造成的现实冲击；而后者则是植于本民族文化母体的中华民族何以去做的问题。如果承认现代化的进程，或者说不否现代性的话，本民族文化要克服危机就是要从自身做起，要么"返本""开新"，要么完全抛弃，另请高明。而如果选择否认现代性，沉溺于自我的逻辑和幻象，本民族的文化已足，固步自封即可。显然当时的人们选择了承认，而选择完全抛弃，则是要"打倒孔家店"，彻底拔除维系中国政治、文化几千年命脉的儒家思想，全盘否定中国固有的文化和传统。

而选择指向"返本""开新"的则以新儒家为代表，他们有着很深的文化危机意识，在不拒斥现代性、现代化进程的前提性，从不同的角度、层面致力于本民族文化的护持。他们既对中华传统大生命和儒家传统价值有着深切的体认，又有着开放的心态，对反对全盘反传统的思想与文化运动作直接的回应，着力解决传统与现代的问题，他们发挥着各自的学养，治融中西印，统摄百家，归宗儒学，发扬中华文化的生命力，创造性地重建传统[1]。方东美生于1899年2月，卒于1977年7月，从其成长历程、治书著述以及学术生涯的时段来看，可谓恰逢其时、遭其变，自然方东美的思想脱不了这个时段的痕迹。

十八岁那年，方东美考入金陵大学，在金陵大学期间，方东美相当活跃，他既是学生团体"中国哲学会"的主席和学生自治会的会长，又兼《金陵光》学报的主编，而1919年成立的"少年中国学会"南京分会的第一批成员中方东美赫列其中，方东美又是南京分会编辑的《少年世界》的总编辑，在那个风起云涌的日子里，南京的分会成为南方学生运动的发起和呼应的主要组织者之一。方东美在1920年召开的第一届"少年中国学会"大会上明确反对采取一种主义，但"不赞成对现实政治全力反抗，故主张加入政界[2]"。会上北京与南京双方会员的分歧严重，争吵激烈，学会分裂态势渐现。

或许是这种投身于政治现实的不快经历使得原本就对政治参与热情不高的方东美开始远离了政治，脱离了行动践行以图救国济民的路子，尽管嗣后终其一生难免与国民政府牵扯不断，但是却不再参与其中了。转而走上了学术的道路，从其所出生至于离世的七十八年间，大致可以分为两个

1　罗义俊：《评新儒家》，第3页，上海：上海人民出版社，1989。

2　方东美：《原始儒家道家哲学》，第3页，北京：中华书局，2012。

时段，前半段是"向外寻"的阶段，如方先生自述"大学后，兴趣却在西方哲学"，一直到抗战时候，"才有了转变"。这个时段他把"精神放在西方哲学的研究上面，盛赞希腊哲学文化的精神[1]"。1922年硕士毕业论文是《柏格森哲学评述》，而获得博士学位的则是《英美新实在论之比较》，执教东南大学所授课程是西方哲学，在政务学校教授近代西洋哲学，嗣后返回中央大学十六年，先后发表《生命情调与美感》，以戏曲喻希腊、近代西洋以及中国人的"三种生命情调"，最为典型的是1936年《科学哲学与人生》的出版，此著作是他这段时间学术的梳理，纳《生命悲剧之二重奏》于其中，就希腊思想之发展，具体观点之流源，以及西方近代思想之流变，学术分科之理路，旨在将希腊与近代欧洲两种不同的生命精神熔铸为一体的文化结构。

"觉得应当注意自己民族文化中的哲学，于是逐渐由西方转回东方"，这种转变一方面是由于日寇大规模入侵，方东美希望以伟大的中华文化精神来鼓动人民来抵抗侵略，在嗣后结集出版的《中国人生哲学概要》即是他多次演讲的实录，在文中他多次"力言民族精神和文化命脉之重要"[2]。另一方面是由于外国学人的刺激。印度学者拉达克利斯南用英文著述向世界介绍印度哲学，在访华期间，他问方东美既然对西方人介绍中国哲学不满意，为何不用西方文字介绍中国思想呢。接受了拉达克利斯南的挑战，方东美"用西方文字讲中国思想"，便"逐渐由西方转向东方[3]"。转向自己本民族的文化，走"向内证"的路子，方东美即"以阐发弘扬民族文化所开出的慧识为职志[4]"。

余英时先生以为，1949年以前，儒家曾经支配着日常的社会生活，是

1　罗义俊：《评新儒家》，第464页，上海：上海人民出版社，1989。

2　杨士毅：《方东美先生纪念集》，第53页，台北：正中书局，1982。

3　方东美：《原始儒家道家哲学》，第2页，北京：中华书局，2012。

4　罗义俊：《评新儒家》，第475页，上海：上海人民出版社，1989。

一切人伦关系的儒家规范，民众是儒家文化参与者[1]，方东美显然属于此者，"从小三岁读诗经"，在"儒家的家庭气氛中长大[2]"，至于其哲学思想，他坦承"我的哲学智慧，是从儒家传统中陶冶[3]"，而后期的理论归宿也是以儒家为主，方东美被冠之以当代新儒家情理之中又名副其实。但是作为新儒家的方东美与其他当代新儒家尽管所处的时代相同，理论背景以及价值关怀趋同，但是相异之处则更多。首先方东美反对韩愈首倡，宋儒光大，当代新儒家一脉承继的"道统论"。他认为"讲'道统'，易生肤浅、专断、偏颇的流弊……对于民族的生命、国家的生命、学术的生命，可说是一无裨益"[4]，在其看来，道统是虚构的，是狭隘的卫道精神，与其称之为"道统"，不如称之为"学统"，"我们要讲学统，而不是讲在精神上偏狭武断的道统"[5]。在其看来，"学统"才是中国文化、学术思想的精神实质，才能真正体现民族文化的发展方向。

其次，反对"道统"的专断、偏蔽和排外，昌立"学统"，方东美对儒家之外的诸家学说取并包兼容的态度，尤其对道家哲学，他说"吾人可谓中国形而上之律动发展悉依三节拍而运行，初拍强调儒家，次拍乃重道家，三拍则转入佛家"[6]，道家哲学与儒家哲学同为中国哲学最高的智慧，是中国各派各家的共存、共同发展，赓续了中华文化的道统，亦是民族文化未来得以复兴的源泉和精神依归。再次，对于儒学脉流，尤其是宋明儒家学派的分期，方东美认为新儒家哲学包含三个形而上学思潮，其一是"唯实主义的新儒学"，包括周敦颐、邵雍、张载、二程等北宋五子，以及南宋的朱熹；其二是"唯心主义的新儒学"，有陆象山、王阳明等；另外一派

---

1 余英时：《现代儒学论》序言，北京：三联书店，1997。

2 方东美：《原始儒家道家哲学》，第1页，北京：中华书局，2012。

3 杨士毅：《方东美先生纪念集》，第194页，台北：正中书局，1982。

4 方东美：《方东美先生演讲集》，第143页，台北：黎明文化事业公司，1978。

5 方东美：《新儒家哲学十八讲》，第36页，台北：黎明文化事业公司，1983。

6 方东美：《中国哲学之精神及其发展》，第36页，台北：联经出版事业公司，1981。

是"自然主义的新儒学"，王廷相、东林学派、王夫之、颜元、李塨、戴震等归入此类。这既与传统的划分，如理学包含北宋五子以及南宋朱熹等，心学包含阳明与象山等相异，亦与牟宗三先生重新将宋明新儒家划分三系，一是"五峰、蕺山系"，二是"象山、阳明系"，三为"尹川、朱子系"不同。最后，在复兴儒学、重建传统的方向选择上，方东美认为应该直接接上原道原始儒家来发展、广大儒学。

台湾东海大学荣誉教授蔡仁厚2005年6月1日在香港《成报》发表的《当代新儒家的学术贡献》，可分为以下五点：1. 表述心性义理：使三教智慧系统焕然复明于世。2. 发挥外王大义：解答中国文化中政道与事功的问题。3. 疏导中国哲学：畅通中国哲学史演进发展的关节。4. 消纳西方哲学：译注三大批判融摄康德哲学。5. 会通中西哲学：疏导中西哲学会通的道路。作为新儒家的方东美出于西方而归宗于自己本民族的文化，以弘扬阐发自己民族文化所开出的慧识为职志，创造性地重建传统，以完成现代化的转型。虽然与其他新儒家所走的路子不尽相同，但是如蔡仁厚先生所总结的那样，在表述心性义理、发挥外王大义、疏导中国哲学、消纳西方哲学、会通中西哲学等方面方东美均有所涉猎。那么来细看一下方东美的理论。首先方东美认为宇宙万类，只有人才能蕴发智慧，创造文化，智与慧原非二事，理与情本来一贯，而人之大患在于丧失智慧，隳于无明；其次，哲学智慧生于各个人之闻、思、修，自成系统，名自证慧。哲学智慧寄于全民族之文化精神，互相摄受，名共命慧。共命慧属本义，自证慧属申义，共命慧统摄种种自证慧，自证慧分受一种或多种共命慧。共命慧依民族天才，自证慧仗个人天才。个人天才又从民族天才划分，民族天才复由个人天才集积。共命慧为根柢，自证慧是枝干。

其次，人可以成就各种不同形态，研究这样不同形态的人可以成立"哲学的人类学"。而有怎样的人物即有怎样的世界，人境之间自有一种互相呼应的关系。不同的人生观世界观使人得以生存在不同的意义系统之中。人对价值的观念不能脱离他对存在的观念，对于存在境界的选择决定了一个文化发展的前途。再次，各种不同的文化蕴涵了各种不同的智慧，开展出不同的人生观、世界观、价值观。首先我们不能不对之有一如实的了解，而后又不能不在价值上微分轩轾。由哲学的观点着眼，世界有四个伟大的传统：希腊、欧洲、印度、中国。这些文化传统各有所长，各有所短。而最健康的生命情调毕竟是中国哲学所展现的生生的和谐的精神。最后，既能烛照各文化所开展的环境之是非长短，则又必依生态学的观念向往、开创一更大博大高明的综合境界。在这一慧识的指导之下，人对真理的追求、道德实践、政治的抱负、艺术的理想，各各得到其适当的定位，始能真正建立一情理交融的真实世界[1]。

总之，方东美的思想重在以比较哲学的视角审视中、欧、印度和希腊哲学的精神实质，试图消纳西方哲学、疏导中国哲学以期会通中西哲学，从而确立中国哲学的真精神，开展出"以儒家思想为主脉的中国文化和哲学生机的途径"，为中国乃至世界未来文化的创造寻绎到一个方向，克服中国以至于世界的文化危机。而中国哲学的真精神，方东美则在《中国哲学之精神及其发展》一书中进行了系统的论述。方东美认为原始儒家哲学、原始道家哲学、宋明新儒家哲学和大乘佛家哲学这四家哲学是中国哲学的主脉，代表了中国人的生命精神。虽各派有特性和分别，但思想确有贯通之处，贯通之处即是它们的"通性"。通性与特点述之如下：

一、中国形上学表现为一种"既超越又内在"、"即超越即内在"之独特型态，与流行于西方哲学传统中之"超自然或超绝形上学"迥乎不同。

二、中国各家哲学体系同具三大通性与特色，悉征诸下列三论：

甲、旁通贯通论——"统贯"或"一贯"云云，意指多重。

乙、殊异道论——"道"之一辞，意蕴丰富，涵义各殊。（如儒家谓之天地人"三极之道"；道家谓之"超脱解放之道"；佛家则谓之"菩提道"。）

1　以上总结参见刘述先：《方东美先生哲学思想概述》，载《评新儒家》，上海：上海人民出版社，1989。

丙、人格超升论——视个人之品格发展均可层层上挤，地地升进，臻于种种价值崇高之理想境界。

三、就全体而论，中国哲人集体代表一种"诗人、圣人、先知"三重复合之理想人格典型；然分别观之，抑又三家各显其不同风姿。格局高致，各有千秋；道家陶醉诗意幻境，故以诗人身份出现；儒家显扬圣者气象，故以圣贤之身份出现；佛家则以苦心慧谋求人类精神之灵明内照，故以先知之身份出现。

四、质言之，各家原属不同格局之人格类型：道家为典型之"太空人"，（故尚"虚"、"无"）；儒家乃是典型之"时际人"（故尚"时"、"中"）；佛家乃"兼综时空而迭遣"（故尚"不滞"与"无住"）；新儒家则旨在成为"时空兼综人"（故兼时空而不遣）。

五、各家之间，无论其心态气质差异如何，其世界观或宇宙观莫不倾向于就理想层面而立论，以符合在道德、懿美、宗教等三方面高度理想之标准，则其一致也——表现于或树立道德理想之高标风范；或发抒灿溢美感之艺术幻想；或借苦心和热心谋取精神之灵明内照[1]。

究其四大主脉的哲学思想，尤其是原始儒家与原始道家哲学的真谛是找寻中国哲学真精神的不二法门，更是开拓未来中国哲学、文化复兴与重建，寻绎民族文化何以展开、发扬，价值如何体现，危机如何克服的首选路径。而从原始典籍的角度出发，是方东美一生秉持的学问态度和方法，亦是方东美贴近今日复归原典、重读经典，回到古代罗马、希腊学术思潮的先瞻之处，恰如文中开头所言那样"如此前卫"。那么不妨从《原始儒家道家哲学》一窥独特门径。

《原始儒家道家哲学》一书系方东美在辅仁大学讲授"原始儒家与原始道家"的录音笔记，导论系方东美先生最先讲授的"中国哲学精神"被作为第一章。其余章节共四个部分：一是原始儒家思想——《尚书》部分。

1　方东美：《中国哲学之精神及其发展》，台北：联经出版事业公司，1981。

二是儒家思想——《易经》部分。三是原始道家思想——《老子》部分。四是原始道家思想——《庄子》部分。

在方东美看来，中国哲学应自儒家说起，因为就哲学的起源来看，虽然从比较学的观点看去，中国与希腊、印度均有一套系统的神话传说，但是中国的是战国以后后人整理的，"决不能倒过来以后出的材料说明更古的思想"，从这个意义上讲，这些神话不能成为说明中国哲学的材料。此外，虽然老子年长于孔子，但是传承古代中国文化的并非周室守藏史的老子，而是由民间崛起的孔子，决不能说道家哲学先于儒家哲学。中国哲学需从儒家谈起，而儒家哲学思想当以原始儒家为主，谈论原始儒家，自然必以孔孟为主，但谈孔子，不能只讲《论语》，在方东美看来，儒家的思想源远流长，"儒家有两套思想，一套是自己的创作，另一套是承受以前的传统"。一方面注重传统，一方面又注重创造，而《尚书·洪范》和《易经》就分别体现了儒家的这两个传统。

《尚书·洪范》作为儒家思想传统之"承受一套洪荒上古时期之久远传统"的一面，方东美认为值得注意的为两点：一是"五行"观念。五行即金、木、水、火、土五种物质材料，是人们可以观察到的自然元素，并没有什么哲学意味。但是到了春秋时代，如《管子》已经把它当做构成物质世界的五种质料。此外，更把本来构成自然现象的质料再向四面追溯，在神话的解释上，把自然现象转变为"自然神祇的神话"，在《管子》中金木水火土是政治组织上与经济组织上的官职，负责分配人民生活上的必需品，当职掌这一类的官有功于民时，死后就被神化，变作水神、木神等。如此，"自然元素的思想与阴阳家的自然哲学思想逐渐合流"[1]。后历经层层转折，邹衍将之变为"五行相生相克"的术数，汉儒董仲舒又界定为一原则"比相生而兼相胜也"，班固将五行之说应用到气象方面等，转而掺入到了儒家哲学体系。五行之说从公元前十一世纪，直到春秋、战国、秦汉，

---

1 罗义俊：《评新儒家》，第479页，上海：上海人民出版社，1989。

中间历经辗转的流变，有时成了幼稚的科学思想阶段，有时停滞在宗教的神秘经验上，有时它说明人类社会的进程和演变，最后把它化成哲学上说明客观宇宙循环的四季，说明生命过程变化的四季等。方东美勾画五行之说的这些阶段在于表明"中国后来的科学思想和哲学思想，部分可以由流行于夏殷时代的五行之说找出一种线索"[1]。

一是"皇极"观念。皇极训为"大中"，前代汉儒、宋儒之解释不能使人满意，方东美认为，从《礼记·礼器》"升中于天"来看，"大中"就是"原始时代思想的 great symbol，religioussymbol，philosophical symbol，把宇宙及人类世界的一切，凝聚为一个中心，然后把它升到超越世界天神的存在，发掘一个宇宙的中心，以之为真相价值的标准，支配整个宇宙中人类生活的一切"[2]。"皇极"初始具有宗教的意味，象征着"皇矣上帝"，然后慢慢取得了哲学的含义，"转换到哲学的世界里"，来说明宇宙与人之秘密，成为真相的标准，价值的典范，由之运用到道德、政治、文化的层面。

而《易经》作为儒家思想创造的一面，方东美认为"复又开拓出一广大悉备之哲学新天地"。作为儒家创造的精神的体现，《易经》尤为重要，他说，"儒家形上学具有两大特色：第一，肯定天道之创造力，充塞宇宙，流衍变化，万物由之而出。（易曰：'大哉乾元，万物资始，乃统天。'）第二，强调人性之内在价值，翕含辟弘，妙与宇宙秩序，合德无间。（易曰：'大人者，与天地合其德，与日月合其明，与四时合其序，与鬼神合其吉凶，先天而不违，后天而奉天时。'简言之，是谓'天人合德'。）此两大特色构成了全部儒家思想体系之骨干"[3]。表现这种思想最重要者莫过于《易经》，方东美认为《易经》首先可以看做是一部历史文献，藉观象设

---

1 《原始儒家道家哲学》，第69页，北京：中华书局，2012。

2 同上，第70页。

3 《生生之德》，第288页，台北：黎明文化事业公司，1979。

卦，描绘人伦社会生活与自然情态。哲学思想是后起的，是对象征意符系统的建构，赋予了不同的解释，后又衍成了"万有含生论之新自然观"，"性善论之人性观"，"价值总论"，最后形成了"价值中心观之本体论"，肯定万有平等之生存理由。《易经》可以洞见人类所处之宇宙天地，处处布护大生机，表现为大生广生之创造力，是谓"生生之德"[1]。

方东美认为殷周之革命，影响到春秋战国时代，结果产生了两大思想体系：一方面，儒家设法制定一切范畴来把握"时间生灭变化的世界"，以时间之创化过程来描绘人类生活的世界；另一方面道家老子则不满意春秋时代的演变——顺着时间之流而愈变愈坏，而要透过时间之幻想，将世界向高处、向过去推，推到人类无法根据时间生灭变化的事实以推测其秘密，而进入一永恒的世界。儒家即是前述的原始儒家哲学，而后者即为原始道家哲学[2]。

首先方东美认为原始道家与"新道家"以及后来的道教是有很大区别的，像神仙之学、方士之学、黄老之术、黄生之学，一直到后汉以后至于北魏时代所谓的"道教"，是另一种东西，虽然号称与道家有关，但是没有哲学智慧。真正具有很高哲学智慧的是原始大道家，"老庄的哲学智慧叫道家"，才真正代表了道家的哲学智慧。老子思想的基本概念是"道"，整个哲学体系是以"道"来展开来，寄托在四个基本概念上。第一个是"道体"，第二个是"道用"，第三个是"道相"，最后一个是"道征"。在方东美看来，老子系统地论述道，其目的在于要把主宰之天化成"道"，化成一个自发的精神力量，而不是拿它来束缚、钳制人类的自由，当做宇宙的主宰来看。换句话说，哲学的智慧就是要把宗教的主宰化成哲学的上帝，然后把这种力量本身当做向上发展的精神。理解老子的"道"就是要"把它从束缚人

1　黄克剑：《方东美集》，第 211 页，北京：群言出版社，1993。

2　方东美：《原始儒家道家哲学》，第 76 页，北京：中华书局，2012。

类的宗教里解放出来，变作一个自发而完美的精神自由"[1]。

"老子哲学系统中之种种疑难困惑，至庄子一扫而空，庄子将空灵超化之活动历程推至'重玄'，故于整个逆推序列之中，不以'无'为究极之始点。同理，也肯定存有界之一切存在可以无限地重复往返，顺逆双运，形成一串双回向式之无穷序列，原有之'有无对反'也在理论上得到调和。盖两者均消弭于玄秘奥窔之'重玄'之境，将整个宇宙大全之无限性，化成一'彼是相因'，交摄互融之有机系统。"[2]庄子超越了有无对峙的观念，追求"重玄"的境界，从"有"到"无"，亦从"无"到"有"的道的双回向在"和之以天倪"的境界得以畅达。方东美看来，庄子在向上超脱解放后，又把"上回向"的精神路径展开来变成"下回向"，接触现实世界，现实人生，以理想世界点化现实世界，使理想世界与现实世界联系了起来。庄子求得精神的解放，满足于自己的理想世界，又不遗弃现实的世界和人生，是圆融的超脱解放之道。在方东美看来，道家的真精神是要成就一种境界上的"太空人"，道家所寄托之世界乃是一大神奇梦幻之世界。"构成其世界之空间正是美妙音乐及浪漫抒情诗歌之'画幅空间'兼'诗意空间'——一种充满诗情画意之空灵意境。"[3]"玄之又玄，众妙之门"，"抟扶摇而上者九万里"，老子、庄子的哲学思想正是这种精神的完美表达。

以上，撇开价值追求和立论的初衷，方东美对中国文化乃至哲学的理解，尤其原始儒家、道家哲学的理解别开生面，其视野相当开阔，希腊、欧洲、印度、中国并取，行文更是深入浅出，剖析入微，不时胜义迭出，睿见肆涌。笔者兹就方东美先生的思想作几点简要评述。

首先，方东美先生是在将整个中国文化化约为哲学的论域中进行的论述。他说"通中国哲学之道，盖亦多方矣，然余于是书则独采形而上途径，

---

1 方东美：《原始儒家道家哲学》，第216页，北京：中华书局，2012。

2 同上，第223页。

3 黄克剑：《方东美集》，第285页，北京：群言出版社，1993。

旨在直探主脑及其真精神所在"[1]。他以形上学三种形态——"超绝形态"、"超越形态"、"内在形态"来判定中国形上学为一种"既超越又内在"、"即内在即超越"的独特形态，这种形态才是他心目中的正态。"形上学，究极之本体论也，探讨有关实有、存在、价值等"[2]，将整个中国思想，或言哲学诉诸于本体论的探讨，本无可厚非，但是抱定形上学，以本体论的视角审视传统思想的脉络，而将"凡非中国思想一脉相传之诸形上学理论"置于讨论之外，显然不能完整理解中国传统思想，尤其是民族文化的丰富性和精髓之所在。

其次，方东美将中国哲学划归为原始儒家哲学、原始道家哲学、大乘佛家哲学以及宋明新儒家哲学四大"主潮"，尤其推崇原始儒家哲学和原始道家哲学，断然否认"道统"，而提"学统"，固然是将整个文化传统在学术的层面相对完整地展现了出来，且避免了"道统论"之偏颇和排斥性，取更大的兼容并包，诚如他曾言"我们现在讲儒家要扩大范围，不只讲孔子，孔子弟子如商瞿、孟子、荀子，也都要讲，如此扩而充之，先秦的显学如墨家、原始道家也要讲，又六朝隋唐后构成中国文化的重要成分是佛学，也都要讲"[3]。如此地划分学术脉流自然是由于其形上学的逻辑前提决定，但是传统的学术划分和学术的时代性自有其逻辑和历史背景。以"道统论"来看，在学术层面，"道统"固然是排斥了其他学派，但是道统并不是一个纯粹学术的概念，"道统"是中华历史文化传统传承的主体性和一以贯之的精神，千百年来如是。"我平常讲中国思想，虽然拥护孔孟，但对于汉代的'罢黜百家独尊儒术'，我不赞成"[4]，看到了"罢黜百家"的排他性，却忽视了"独尊儒术"是时代使然的历史合理性，方东美见于"理"之常在，或略了"势"之固然。

1　杨士毅：《方东美先生纪念集》，第83页，台北：正中书局，1982。

2　方东美：《中国哲学之精神及其发展》，28页，台北：联经出版事业公司，1981。

3　方东美：《原始儒家道家哲学》，137页，北京：中华书局，2012。

4　同上，第136页。

最后，方东美提倡在学术上要复归传统，回到原典。"现代西方人说'上帝死了'，'宗教死了'，但是应当问问'是谁杀死了上帝？谁杀死了宗教'，老实说，就是西方人自己。他们使希腊、中世和近代古典文化都趋于毁灭，只知前瞻而不知后顾。"[1]西方现代的危机，在方东美看来，就是源于只知前瞻而不知后顾，要克服危机就要回到原典，回到原始的希腊和罗马。于中国同样，他提倡要回到原始儒家和原始道家。从原始典籍中寻找智慧，落实到现今社会的建设是新儒家努力的途径之一。但是方东美却将之推向了极端，走上了厚古薄今的路子，将今天的文化全盘否定，甚至斥为文化上的"黑暗时代"。这与其"一生都坚定主张以哲学文化理想原则来领导实现政治"[2]多少有点背道而驰，以阐发弘扬民族文化所开出的慧识为职志，为自己的文化乃至世界的文化创造找到一个方向，开出一条道路，自然不能脱离自己民族文化的传承，事实上也即是以本民族文化作为自己的前提预设。但是承认现代性，希冀开出"新外王"在逻辑上就已经默认了自己文化需要与现代化接上榫头，自己文化的未来一定程度上是当今西方文化的今天，显然这是进化论的路子，而将今天否认，却去褒奖过去，以至憧憬明天在逻辑上明显不是一贯的。

烛照各种文化之长短是非，汇聚一种致广大而尽精微的人类共同的文化，对未来人生慧命和人类未来开辟光明、抉择道路，是方东美一生致力之所在，等观希腊、欧洲、印度、中国之文化传统，而以中国文化、哲学为归宿是其情感之所系，显然，承认一种共同的慧命以及人类共享的前景是方东美一种的期许。反向观之，若干学者无方东美先生之开阔，却反而滑向了狭隘的自封。西方在经历了工业化或言现代化之后不可避免地来伴随了负面效应，丛生的弊病促使西方学者去外寻医方来医治现代病，儒家思想乃至东方思想成为瞩目的对象。一部分学者有鉴于此就开始认为，西

---

1 方东美：《原始儒家道家哲学》，136 页，北京：中华书局，2012。
2 杨士毅：《方东美先生纪念集》，第 65 页，台北：正中书局，1982。

方经历了现代化而造成了很大的弊端，我们不能蹈现代化的覆辙，提倡走自己的道路，甚者否认现代化的必然进程。诚然，事物有利自然有弊，但不能走向极端而因噎废食。爱斯基摩人可以说雪的颜色是五颜六色的，因为他们见识过世界上最多的雪，而撒哈拉以南的非洲人眼见，或者心目中雪的颜色只是一种白色，在没有历经现代化而妄谈伴随弊病，我们是只知白色雪的后者。

编后记

　　第 22 辑的《原道》以"政治儒学"为主题，汇集了目前一批学界前沿学者对此主题的思考。谢文郁否认儒家宪政的提法，指出儒家政治哲学的特色在于仁政，而仁政的核心就是责任政治，为此儒家对次级官员的任命问题提出了行之有效的科举制，但儒家在对最高政治领袖之产生问题上未能提供全备的解决方案。同样持儒家仁政非宪政观点的邓林指出，儒家仁政对政治权力的态度是积极的，而宪政则对政治权力是一种消极的态度。与他们不同，范瑞平经由蒋庆、贝淡宁与秋风，支持儒家宪政的看法，在他看来，儒家宪政不仅仅是西方意义上的中立主义的自由民主宪政，而是具有"中庸性推广"意义的表现儒家价值的文明宪政。任剑涛的文章通过对朱陆之争的政治哲学角度的解析，探讨了理学与政治的深层次关系；李晨阳以平等观念切入，论述了儒家深刻而又与西方不同的平等观念；王晓波作为一个具有思想史意义的人物，将传统文化与中国未来发展紧密联系在一起，值得深思；此外，秦际明、时亮等讨论夷夏观、民本与民主的文章也都值得一读。

　　在现代中国思想派别中十分重要的一支——自由派，现在似乎处在了一个瓶颈阶段。如何理解中国自由主义的现状，对我们认识中国当下的政治思潮和政治格局，大有裨益。赵广明与赵法生等人的谈论中，涉及了对自由主义理念——自由本身的探讨，分析哲学和政治学论域的自由或许对自由主义落于实处的建构会有更多的期待。换言之，自由主义自是当代中国所必需的，但自由派如何才能使自由主义在中国深入的扎根并真正生发出理论和实践之花，则的确是他们现在需要认真考量的了。

对儒教建设的关注，是《原道》始终的重心，陈杰思的文章是对儒教建设的一个整体性构思，其内容可以讨论，但这样一个具体性勾画具有重要意义。

感谢读者对《原道》一直以来的推重，我们会更努力贡献更多学思缜密、关注当下、意蕴丰富的好文章以飨诸君。也望各位读者多多投稿、讨论，共同让《原道》走得更远、更好。

图书在版编目（CIP）数据

原道. 第 22 辑 / 陈明, 朱汉民主编 . 一北京 : 东方出版社 , 2013.12
ISBN 978-7-5060-7086-7

Ⅰ . ①原… Ⅱ . ①陈… ②朱… Ⅲ . ①文史哲—中国—文集 Ⅳ . ① C53

中国版本图书馆 CIP 数据核字 (2013) 第 295944 号

原道. 第 22 辑
（YUANDAO DI 22 JI）

主　　编：陈　明　朱汉民
策 划 人：张　杰
产品经理：傅　愈
责任编辑：姬　利　傅　愈
责任审读：童　瑜
书籍设计：罗　洪
统　　筹：吴玉萍
责任营销：王晓枫 010-65210089
出　　版：东方出版社
发　　行：人民东方出版传媒有限公司
地　　址：北京市东城区朝阳门内大街 166 号
邮政编码：100706
印　　刷：环球印刷（北京）有限公司
版　　次：2013 年 12 月第 1 版
印　　次：2013 年 12 月第 1 次印刷
开　　本：710 毫米 × 1000 毫米　1/16
印　　张：22
字　　数：280 千字
书　　号：ISBN 978-7-5060-7086-7
定　　价：49.80 元
发行电话：（010）65210056　65210060　65210062　65210063